충청의 얼을 찾아서

| 김갑동 |

대전광역시 출생, 대전고 · 공주사범대학 역사교육과 졸업
고려대학교 대학원 사학과 석사 · 박사과정 졸업(문학박사)
호서사학회 회장 역임, 대전대학교 인문예술대학 학장 역임
현 대전대학교 역사문화학과 교수

중요 논저

《주제별로 본 한국역사》, 서경문화사, 1998.
《후백제 견훤 정권과 전주》(공저), 주류성, 2000.
《태조 왕건》, 일빛, 2000.
《고려시대 사람들 이야기》1 · 2 · 3(공저), 신서원, 2001 · 2002 · 2003.
《옛사람 72인에게 지혜를 구하다》, 푸른 역사, 2003.
《중국산책》, 서경문화사, 2005.
《라이벌 한국사》, 애플북스, 2007.
《고려시대사의 길잡이》(공저), 일지사, 2007.
《지방사연구입문》(공저), 민속원, 2008.
《고려의 후삼국 통일과 후백제》, 서경문화사, 2010
외 다수

충청의 얼을 찾아서

초판인쇄일 2012년 7월 20일
초판발행일 2012년 7월 25일
2쇄발행일 2012년 9월 10일
지 은 이 김갑동
발 행 인 김선경
책 임 편 집 김윤희, 김소라
발 행 처 도서출판 서경문화사
　　　　　　주소 : 서울 종로구 동숭동 199 - 15(105호)
　　　　　　전화 : 743 - 8203, 8205 / 팩스 : 743 - 8210
　　　　　　메일 : sk8203@chol.com
등 록 번 호 제 300-1994-41호

ISBN 978-89-6062-096-4　　93900

ⓒ 김갑동, 2012

정가 20,000원

충청의 얼을 찾아서

김갑동 지음

서경문화사

머리말

고등학교를 졸업하고 공주, 서울, 목포, 익산 등지를 떠돌다 1998년 고향인 대전에 안착하게 되었다. '수구초심(首丘初心)'이라 했던가. 하찮은 동물인 여우도 죽을 때가 되면 자기가 살던 굴이 있는 언덕 쪽으로 머리를 향한다는데 하물며 인간이랴. 당시의 설레고 기쁘던 마음은 지금도 잊을 수 없다.

학교에서 차를 몰면 15분 밖에 걸리지 않는 고향을 왔다 갔다 하면서 세계사나 한국사도 좋지만 언젠가는 내 고향의 역사도 정리해 봐야겠다는 생각을 품어 왔다. 그러나 바쁘다는 핑계로, 그리고 이러 저러한 사정 때문에 차일 피일 미루고 있었다.

그러던 2009년 말 대전일보에서 원고를 써달라는 부탁이 왔다. 창간 60주년을 기념하여 기획 연재를 하고 싶다고 했다. 사양하다가 오히려 내가 제안을 했다. 우리 지역의 역사와 문화에 대해 정리해 보고 싶다고. 그 속에서 대전·충청인의 얼을 찾아보고 싶다고. 흔쾌히 수락을 받고 2010년 1월부터 연재를 시작하였다. 그 해 8월 말까지 31회를 연재하였다. 그러나 신문사 측의 사정으로 계획했던 부분까지 진행하지는 못하였다. 이후 미처 다루지 못했던 조선 후기와 근·현대사 부분을 쓰고 전근대사 부분을 일부 수정, 보완하여 이 책이 완성되었다. 탈고한 것이 2011년 말이었으니 2년 동안을 꼬박 고생한 셈이 되었다. 그러나 어느 책보다 보람이 있고 애착이 감을 부인할 수 없다.

이렇게 해서 탄생된 이 책의 내용은 다음과 같다. 구석기시대 유적지로서 중요한 위치를 차지하고 있는 충남 공주 석장리 유적으로부터 시작하여 대전 둔산동 선사유적지와 유성에 있는 선사박물관, 청동기시대의 유적지인 관저동 지석묘를 다루면서 우리 지역의 선사 시대를 조명할 것이다.

이어 고대사에서는 백제의 수도였던 공주와 부여 이야기가 전개된다. 공산성에 가서는 공주로의 천도 배경과 무덤의 주인공을 알 수 있는 유일한 왕릉인 무령왕릉을 살펴보고, 당시의 대외관계를 더듬어 본 뒤 동성왕 시대의 역사를 살펴볼 것이다. 사비(부여)시대 문화의 정수로 알려진 백제금동대향로를 살펴보고, 백제 멸망의 과정과 그 이후의 부흥 운동을 다룰 것이다.

통일신라시대에는 백제 유민의 동향과 선종구산파의 하나인 보령 성주사를 살펴보고, 논산 연무대의 견훤왕릉과 견훤이 숨진 것으로 알려진 개태사를 통해 후백제의 영고성쇠(榮枯盛衰)를 조명할 것이다.

고려에 들어와서는 당진 면천 출신의 개국 1등 공신 복지겸을 통해 고려의 성립을 살펴보고, 고려 광종때 세워진 관촉사 미륵불 이야기가 전개될 것이다. 현종과 홍경사, 고려 중기 망이·망소이의 봉기, 고려 청자 이야기, 공민왕과 금산의 용호석, 최영의 홍산대첩, 충남 서천 출신 이색, 회덕 황씨와 미륵원 등을 살펴 볼 것이다.

조선시대로 넘어와서는 세조의 집권과 박팽년, 조헌과 금산의 칠백의총, 이순신과 아산의 현충사, 조선 후기 노론과 소론의 영수였던 우암 송시열과 윤증, 그리고 호락 논쟁 등을 살펴볼 것이다.

근대화 이후에는 천주교 박해와 예산 남연군묘, 을사보호조약 체결에 자살한 송병선, 일제 시대의 독립 운동과 관련하여 김좌진, 만해 한용운, 윤봉길, 유관순, 단재 신채호, 이동녕 등을 조명해 볼 것이다. 그리고 마지막으로 4·19혁명의 도화선이 되었던 3·8 민주의거를 끝으로 대단원의 막을 내리게 될 것이다

원고를 쓰면서 역사의 현장과 인물의 고향을 많이 찾아가 보았다. 현장을 누비다 보니 글로만 느끼던 것 하고는 달리 생생한 감동이 밀려

옴을 알 수 있었다. 따라서 이 책에는 필자가 직접 가서 보았던 사진들도 많이 실었다. 이를 통해 대전·충청인의 정체성과 얼을 되찾았으면 하는 바람이다.

이 책의 특징은 다음과 같다. 첫째 충청 지역의 역사와 인물, 문화를 전체 한국사의 틀 속에서 탐구함으로서 한국사 속의 충청 역사를 알 수 있게 하였다. 둘째 선사 및 고대, 고려, 조선, 근현대 등 시기순으로 충청 지역의 역사를 기술하여 시대적인 흐름을 일목요연하게 살펴 볼 수 있게 하였다. 셋째 각 단원별로 참고문헌을 제시하여 더 공부하고 싶은 사람에게 도움을 줄 수 있도록 하였다. 넷째 정보화 시대에 걸맞게 인터넷상의 참고사이트를 제시하여 쉽게 찾아볼 수 있게 하였다.

끝으로 앞에서 언급한 바와 같이 이 책을 쓸 수 있는 계기를 마련해 준 대전일보 관계자 여러분과 책의 출간을 흔쾌히 응해주신 서경문화사 김선경 사장께 감사드린다. 교정을 위해 힘써 준 김대연 군과 출판사 편집부 여러분께도 고맙다는 말을 전하고 싶다.

2012년 6월
보문산이 바라다 보이는 서재에서 저자 씀

목차

서론 충남 · 대전의 성립과 변화

현 충청남도는 한반도의 중앙부 서쪽에 위치하는 지역으로서 북쪽으로는 경기도, 동으로는 충청북도, 남으로는 전라북도와 경계를 이루고 있으며, 서쪽은 서해바다와 면하고 있다. 또한 대전광역시를 둘러싸고 있으나 별도의 행정구역으로 분리되어 있다.

생활권으로 볼 때 차령산맥 이북은 천안권 · 서산권 · 홍성권으로 나뉘고, 차령산맥 이남은 대전권에 포함된다. 서남단의 서천군은 금강 하구둑이 조성되어 군산과의 교통이 편리해짐에 따라 군산 생활권으로 재편성되는 경향을 보인다. 행정구역은 9개 시, 8개 군, 25개 읍, 145개 면으로 되어 있다. 즉 대단위 행정구역만 보면 천안시, 공주시, 보령시, 아산시, 서산시, 논산시, 당진시, 계룡시, 세종시, 금산군, 연기군, 부여군, 서천군, 청양군, 홍성군, 예산군, 태안군 등이다.

이 중 계룡시와 세종시는 최근에 생긴 행정구역이고 나머지 시 · 군의 명칭은 대개 고려시대에 그 연원을 갖고 있다. 그 연혁을 보면 천안시는 930년(고려 태조 13)의 천안부, 공주시는 940년(고려 태조 23)의 공주, 보령시는 고려 초의 보령현, 아산시는 고려시대의 아주를 거쳐 조선 1413년(조선 태종 13)의 아산현, 서산시는 1284년(고려 충렬왕 10)의 서산군, 당진시는 통일신라 경덕왕 때의 당진현, 금산군은 1305년(고려 충렬왕 31)에 금주군을 거쳐 1413년(조선 태종 13)의 금산군(錦山郡), 연기군은 통일신라 경덕왕 때의 연기현, 부여군은 통일신라 경덕왕 때의 부여현, 서천군은 고려 충선왕 때의 서주를 거쳐 1413년(조선 태종 13)의 서천군, 청양군은 고려초의 청양현, 예산군은 919년(고려 태조 2)

의 예산현, 태안군은 1298년(고려 충렬왕 24)의 태안군에 그 연원을 두고 있으며 홍성군은 고려 때의 홍주목과 결성현을 합쳐 1914년의 홍성군이 되었다. 논산시는 1914년 연산, 은진, 노성, 석성군을 병합하여 설치하였지만 이들 군현 명칭 또한 고려시대에 그 연원을 갖고 있었다.

충청남도의 도청소재지는 대전광역시 중구 중앙로에 있으나 조만간 충남 예산·홍성 지역의 내포 신도시로 옮겨갈 예정이다. 연기군과 공주군 일부에는 세종시가 건설되어 대한민국 행정의 중심지로 발돋움하고 있다.

한편 대전광역시는 중부지방의 중핵 도시로 모든 분야에 눈부신 발전을 하였다. 특히 1974년부터 건설하여 자리잡은 대덕연구단지는 한국과학기술의 중심으로 대전이 과학도시로 자리매김하는 터전을 마련하였다. 또한 1998년에 정부대전청사(통계청·조달청을 비롯한 10개의 정부기관이 이전)가 개통됨으로써 대전은 행정도시로 자리하게 되었다. 현재는 동구·중구·서구·대덕구·유성구 등 5구, 77개의 행정동으로 구성되어 있다.

충남과 대전 지역은 유구한 역사와 문화를 간직하고 있는 고장이다. 그 역사적 변화상을 간략하게 살펴보자. 우선 대전·충남 지역은 선사시대부터 사람들이 정착했던 땅이다. 1964년에 발견된 공주시 장기면 석장리의 구석기 유적과 도내 전역에서 발견되고 있는 청동기 유적들이 이를 증명해 주고 있다. 대전 둔산동에서도 구석기 유적이 발견되었다. 삼한시대에는 마한의 북쪽이었지만 그 중심지 역할을 하였다. 당시 마한의 정치적 주도권을 쥐고 있던 월지국이 지금의 천안시 직산면 일대로 추정되고 있기 때문이다. 또한 마한의 54국중 15개 소국 정도가 충청남도 지역에 분포해 있었던 것으로 추정된다.

삼국시대에는 백제의 영역에 속해 있었다. 그러나 백제 후기에 이르러서는 수도가 위치하여 백제의 중심지가 되었다. 475년(문주왕 2)에 백제의 수도가 한성[서울]에서 웅진[공주]으로 옮겨졌으며, 538년(성왕 16)에는 사비[부여]로 천도하였던 것이다. 이후 660년 나당 연합군에 의해서 백제가 멸망할 때까지 185년 간 찬란했던 백제 문화의 꽃을 피운 지역이었다.

통일신라시대에는 웅진도독부와 소부리주 또는 사비주, 웅천부 등으로 불리워지기도 했으나, 웅주(熊州)로 정착되어 9주 중의 하나가 되었다. 9주는 양주·강주·상주·웅주·전주·무주·한주·삭주·명주 등이었다. 후삼국시대에는 견훤의 후백제 영역에 속하였다가 고려의 후삼국 통일과 함께 고려 땅이 되었다.

고려 성종대에 들어와서 10도제가 실시되면서 충남 지역은 하남도에 속하게 되었다. 10도는 관내도(關內道)·중원도(中原道)·하남도(河南道)·강남도(江南道)·영남도(嶺南道)·영동도(嶺東道)·산남도(山南道)·해양도(海陽道)·삭방도(朔方道)·패서도(浿西道) 등이었다. 그러다가 예종 원년에는 관내, 중원, 하남도를 합쳐 양광충청주도로 하였으며 명종 원년에는 양광, 충청 2도로 분리하였다. 충숙왕 원년에는 다시 양광도로 개명되었다가 공민왕 5년 충청도라 하였다. 따라서 충청도라는 명칭이 처음 생긴 것은 1356년(공민왕 5)이었다.

그러나 이후에도 양광도와 충청도가 혼용되다가 1396년(조선 태조 4) 양광도를 충청도와 경기도로 분리하였다. 1598년(선조 31)에는 감영을 충주에서 공주로 이전하였으며, 이후에 충청도의 명칭은 공청도, 충청도, 공홍도, 충홍도, 공충도 등으로 수차례에 걸쳐 개칭되었다. 이는 주·목의 소속 군현에서 역모나 강상(綱常)의 윤리를 범한 변란이 일어나면 충주·청주·공주·홍주 중 그 고을에 해당하는 머리자를 빼고 다른 주·목의 머리자를 넣어 명칭을 고쳤기 때문이었다. 그러다가 1834년(순조 34)에 공청도에서 충청도로 환원되었다. 1895년 전국이 23부로 개편될 때 충청도는 충주부, 홍주부, 공주부로 나뉘었다가 1896

년(고종 33) 칙령 제36호로 8도를 13도제로 개편함에 따라 충청북도와 분리되어 비로소 충청남도가 탄생하게 되었다. 이때 충청남도는 37개 군으로 구성되고 도청은 공주에 두었다. 1914년 행정구역의 개편에 따라 평택군이 경기도로 넘어간 반면 전라도 익산군의 일부(현 강경읍 일부)가 편입되었으며 공주 · 연기 · 대전 · 예산 · 서신 · 당진 · 아산 · 천안 · 논산 · 부여 · 서천 · 보령 · 천안 · 홍성 등 14개 군으로 편성되어 공주읍에 도청을 두었다. 1963년에는 행정구역 개편으로 전라북도의 금산군이 충남으로 편입되었다.

　이처럼 현 대전광역시의 모태는 1914년의 대전군이었다. 1932년에는 충남도청이 공주에서 대전으로 옮겨짐으로써 충청남도의 중심이 대전으로 이동하였다. 1935년에는 대전부로 승격되고 이에 따르는 각종의 관청과 시설이 설치되어 급속한 도시의 발전을 보게 되었다. 그러다가 해방 이후 1949년 대전시가 되었다. 1989년에는 대전시 주위의 대덕군이 대전으로 편입되면서 대전직할시가 탄생함으로써 충청남도와 대전직할시가 행정구역을 달리하게 되었다. 그 후 대전직할시는 1995년 대전광역시로 개편되었다.

　이상에서 살펴본 바와 같이 충청남도와 대전광역시는 현재는 별도의 행정구역이지만 뿌리는 같았음을 알 수 있다. 따라서 이 책에서도 대전 지역과 충남 지역을 특별히 따로 떼어 생각하지 않았음을 밝혀 둔다.

Ⅰ. 선사

I. 공주 석장리 유적과 구석기 문화

인류의 출현은 어떻게 이루어진 것일까. 고릴라(gorilla)나 침팬지(chimpanzee), 오랑우탄(orangutan)에서 진화한 것일까. 아니면 원래 이들과는 다른 존재로 누군가에 의해 창조된 것일까. 이에 대해서는 과학이 발달한 현재에도 여전히 미스터리로 남아 있다.

인류가 처음 지구상에 출현한 것은 600만 년 전 또는 400만 년 전으로 알려져 있다. 이때부터 약 1만 년 전까지를 우리는 구석기시대라고 부른다. 돌의 일부분을 떼어 내 주먹 도끼, 주먹 자르개, 돌날 등을 만들어 썼기 때문에 우리말로 '뗀석기 시대'라고도 한다. 당시 인류는 이미 두 발로 서서 걷게 되었다. 동물과의 차별이 이루어진 것이다. 두 발로 걷게 되면서 인류는 여러 가지 이점을 갖게 되었다. 손의 활용도가 증가하

| 석장리 출토 주먹도끼 |

면서 두 손을 자유자재로 움직일 수 있었다. 높이 있는 열매를 딸 수도 있었고 아기를 돌보는 데에도 편리하였다. 손에 막대기나 돌 같은 도구를 가지고 다른 작업을 수행할 수도 있었다.

　이러한 최초의 인류는 아프리카에서 출현한 것으로 보고 있다. 당시 지구는 대체적으로 춥고 건조하였다. 따라서 넓은 초원에서 생활하였다. 이후 지구는 추운 시기인 빙기와 따뜻한 시기인 간빙기가 번갈아 나타났다. 빙기에는 얼음으로 덮여 있는 곳이 대부분이었기 때문에 육지가 지금보다 훨씬 넓었다. 우리나라도 당시에는 중국, 일본 등과 같이 붙어 있었다.

　아프리카의 구석기시대 사람들은 점차 또 다른 삶을 찾아 다른 대륙으로 이동하였다. 그 무렵 이동 도중 이들은 불을 발견하였다. 불은 처음 나뭇가지가 바람에 서로 마찰이 되면서 자연적으로 발생하였다. 이를 처음 본 인류에게 불은 두려움의 대상이었다. 불이 몸에 접근하면

| 불의 사용과 인류 |

뜨거웠고, 불에 데면 죽는 경우도 있었기 때문이었다. 그러나 인류는 그 두려움을 극복하고 오히려 불을 이용하게 되었다. 불의 이용은 인류에게 많은 생활의 변화를 가져다주었다. 우선 불을 피워 추위를 극복할 수 있었다. 동굴이나 막집에서 나와 있을 때에도 추위가 문제되지 않았다. 불을 이용해 잡은 짐승이나 물고기를 익혀 먹을 수도 있었다. 불에 구운 고기는 육질이 연해 먹기가 훨씬 좋았다. 이처럼 불의 사용은 인간의 의식주 생활에 많은 변화를 가져왔다.

그들은 한반도에까지 와서 살게 되었다. 그 흔적을 우리는 충남 공주의 석장리에서도 확인할 수 있다. 이 유적은 1964년에 동삼동 패총을 조사하던 미국 고고학자가 지표 조사를 하던 중 처음 구석기의 존재를 확인함으로써 학계에 알려지게 되었다. 당시 큰 물이 지나가면서 무너진 강가 언덕의 퇴적층에서 발견한 유적이었다. 이때까지만 해도 우리

| 석장리 항공사진 |

나라에서 구석기의 존재는 확인되지 않았다 해도 과언이 아니었다. 일
제강점기인 1930년대에 함경북도 온성군 동관진에서 동물 뼈와 석기가
발견되었으나 무시되었다. 1962년에도 북한의 함경북도 웅기군 굴포리
에서 구석기시대의 석기를 찾아냈지만, 남한에는 전혀 알려지지 않은
상황이었다. 이후 석장리 유적은 연세대학교의 손보기 교수에 의하여
체계적으로 발굴되어 학계에 보고되었다. 1964년 11월 처음 발굴을 시
작한 뒤 1974년까지 해마다 한, 두 달씩 발굴 조사를 하여 학계에 보고
된 유적이다. 1990년 봄에는 한국선사문화연구소에 의해 발굴이 진행
되기도 하였다. 이 유적의 발굴로 우리나라의 구석기 연구가 체계적으
로 자리 잡게 되었다.

　구석기인들은 무리를 지어 생활하면서 동물을 사냥하고, 물고기를
잡아먹거나 자연의 열매를 채집하여 먹으면서 생활하였다. 따라서 그
들의 주거지는 산이나 언덕의 자연 동굴이나 강가에 막집을 짓고 살았
다. 석장리 유적은 당시 그들의 생활 모습을 잘 보여주고 있다. 즉 유적
앞에는 동서방향으로 금강이 흐르고 있고, 북쪽에는 높지 않은 산언덕
지대가 자리하고 있었다.

　석장리 유적의 퇴적두께는 약 8m로, 27개의 지층으로 이루어져 있었

다. 이 가운데 13개
의 층에서 석기가 출
토되었다. 구석기시
대의 지층은 크게 전
기 · 중기 · 후기로
나눌 수 있다. 전기
구석기층에서는 찍
개 · 주먹 대패 · 긁
개 등의 석기가 나왔

| 석장리에 있는 선사시대 움집 모형 |

다. 중기 구석기로 넘어오면서 석기를 만드는 솜씨가 그 전 시기보다 발전된 것으로 나타나며, 석기의 종류도 늘어난다. 찍개 · 주먹대패 · 자르개 · 긁개 · 찌르개 · 주먹도끼 등이 중기 구석기문화층에서 나왔다. 후기 구석기문화층에서는 석기제작터 · 집터 · 살림터가 드러났다. 기둥을 세우고 움막집을 지었으며 화덕을 만들어 불을 피운 흔적도 발견되었다. 집터에서는 사람 머리털이 여러 점 발굴되기도 하였다. 집터의 규모로 보아 10명 안팎의 사람들이 살았던 것으로 추정된다. 돌을 조금 다듬어 거북 · 새 · 개와 같은 짐승상을 나타낸 돌조각품을 만들었으며 고래상을 새긴 흔적이 집터 바닥에서 드러났다. 또 꽃가루분석을 통해 볼 때 후기 구석기시대에 이 지역에는 오리나무 · 단풍나무 · 명아주 나무 등이 있었던 것으로 알려지고 있다.

그러나 일부 학자들은 이 유적에 대해 의문을 가지고 있기도 하다. 약 40~50만 년 동안 한 지역에서 인류가 계속 살았으며, 그것이 또 현재까지 남아 있다고 생각하기는 곤란하다는 것이다. 강물의 범람과 지형

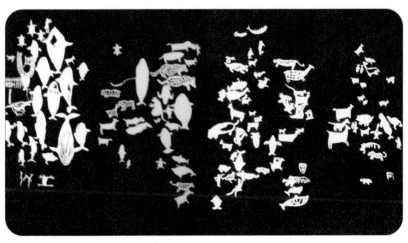

| 울진 반구대 모형 | 고래가 많이 보이고 있다.

| 공주 석장리 박물관 |

의 변화 등이 되풀이 되었을 것을 생각하면 그 흔적이 한 장소에 체계적으로 쌓였다는 것은 더욱 문제가 된다는 것이다. 특히 전기 구석기 유물들은 인공의 흔적을 발견하기 어렵고 자연적으로 깨진 것으로 볼 수도 있다는 것이다.

그러나 석장리 유적은 우리나라에서 구석기 유적의 존재를 확실히 해주었고, 구석기 문화에 대한 조사, 발굴, 연구가 이루어지게 한 유적지라는 면에서 큰 의의가 있다 하겠다. 지금은 사적 제334호로 지정되어 있다. 그 위치에서 조금 떨어진 곳에 석장리기념박물관이 있다. 이 박물관은 2006년 개관하였는데 구석기시대의 생활상을 당시의 자연, 인류, 생활, 문화, 발굴 등 5개 분야로 나누어 전시하고 있다. 또 야외에는 선사 공원을 조성하여 유적을 복원해 놓기도 하였다.

이 땅에 살았던 우리들의 선조가 45만 년 전의 인간이었다는 면에서 세월의 유구함을 실감케 한다. 현재의 인간 역시 45만 년의 한 점을 살고 있는 것이다. 오랜 세월의 매 순간마다 열심히 노력한 덕분에 현재의 인류는 문명의 혜택을 누리면서 편안히 살고 있는 것이다. 세월의 무상함에 겸허한 마음을 되새겨 본다.

참고문헌 ──────────────────────────────────

손보기, 「구석기문화」, 『한국사』1, 국사편찬위원회, 1973.

이융조, 『한국의 선사문화 : 그 분석 연구』, 탐구당, 1981.

손보기, 『석장리 선사유적』, 동아출판사, 1993.

장용준, 「공주 석장리 유적의 중·후기 문화층의 검토」, 『금강의 구석기 문화』, 국립공주박
　　　물관, 2005.

성춘택, 「구석기시대」, 『충청남도지』3, 충남도지편찬위원회, 2006.

참고 사이트

공주석장리기념박물관　http://www.sjnmuseum.go.kr

공주시문화관광　http://tour.gongju.go.kr

디지털공주문화대전　http://gongju.grandculture.net/

2. 대전 선사 유적지와 신석기 문화

　기원 전 8,000년 내지 7,000년경부터 지구의 기후가 변화하기 시작하였다. 기온이 상승함에 따라 빙하기가 사라지고 현재와 비슷한 기후 상태가 되었다. 인간의 두뇌도 조금씩 발전하여 돌을 깨서 쓰는 단계에서 돌을 갈아 도구를 만드는 단계로 변화하였다. 돌을 가는 데는 깨는 것보다 시간이 더 소요되었지만 더 정교하게 만들 수 있었으며, 쓰는 데에도 훨씬 용이하였다. 또 흙으로 그릇을 만들어 쓰는 토기가 제작되었다. 이를 '신석기시대' 또 '간석기시대' 라 한다. '간석기시대' 는 돌을 갈아서 사용한 시대라는 뜻에서 붙여진 명칭이다.

　이들도 초기에는 수렵과 어로 활동으로 생활을 영위하였다. 그러나 어느 날 야생에서 먹고 남은 씨가 땅에 떨어져 주거지 옆에서 다시 자라는 것을 보았다. 여기서 힌트를 얻은 인류는 주거지 옆에 씨를 뿌려 곡물을 재배하는 농경을 시작하였다. 또 수렵에서 잡아 온 야생 동물들을 다 먹지 못하게 되자 이들을 주거지 옆의 울타리에 가두어 두면서 목축을 시작하게 되었다. 농경과 목축은 인류의 생활에도 많은 변화를 가져

| 신석기 그물추 |

와 이를 '신석기 혁명'이라고도 한다.

'신석기 혁명'으로 주거 생활이 떠돌이 생활에서 정착 생활로 변화하게 되었다. 먹을 것을 주거지 옆에서 구할 수 있어 굳이 다른 곳으로 이동하지 않아도 되었다. 이들은 움집을 짓고 살면서 마을을 형성하였다. 같은 핏줄로 이어진 씨족 사회를 이루었는데 씨족의 규모가 점점 커지면서 부족 사회를 이루게 되었다.

곡식을 수확하게 되면서 이를 저장하고 익혀 먹을 수 있는 그릇도 필요하였다. 여기에서 나온 것이 토기의 제작이었다. 당시의 토기는 그릇 밑바닥이 둥근 반란형(半卵形) 모양이었으며 그릇 전면에는 빗살 모양의 무늬가 있는 것이 보통이었다. 이들은 목축의 결과 먹고 남은 동물의 뼈로 바늘을 만들어 옷을 지어 입었으며, 동물 뼈나 조개껍데기 등으로 장신구를 만들어 쓰기도 하였다.

농사를 짓게 되면서 당시 인간들은 자연에 대해 많은 생각을 하였다. 우선 기후의 변화와 인간의 생활이 밀접한 관련이 있다는 것을 알게 되었다. 우선 하늘에 대한 경외심을 갖게 되었다. 하늘의 변화에 따라 비가 오기도 하고 천둥이 치기도 했으며 불같은 더위가 찾아오기도 했다.

따라서 하늘을 숭배하게 되었다. 이와 더불어 하늘에 있는 해와 달, 별들에도 인간처럼 각각의 영혼이 있다고 믿게 되었다. 여기에서 애니미즘(Animism) 사상이 탄생하였다. 한편 덩치가 크고 무서운 동물을 보면 두렵기도 했지만, 그들이 오히려 자신들을 보호해 준다고 생각하였다. 이로부터 특정 동물을 숭배하는 토테미즘(Totemism)이 생겨났다. 무당[샤먼]도 하늘, 영혼과 인간 세상을 이어주는 자로 숭배되었다. 샤머니즘(Shamanism)이 그것이다.

그들이 농경을 시작했다는 것은 각종 유물을 통해 알 수 있다. 신석기 유적에서는 각종 농경 도구가 출토되고 있다. 땅을 파거나 알뿌리를 캘 때 사용했던 돌보습, 잡초를 걷어 내거나 씨를 뿌릴 구멍을 파는 데 사용했던 돌괭이, 곡식의 이삭을 잘라 추수를 하는데 사용했던 돌낫, 거두어들인 곡식 껍질을 벗기는데 사용되었던 갈돌과 갈판 등이 그것이다.

한반도에서의 신석기 유적은 주로 강가나 해안 지역에서 발견되고 있다. 이는 기온 상승에 따라 빙하가 녹으면서 바닷물이나 강물이 풍부해졌기 때문이다. 이들은 뼈로 만든 낚시나 그물을 사용하여 물고기를

| 신석기 움집 |

잡기도 하고 조개를 잡아 까서 먹었다. 해안가에서 발견되는 조개더미[패총]가 이를 증명해 준다. 돌창, 돌화살촉을 사용하여 동물을 잡는 수렵 생활도 지속되었다. 내륙의 신석기 유적은 수렵 생활의 증거이다.

대전, 충남 지역에서도 신석기 유적이 많이 발견되었다. 해안 지역뿐 아니라 내륙에서도 그 유적이 분포되어 있다. 해미 휴암리 유적, 안면도 고남리 패총, 서천 장암리 패총, 서산 대죽리 패총, 보령 관상리·관창리 등은 해안 지역의 유적이고, 대전 둔산동·송촌동·관평동·노은동, 아산의 풍기동·성내리 유적은 내륙에 있는 유적지이다.

대전 둔산동의 유적지는 충남대학교 박물관과 한국선사문화연구소에서 1991년에 발굴, 조사하였다. 조사 결과 구석기·신석기·청동기 시대 유적이 한 곳에 자리하고 있는 것을 확인하였다. 지금은 선사유적공원으로 조성되어 있다. 신석기 유적은 해발 70여 미터의 야산 북서쪽에서 발견되었다. 땅을 파고 만든 수혈 주거지가 발견되었는데 용도를 알 수 없는 것도 있었다. 그러나 저장용의 대형토기가 발견되지 않았고 주거지 내부에 화롯불의 흔적이 없는 점으로 미루어 오랫동안 정착한 주거지는 아닌 것으로 추정된다. 여기서 출토된 빗살무늬 토기는 둥근 바닥으로 되어 있는 반란형이 대부분이다. 또 돌보습이나 어망추 등도 발견되었다. 이로 미루어 둔산 지역의 신석기 사람들은 원시 농경과 어로 생활을 한 것으로 추정된다.

대전 노은동에서도 신석기 유적이 발견되었다.

| 둔산유적 출토 토기 |

이 유적은 1997년 월드컵 경기장 조성을 위한 지표 조사 과정에서 발굴되었다. 노은동 유적 역시 구석기시대부터 근대의 독무덤까지 다양한 성격의 유물이 발견된 복합 문화층이다. 땅을 파 만든 수혈 유구 1기가 발견되었는데 타원형의 모양을 가지고 있었으며, 내부에 화롯불의 흔적은 발견되지 않았다. 5점의 빗살무늬토기가 발견되었고, 탄화된 도토리 열매와 갈대·도깨비바늘 씨앗이 발견되었다. 이들 역시 당시 노은동 신석기 사람들이 농경과 채집 생활을 병행했음을 말해 준다.

이곳 노은동에는 유적 발굴을 기념하고 대전 지역의 선사 문화를 보여주기 위해 선사박물관이 건립되어 있다. 노은동 유적지[기념물 제38호] 내에 위치한 선사 박물관은 2007년 개관하였다. 여기에는 '노은선사문화관'을 비롯한 5개의 전시실이 있다. 야외 체험장과 체험·자료실도 갖추고 있어 학생들을 위한 학습공간으로 활용되고 있다. 또한 대전 지역의 문화유적 답사와 더불어 각종 사회교육도 담당하고 있다.

| 선사박물관 원경 |

참고문헌 ──────────

충남대학교 박물관, 『둔산』, 1995.

충남대학교 박물관, 『대전노은동발굴조사보고』, 1998.

임효재, 『한국신석기문화』, 집문당, 2000.

한남대학교 중앙박물관, 『대전노은동유적-대전월드컵경기장건립지역』, 2003.

안덕임, 「충남의 신석기 문화」, 『충청남도지』3, 충남도지편찬위원회, 2006.

참고 사이트

대전선사박물관 http://museum.daejeon.go.kr/home.do?method=main

3. 지석묘와 청동기 문화

인간의 지능이 발달하면서 인류는 청동으로 만든 도구를 만들어 사용하기 시작하였다. 우리나라의 청동기 문화는 대략 기원전 2,000~1,500년부터 시작되었다. 한반도 지역의 청동기 문화는 기원전 1,500년경에 시작되었다 할 수 있는데, 이는 기원전 2,000년경부터 시작된 요녕(遼寧) 지역 청동기 문화의 유입에 따른 것으로 보인다.

실제로 우리나라의 청동기 제품은 대개 철기와 동시에 출토되고 있는 경우가 많아 초기 철기시대와 겹치는 것이 사실

| 청동검과 기타 유물 |

이다. 청동기는 석기보다 날카롭고 여러 모양을 만들 수 있는 장점이 있었다. 그러나 만드는 공정이 까다롭고 재료도 많지 않아 주로 무기나 제사용 도구, 지배 계층의 장식품을 만드는데 사용되었다. 비파 모양의 동검이나 날이 가는 세형동검, 청동제 도끼, 청동 방울, 그리고 청동 거울 등이 그것이다. 따라서 아직도 일상 도구는 석기로 만든 것이 많이 사용되었다. 돌도끼와 돌화살 등의

| 세형동검 |

| 갈돌과 반달형 돌칼 |

마제석기가 보편적으로 사용되고 있었다.

한편 한국에 있어 청동기시대는 농경의 일반화라는 특징을 갖고 있다. 그 대표적인 유물이 반달형 돌칼[반월형 석도]이다. 반달 모양의 석기를 만들고 거기에 2개의 구멍을 뚫고 줄을 끼워 손에 쥐고 이삭을 훑거나 자르는데 사용하였다. 단단한 나무나 잘 다듬은 농기구를 이용해 농사를 짓고 맷돌을 이용하여 곡식을 갈아 먹기도 하였다.

농경과 관련하여 나타나는 또 다른 중요 유물은 무늬가 없는 민무늬토기의 등장이었다. 민무늬토기는 그릇 전면에 무늬가 없는 대신 밑바닥은 빗살무늬토기와 달리 평평한 것이 특징이었다. 뾰족한 밑바닥보

| 청동기시대 민무늬토기 |

| 괴정동 출토 청동기시대 농경문 앞면 |

다 평평한 밑바닥이 그릇을 놓는데 훨씬 편리하다는 사실을 아는데 몇 천 년이 걸린 것이다. 이들 토기는 높은 온도에서 구워 만든 것이기 때문에 빗살무늬토기보다 훨씬 단단하여 잘 깨지지 않았다. 또한 주로 곡식을 저장하거나 때로 곡식을 익혀 먹는 도구로 사용되었다.

청동기시대 인류의 주거지는 주로 강변을 끼고 있는 구릉지에서 발견되고 있다. 울창하고 얕은 구릉 정상부를 벌채하여 주거지를 만들고 주변 지역을 개간하여 농경지로 삼았다. 초기에는 주변 지역에 불을 놓아 수풀을 제거하고 농사를 짓는 화전(火田) 농업의 형태를 취하였으나 취락의 규모가 커지면서 집단 노동을 통해 나무를 벌목하고 농사를 지었다.

이들이 살던 집터는 신석기시대보다 규모가 커졌다. 이는 인구의 증가로 인한 자연스런 현상이었다. 집터의 모양은 원형이나 직사각형이었으나 집터의 바닥은 신석기시대보다 지상으로 올라오게 되었다. 지붕이 이전보다 튼튼해졌으며, 취사와 난방을 겸할 수 있는 화덕이 발달된 때문이었다.

대전·충청 지역에서도 청동기시대의 유적이 여럿 발견되었다. 대전의 둔산 선사유적지를 비롯해 용산동 유적, 노은동 유적, 궁동 유적, 신대동 유적, 금산 수당리 유적, 천안 백석동 유적, 부여 송국리 유적 등이 있다. 특히 수당리 유적에서는 민무늬 토기와 함께 주거지 2기가 발견되었고, 신대동 유적에서는 9기의 주거지와 석곽묘 1기가 발견되었다. 석곽묘는 말 그대로 돌로 시신을 안치할 수 있도록 직사각형의 모양을 만든 무덤을 말하는데 주거지와 분묘가 함께 발견된 것은 흔치 않은 일이다.

부여 송국리 유적은 마을의 모양과 당시 생활상을 알 수 있는 중요한 유적으로 꼽힌다. 이 유적은 1975년에서 1990년대까지 발굴, 조사되었다. 여기에서는 여러 주거지가 발견되었는데 주거지의 분포 상태로 보아 현재의 자연 마을과 흡사한 모양을 갖고 있다. 구릉의 경사면에 대부분의 취락이 있지만 그 밑의 저지대에까지 마을이 확대되고 있다. 이는 저지대를 이용한 논농사의 가능성을 보여주는 것이다. 실제 여기에

| 부여 송국리 청동기시대 선사 취락지 |

| 대전 교촌동의 내동리 고인돌 |

서는 불에 탄 쌀이 발견되어 그러한 가능성을 확인해 주고 있다. 또 민무늬 토기는 물론 청동 도끼의 거푸집이 발견되어 요녕 지역의 비파형동검 문화와의 관련성이 강조되고 있다.

청동기시대의 큰 특징 중 하나는 지석묘(支石墓 : 고인돌)의 출현이다. 이는 지하 또는 지상에 무덤 시설을 만들고, 그 위에 거대한 돌을 얹어 놓은 형태를 말한다. 이러한 고인돌은 우리나라 뿐 아니라 세계 전 지역에 고루 분포되어 있다. 우리나라의 지석묘는 보통 북방식 지석묘와 남방식 지석묘로 구분되어진다. 북방식 지석묘는 탁자식 지석묘라고도 하는데 시체를 지상에 놓고 앞, 뒤로 얇은 돌판을 세운 다음 그 위에 큰 돌을 얹은 형태이다. 남방식 지석묘는 바둑판식 지석묘라고도 하는데, 시신을 지하에 두고 작은 돌들을 고인 뒤에 큰 돌을 덮개로 한 형태이다.

종래 이 지석묘는 흔히 족장의 무덤으로 인식되어 왔다. 그러나 영산강 유역에서는 수십기에서 수백기가 밀집된 형태로 나타나고 있어 이같은 견해에 대한 비판이 제기되었다. 이는 농경의 발달과 밀접한 관련이 있다는 것이다. 즉 농경이 발달하면서 좋은 농경지의 확보가 집단의 사활과 밀접한 관련을 갖게 되었다. 또 농경지에 대한 사유의 개념이 생겨나면서 영역의 확보가 중요해졌다. 영역의 확보는 조상 대대로 우리가 이 지역을 점유하고 있었다는 증거를 보여주어야 했다. 이는 조상들의 무덤을 조성하는 형태로 나타났는데 이것이 바로 지석묘였다. 그러다가 후기에 가서 일반 지석묘 중에서도 족장의 무덤은 더욱 커다란 형태로 조성되었다. 결국 집약적인 정착 농경은 토지에 대한 소유 의식을 낳았고 그 표현이 바로 지석묘의 형태로 나타났다는 것이다.

대전 · 충남 지역에서도 곳곳에서 지석묘가 발견되고 있다. 예산 · 아산 · 천안 · 당진 · 태안 · 서산 · 홍성 · 보령 · 서천 등지에서 그 모습이 보이고 있다. 대전 지역에도 비래동 1호 지석묘와 유성 교촌동에 있는 내동리 지석묘 등이 있다.

아무 의미 없는 것 같은 큰 돌에도 인간의 발전과 그 의식이 들어 있다. 인간은 물론 세상 모든 것은 다 나름의 의미를 가진 소중한 존재란 생각을 하게 된다. 역시 아는 것이 힘인 것 같다.

참고문헌

김길식, 『송국리』V, 국립공주박물관, 1993.
노혁진, 「청동기시대의 사회」, 『한국사』3, 국사편찬위원회, 1997.
안재호, 「한국농경사회의 성립」, 『한국고고학보』43, 2000.
이홍종, 「송국리형 취락의 경관적 검토」, 『호서고고학』9, 2003.
박순발, 「청동기 시대」, 『충청남도지』3, 충남도지편찬위원회, 2006.

참고 사이트

공주시문화관광 http://tour.gongju.go.kr
국립공주박물관 http://gongju.museum.go.kr/home.do
국립부여박물관 http://buyeo.museum.go.kr
느낌여행충남 http://tour.chungnam.net
대전관광포털 http://www.daejeon.go.kr/dj2009/tour/index.action
대전선사박물관 http://museum.daejeon.go.kr/home.do?method=main

II. 고대

4. 위례성과 백제의 도읍지

청동기시대에 인구가 증가하고 농경이 발전하면서 사람들 사이에 빈부의 격차가 나타나기 시작하였다. 그것은 의식의 차이에 따라 부지런한 자와 게으른 자의 차이에서 비롯되었다. 그러나 청동제 무기의 발달로 인해 이제는 힘 있는 자와 힘없는 자의 경쟁에 의해 지배와 피지배, 빈부의 구분이 나타나게 되었다. 힘 있는 자는 군장이 되었고, 우세한 부족이 주변의 부족을 정복해 나갔다. 우세한 부족의 군장은 정복한 부족을 통치하기 위해 자신의 부하 중 몇 명에게 권력을 위임하였고 이들은 정치기구를 만들어 피지배 부족을 통치하였다. 피지배 부족의 반발을 막기 위한 무력 장치로 군대도 창설되었다. 이것이 바로 국가의 출현이다.

우리나라 최초의 국가는 고조선(古朝鮮)이었다. '단군왕검(檀君王儉)'은 제사장과 정치 지도자를 뜻하는 고조선 지배자의 칭호였다. 고조선은 청동기 문화를 바탕으로 국가가 성립되었으나 철기 문화가 들어오면서 정치적 변화를 겪었다. 그것이 바로 위만조선(衛滿朝鮮)의 출현이었다. 위만은 연(燕)의 지역에서 망명해 왔으나 준왕(準王)을 몰아내고 왕위를 차지하였다(기원전 194). 위만 조선은 우수한 철제 무기로 주변 지역을 정복하면서 영토를 넓혀 나갔다.

이 무렵 대전·충남 지역에는 마한(馬韓)의 소국들이 위치해 있었다. 준왕이 위만에게 찬탈 당하자 남쪽으로 내려와 '한지(韓地)'에 정착하여 왕이 되었다는 기록이 그것을 말해 준다. 중국의 역사서인『삼국지(三國志)』의 기록에 의하면 마한에는 백제국(百濟國), 목지국(目支國)을 비롯한 54개의 소국이 있었다고 한다. 그런데 이 소국들은 백제의 건국과 성장으로 점차 백제에 통합되어 갔다. 충남 지역이 다시 역사의 전면으로 등장하는 것은 백제의 도읍지와 관련해서이다.

| 발굴 조사전 성벽상부 모습 |

백제는 기원전 18년에 고구려의 건국자 고주몽(高朱蒙)의 서자인 온조(溫祚)가 세운 국가로 알려져 있다. 즉 고주몽이 북부여에서 난을 피해 졸본부여(卒本夫餘)로 오자 졸본부여의 왕은 그가 범상치 않은 인물

| 발굴 조사전 우물지 전경 |

임을 알고, 그를 둘째 사위로 삼았다. 졸본부여의 왕은 아들이 없었기 때문에 주몽이 왕위를 계승하여 두 아들을 낳았다. 큰 아들은 비류(沸流), 작은 아들은 온조였다. 그러나 주몽이 북부여에 있

| 발굴 조사전 장대지 전경 |

을 때 낳은 아들이 와서 태자가 되니 비류와 온조는 남쪽으로 내려 왔다. 비류는 미추홀(彌鄒忽)에 도읍하고 온조는 하남위례성(河南慰禮城)에 도읍하여 국호를 '십제(十濟)'라 하였다. 그러나 비류는 자살하고 그의 백성들이 온조에게 오니 국호를 '백제(百濟)'로 개명하였다고 『삼국사기(三國史記)』에 기록되어 있다.

문제는 첫 도읍지인 하남위례성이 지금의 어디인가 하는 것이다. 많은 학자들은 이를 한강의 남쪽 인근에서 찾고 있다. 즉 풍납토성설, 몽촌토성설, 하남시설 등이 그것이다. 그러나 일부 학자들은 하남위례성이 천안 직산이라 주장하고 있다. 직산을 위례성으로 보는 학설은 그 연원이 꽤 깊다. 일찍이 일연(一然)은 『삼국유사(三國遺事)』에서 하남위례성을 직산이라 한 바 있다. 『삼국사기』에 의하면 온조왕 13년 한산(漢山) 아래에 책(柵)을 세우고 위례성의 백성들을 옮겨 살게 하였고, 이듬해에 천도했다는 기록이 있다. 일연은 이때의 한산은 당시의 광주(廣州, 경기도 하남시)라 하였다. 조선 성종대에 편찬된 『동국여지승람(東國興地勝覽)』에도 직산을 위례성이라 하면서 구체적인 성곽은 성환의 성거산에 있음을 밝히고 있다. 조선 후기의 고증학자인 한백겸(韓百

謙)도 그의 저서 『동국지리지(東國地理志)』에서 이 같은 견해를 지지하고 있다.

사실 직산 일대에는 많은 고대 산성들이 있고, 위례산(慰禮山)이라 불리는 산이 있다. 자연 지리적 조건도 『삼국사기』에서 기술하고 있는 위례성의 지세와 비슷하다. 즉 "북쪽으로는 한수(漢水)를 끼고 동쪽으로는 높은 산악에 의지하며 남쪽으로는 기름진 들을 바라보고 서쪽으로는 큰 바다에 막혀 있다"는 조건을 갖추고 있다. 북으로는 서해로 흘러들어가는 안성천이 있으며 안성평야가 있고 동쪽으로는 서운산·성거산 등의 산악이 있다. 물론 서쪽에는 멀지 않은 곳에 서해 바다가 있는 것이다.

| 남쪽에서 본 조사전 성벽 모습 |

또 371년(근초고왕 26)에 서울을 한산으로 옮겼다는 기사가 보이는데 이것도 천안 직산설의 한 근거가 된다. 근초고왕이 황해도 방면에서 고구려 군대를 물리친 후 수도를 직산에서 현 서울 인근으로 옮김으로써 이곳이 백제의 수도가 되었다는 논리도 가능하다. 그러나 이

| 북쪽에서 본 발굴조사전 성벽 모습 |

기사는 수도 내에서 왕궁을 옮긴 것으로 보아야 한다는 비판도 있다.

일부 고고학자들도 발굴 조사를 통해 직산 지역이 위례성이라는 설을 조심스럽게 점치고 있다.

| 현재 남아있는 성벽 모습 |

1995년에 천안시 북면 운용리에 있는 위례산(해발 523m) 일대를 발굴한 서울대 조사단은 산 정상 부근에서 성문지와 우물을 발굴하여 이곳에 위례산성이 있었음을 확인했다고 발표하였다. 또 여기서 백제시대의 세발 달린 삼족 토기와 고구려 계통의 말 모양 토우(土偶)가 출토되어 이곳이 위례성일 가능성을 제기하였다.

2009년 11월부터는 충청남도역사문화연구원에서 이곳을 발굴 조사하고 있는데 앞으로의 발굴 성과가 천안 직산 위례성설의 진위에 큰 영향을 줄 수 있을 것이다. 위례성은 1995년에 서울대 박물관의 시굴조사에 이어 1996년, 주변 지역에 대한 발굴조사가 이뤄져 산성의 축조시기가 통일신라시기로 확인된 바 있다.

그러나 지난 발굴조사에서 수습된 일부 백제 토기가 한성시기(기원전 18~475년)의 것으로 이를 기준으로 보면 성벽 축조의 상한은 4세기 말에서 5세기 전반까지로 볼 가능성도 남아있다. 이와 관련하여 직산의 위례성은 4세기 말에 축조한 것이라는 설도 있다. 『삼국사기』에는 476년(문주왕 2)에 대두산성을 수리하여 한성 북쪽의 민호를 여기에 거주케 하였다는 기록이 있는데, 이때 아산의 대두산성과 함께 이미 성이 축조되어 있던 직산에도 이들 민호(民戶)가 살게 되었다는 것이다. 한성의 황폐화로 한성 지역의 민호를 직산에 옮겨 살게 하면서 한성 지역에서 사용하던 '위례성'이란 지명도 자연스럽게 따라와 붙여진 것이 아닌가 하는 것이다.

1995년에 발굴을 담당했던 임효재 서울대 명예교수도 한 세미나에서 "천안은 전국에서 유일하게 위례성이란 명칭이 남아 있으며 고지도, 지명, 고문헌, 전설, 고고학 자료 등에서 끊임없이 백제와 관련된 사실들이 드러나고 있다"며 "백제 초도가 천안 직산읍에 있는 위례성이라는 주장을 입증할 학술자료의 확보를 위해 위례성 내부와 그 주변 지역에 대한 체계적인 학술조사가 필요하다"고 주장하였다. 더 세밀히 조사하여 성벽의 초축이 언제 이루어졌는가를 밝히는 작업이 관건이라 하겠다. 앞으로의 발굴 성과를 주목해 볼 일이다.

(사진 : 충남역사문화연구원 제공)

참고문헌 —————————————————————————

서울대인문학연구소, 『천안위례산성 시굴 및 발굴조사보고서』, 1997.
박순발, 『한성백제의 탄생』, 서경문화사, 2001.
김기섭, 「위례성에서 한성으로」, 『향토서울』62, 서울특별시사편찬위원회, 2002.
이형구, 『풍납토성-백제왕성』, 송파문화원, 2003.
김수태, 「백제의 천도」, 『한국고대사연구』36, 2004.
김기섭, 「한성기의 충남」, 『충청남도지』3, 충청남도지편찬위원회, 2006.

참고 사이트

국립공주박물관 http://gongju.museum.go.kr/home.do
공주시문화관광 http://tour.gongju.go.kr
느낌여행충남 http://tour.chungnam.net
디지털공주문화대전 http://gongju.grandculture.net
대백제자료관 http://baekje.chungnam.net
충청남도역사문화연구원 http://www.cihc.or.kr

5. 공산성과 백제의 웅진 천도

백제는 건국 후 3세기 중엽 고이왕(古爾王, 234~286)대에 이르러 영토 확장과 더불어 국가 체제를 정비하였다. 낙랑군, 대방군을 북으로 밀어내면서 한강 유역을 완전히 장악하였고 중앙에 6좌평제를 실시하여 업무를 분담하였다. 관등을 16품으로 나누고 공복(公服)을 제정하여 관리들의 질서 체계를 확립하였다. 후에 고이왕을 백제의 시조처럼 기술한 것도 여기에 말미암은 것이었다.

백제가 최전성기를 누린 것은 근초고왕(近肖古王, 346~375) 때였다. 그는 마한을 정복하여 전라도 남해안까지 장악하였으며, 낙동강 유역의 가야 7국도 병합하였다. 북으로는 고구려의 평양성까지 쳐들어가 고국원왕을 전사시키기도 하였다. 이어 그는 중국의 요서 지역이나 산동지방까지 진출하는 등 활발한 대외 활동을 벌였다. 박사 고흥(高興)으로 하여금 『서기(書記)』를 편찬케 한 것도 이러한 국가체제를 과시하기 위한 목적이었다 할 수 있다.

그러나 5세기로 접어들면서 쇠락하기 시작하였다. 396년 고구려 광개

| 공주 고마나루 전경 |

토왕(廣開土王, 391~412)의 공격을 받아 아신왕(阿莘王)이 항복을 하는 사태가 벌어졌고 475년에는 장수왕(長壽王, 412~491)의 공격을 받았다. 고구려군이 침략해 오자 개로왕(蓋鹵王, 455~475)은 동생 문주를 신라에 보내 구원군을 요청하였으나, 구원병이 도착하기 전에 한성이 함락되었고, 개로왕은 전사하였다. 이에 문주왕(文周王, 475~478)은 웅진[공주]으로 천도하게 되었다. 이에 앞서 장수왕은 도림(道琳)이란 승려를 백제에 잠입시켜 개로왕을 바둑에 빠지게 함으로써 백제의 몰락을 도모하였다. 도림과 더불어 바둑에 심취했던 개로왕은 도림의 건의로 무리한 토목 공사를 벌여 국력을 소모하고 천도하는 지경에 이르렀던 것이다. 결국 문주왕은 조미걸취(祖彌桀取)·목협만치(木劦滿致) 등과 함께 웅진으로 천도하였다.

  그렇다면 왜 백제 왕실은 다음 천도지로 웅진(熊津)을 택하였을까. 첫째는 웅진의 지리적 요건을 들 수 있다. 웅진은 우선 북쪽으로 차령 산맥이 가로 질러 있어 북쪽의 고구려군을 방어하는데 유리하였고, 금강이 동북쪽을 휘감아 흐르고 있어 천연적인 2차 방어선을 형성하고 있었다. 또 동쪽으로는 계룡산이 있어 외적의 침입을 막아주는 역할을 하였다. 금강의 수로를 이용해 서해로 나가 중국과 통교할 수 있었고, 남쪽으로 현재의 우금치를 넘으면 부여를 지나 드넓은 호남평야가 자리하고 있어 교통과 경제의 이점도 갖추고 있었다. 이런 점을 고려하여 웅진으로 천도하였다.

이 외에 공주 인근 지방세력에 의한 추천도 작용했으리라 짐작된다. 여기에서 주목되는 것이 공주 의당면 수촌리 유적이다. 수촌리 유적은 웅진성에서 북쪽으로 약 8km 지점에 위치하고 있다. 여기에서는 금동제 유물을 비롯하여 환두대도, 중국제 도자기, 장신구, 마구류 등이 출토되었다. 이는 당시 지방에서 보기 드물게 사치스럽고 화려한 것들이다. 이는 아마 백제 왕실에서 지방 세력에게 준 위세품으로 추정된다. 이 유물의 연대로 볼 때 수촌리 유적은 웅진천도 이전의 것으로 추정된다.

이 유적의 조영 세력은 백씨(苩氏) 세력이 아닌가 한다. '백(苩)'이라는 성씨는 '백강(白江)'의 '백(白)'에서 유래한 것으로 추측되기 때문이다. 한성이 함락되고 황폐화되자 문주왕은 급히 천도할 수밖에 없었는데, 이때 백씨 세력이 웅진의 지리적 이점을 들어 웅진 천도를 권유했을 가능성이 있다. 수도가 웅진으로 오면 자신도 중앙 무대에서 세력을 떨칠 수 있을 것이라 생각한 것이다. 실제로 이 백씨

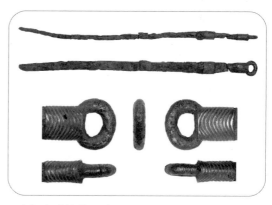

| 수촌리 1호분 출토 대도 |

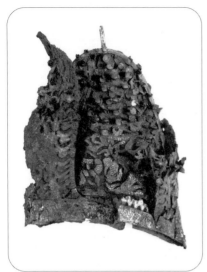

| 수촌리 1호분 출토 금동관모 |　　　　| 수촌리 4호분 출토 금동관 |

세력은 동성왕대에 이르러 백가(苩加)란 인물이 국왕의 친위부대장인
위사좌평(衛士佐平)에 오르고 있다.

　이렇게 하여 웅진으로 천도한 문주왕은 476년(문주왕 2)에 남쪽으로
옮겨온 한성의 민호를 대두산성(大豆山城)과 위례성(慰禮城)에 살게
하였다. 또 해구(解仇)를 병관좌평에 임명하였다. '해씨' 세력은 부여
계통으로 한성시대부터 중용되었던 세력이었다. 온조왕 41년에 해루
(解婁)를 우보(右輔)에 임명하였는데, 그가 부여인(夫餘人)이라 기록되
어 있는 데서 잘 알 수 있다. 천도로 불안해하던 기성 귀족 세력을 요직
에 등용함으로써 정치적 혼란을 방지하려 한 것으로 풀이된다. 이듬해
에는 아우 곤지(昆支)를 내신좌평(內臣佐平)으로, 아들 삼근을 태자로
삼아 친정체제를 구축하였다. 그 해 궁실을 중수(重修)하기도 하였다.
그러나 478년(문주왕 4)에 사냥을 나갔다가 해구가 보낸 자객에 의해
문주왕은 살해되었다.

그 뒤를 이어 13세의 어린 나이에 삼근왕(三斤王, 477~479)이 즉위하였다. 그는 해구에 의해 옹립되었다고 볼 수 있다. 따라서 모든 정사는 해구가 좌지우지하였다. 그 결과 동왕 2년, 해구는 연씨(燕氏) 세력과 더불어 대두성을 근거로 반란을 일으켰다. 왕은 진남(眞男)으로 하여금 토벌케 했으나, 패하자 진노(眞老)가 다시 출동하여 해구를 살해하였다. 해씨 세력을 제거하는데 대립 관계에 있던 진씨 세력을 이용한 것이다.

그러나 이듬해 삼근왕이 죽고 곤지의 아들이었던 동성왕(東城王, 479~501)이 왕위에 올랐다. 삼근왕의 죽음과 동성왕의 즉위에는 진씨 세력이 깊이 개입된 것으로 추측된다. 482년(동성왕 4)에 진노가 병관좌평에 임명되고 있기 때문이다. 그러나 얼마 안가 동성왕은 신진귀족 세력을 등용하여 왕권 강화를 꾀하였다. 484년(동성왕 6)에 내법좌평(內法佐平) 사약사(沙

| 공산성 내의 쌍수정 | 정자 양 옆의 두 그루 나무 아래에서 인조는 이괄의 난이 평정되었다는 소식을 기다렸다고 한다.

| 쌍수정 사적비각 | 이 비에는 인조가 이괄의 난을 피해 이곳에 머물렀다는 기록이 있다.

| 공산성의 서문인 금서루 |

| 공산성 내의 우물 유적 |

若思)를 남제(南齊)에 보내고 있으며, 486년(동성왕 8)에는 백가(苩加)를 위사좌평(衛士佐平)에 임명하였고, 497년(동성왕 19)에 진노가 죽자 연돌(燕突)을 병관좌평(兵官佐平)에 임명한 것에서 알 수 있다. 사씨는 부여, 연씨는 온양 일대에 근거를 갖고 있는 세력이었다.

한편 그는 여러 지역에 성을 쌓아 국방을 튼튼히 하고자 하였다. 486년(동성왕 8)에 궁실을 중수하는 한편 우두성(牛頭城)을 쌓았고, 498년(동성왕 20)에는 웅진교(熊津橋)를 설치하고 사정성(沙井城)을 축성하기도 하였다. 501년(동성왕 23)에는 가림성(加林城)도 축조하였다. 그의 시호인 '동성왕(東城王)'은 동쪽에 성을 많이 쌓았기에 붙여진 시호였다.

그러나 말년에 이르러 그는 여러 실정을 거듭하였다. 한발과 기근에 허덕이는 백성들을 구휼하지 않았으며, 임류각(臨流閣)을 짓고 연못을 파서 진기한 짐승을 길렀다. 간관(諫官)들이 이를 간하자 궁궐문을 닫아걸기도 하였다. 임류각에서의 잔치와 환락은 극에 달하였다. 사냥을 나갈 때마다 백성들은 그 비용을 대느라 허덕여야 했다. 아마 신진 귀족 세력들도 이러한 왕의 행태를 달가워하지 않았던 것 같다. 그 때문일까. 강제로 가림성에 주둔하게 된 백가가 자객을 보내 동성왕을 살해하였다.

  웅진시대 전반기의 백제는 이처럼 아직 확고한 국가 체제를 확립하지 못하였다. 그리하여 왕은 기성귀족 세력과 신진귀족 세력의 갈등 속에서 방향을 잡지 못하였으며, 오히려 이들에게 살해당하는 사태까지 발생하였던 것이다. 안타까운 일이었다.

참고문헌

노중국, 『백제정치사연구』, 일조각, 1988.
양기석, 「웅진천도와 중흥」, 『한국사』6, 국사편찬위원회, 1995.
정재윤, 「웅진시대 백제 정치사의 전개와 그 특성」, 서강대 박사학위논문, 1996.
김기섭, 『백제와 근초고왕』, 학연문화사, 2000.
김수태, 「백제 개로왕대의 대고구려전」, 『백제사상의 전쟁』, 서경문화사, 2000.
박현숙, 「백제의 웅진천도 배경과 웅진성」, 『백제문화』30, 2001.
강종원, 「수촌리백제고분 조영세력검토」, 『백제연구』42, 2005.
양기석, 「웅진기의 정치」, 『충청남도지』4, 충남도지편찬위원회, 2006.

참고 사이트

공주문화원 http://www.culturegj.or.kr
국립공주박물관 http://gongju.museum.go.kr
공주시문화관광 http://tour.gongju.go.kr
느낌여행충남 http://tour.chungnam.net
디지털공주문화대전 http://gongju.grandculture.net
대백제자료관 http://baekje.chungnam.net
백제문화단지 http://www.bhm.or.kr:8080/html/kr/
백제문화제 http://www.baekje.org/html/kr/index.html

6. 무령왕과 무령왕릉

    동성왕의 뒤를 이어 무령왕(武寧王, 501~523)이 왕위에 올랐다. 그의 원래 이름은 사마(斯摩, 또는 斯麻)였다. 『일본서기(日本書紀)』에는 그가 일본 축자(筑紫)의 각라도(各羅嶋)에서 출생하였기 때문에 그를 '도군(嶋君)'이라 하였다고 한다. 그의 이름 '사마'는 섬을 뜻하는 일본어인 '시마(しま)'에서 온 것이다. 지금도 일본 사가현(佐賀縣) 가카라시마(加唐島)에는 그가 출생하였다는 동굴이 보존되어 있다.

    그런데 그의 혈통에 대해서는 여러 가지 설이 있다. ① 동성왕의 둘째 아들설 ② 개로왕의 아들설 ③ 동성왕의 배 다른 형설 등이 그것이다. ①설은 『삼국사기』나 『삼국유사』에 나와 있는 내용이고 ②설은 『일본서기』 웅략기 5년 조와 무열기 4년 조의 주석에 나와 있다. ③설은 『일본서기』 무열기 4년 조에 인용되어 있는 『백제신찬(百濟新撰)』을 근거로 한 것이다. 그러나 동성왕과 무령왕의 출생 연대를 비교해 볼 때 ③설이 맞는 것 같다. 즉 무령왕은 개로왕의 동생인 곤지를 아버지로 하고 동성왕의 어머니와는 다른 여인을 어머니로 하여 태어났다는

| 무령왕이 태어났다고 전해지는 일본의 오비아동굴 |

것이다.

　그는 즉위하자마자 동성왕을 시해한 백가(苩加)를 처단하였다. 『삼국사기』에는 백가가 먼저 가림성을 근거로 반란을 일으키자, 왕이 몸소 군대를 이끌고 우두성으로 진격하여 해명(解明)으로 하여금 토벌케 하였다고 기록되어 있다. 그렇다면 왜 무령왕은 백가를 토벌하였을까. 그것은 일본에 있던 무령왕을 왕으로 옹립한 세력과 관련이 있다. 무령왕 옹립 세력은 무령왕을 추종하는 국내 세력으로 볼 수도 있고 해씨와 같은 기성 귀족으로 볼 수도 있다. 그러나 이는 역시 동성왕을 시해하고 정권을 장악한 백가세력이었다고 생각한다. 백가는 동성왕을 살해하고 무령왕을 옹립하였으나 그의 뜻대로 되지 않은 것 같다. 무령왕이 왕위에 오른 것은 40세 무렵으로 이미 시국의 흐름을 잘 판단할 수 있는 나이였다. 따라서 그는 자신을 옹립하기는 했지만 백가를 처단해야 민심을 얻고 올바른 정치를 할 수 있다고 믿었던 것 같다. "(그는) 신장(身

| 일본에 있는 무령왕 탄생 기념비 |

長)이 8척이나 되었으며 눈과 눈썹이 그림같이 준수한 외모를 가지고 있었고, 성격 또한 인자하고 관후하여 민심이 다 그에게 돌아왔다"는 기록은 이러한 추측을 뒷받침해 준다.

무령왕은 백가를 토벌하고 난 후 무력을 과시하기 위해 달솔(達率) 우영(優永)을 보내 고구려의 수곡성(水谷城)을 공격하였다. 502년(무령왕 2)에는 군사를 보내 다시 고구려의 변경을 공략하였고, 503년에는 말갈이 고목성(高木城)을 공격하자 병사를 보내 이를 격퇴하였다. 이후에도 고구려와 말갈이 여러 번 침략했으나, 무령왕은 군사를 동원하여 이들을 모두 격퇴하였다. 523년(무령왕 23)에는 왕이 한성에 순행하여 인우(因友)·사오(沙烏) 등에 명하여 한수(漢水) 북쪽의 백성으로 15세 이상 된 사람들을 징집하여 쌍현성(雙峴城)을 쌓기도 하였다.

그는 또 지방통제력을 강화하기 위해 22담로제(擔魯制)를 실시하였다. 이는 중국의 『양서(梁書)』 백제전에 나오는 내용으로 그에 의하면 무령왕은 자제와 종족을 파견하여 담로를 다스리도록 하였다고 한다. '담로'는 중국식 군현을 백제 이름으로 표기한 것이다. 무령왕은 믿을 수 있는 왕족을 파견하여 지방을 장악함으로써 왕권을 강화할 수 있었다.

그는 또한 백성들이 전염병과 기근으로 허덕이자 창고를 열어 백성들을 구휼하였다. 제방을 튼튼히 쌓는 한편 내외에서 놀고먹는 자들을 모아 농사에 복귀하게 하였다. 가야 지역으로 도망간 백제의 백성들을 다시 귀환하게 하는 조치도 취하였다. 이는 민심을 수습하는 한편 생산력의 향상을 통해 국가재정을 튼튼히 하려는 목적이었다.

중국의 남조국가인 양(梁)과 통교를 맺어 활발한 외교 활동을 벌이기도 하였다. 512년(무령왕 12)에 양에 사신을 보내 조공하였으며, 521년(무령왕 21)에도 양에 사신을 보내 고구려를 여러 번 격파하여 "다시 강국이 되었음[更爲强國]"을 알리고 있다. 그러자 양나라에서는 "행도독·백제제군사·진동대장군(行都督·百濟諸軍事·鎭東大將軍)"이란 무령왕의 기존 직함을 고쳐 "사지절도독·백제제군사·영동대장군(使持節都督·百濟諸軍事·寧東大將軍)"이라 하였다. 무령왕의 치적과 국제적 지위를 인정하였던 것이다. 그의 시호인 '무령왕(武寧王)'도 '무력을 통해 나라를 편안하게 한 왕'이란 뜻이었다. 웅진 백제시대의 전성기를 이룩한 왕이라 하겠다.

| 송산리 고분 모형관 입구 |

| 무령왕릉 전경 |

| 발굴 당시의 무령왕릉 |

그의 실체는 무령왕릉 발굴을 통해서도 드러나게 되었다. 무령왕릉은 1971년에 송산리 고분군 중 5호분과 6호분의 배수로 작업을 하다 발견되었다. 당시 국립박물관장이던 김원룡의 지휘 아래 문화재관리국에서 발굴을 주관하였다. 발굴 결과 이는 무령왕과 그의 왕비를 같이 묻은 무덤임이 밝혀졌다. 여기에서는 무덤을 지키는 동물 형상인 진묘수

| 무령왕릉 내부 복원 모습 |

| 무령왕릉 출토 진묘수 |

| 무령왕릉 출토 금동신발 |

| 무령왕릉 출토 환두대도 |

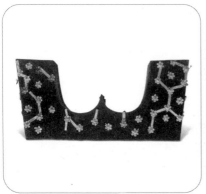

| 무령왕릉 출토 발받침 |

| 무령왕릉 출토 금제 관식과 장신구 |

(鎭墓獸)와 양 나라의 동전을 비롯해 금으로 만든 관모(冠帽), 환두대도(環頭大刀), 자기, 청동제 수저, 왕비의 베게, 청동거울, 귀걸이, 목걸이, 팔찌, 금동제 신발 등 많은 유물이 쏟아져 나왔다.

특히 이 능이 무령왕릉임을 밝혀 주는 묘지석(墓誌石)이 나와 주목을 끌었다. 왕의 묘지석에는 "영동대장군백제사마왕 연육십이세계묘년오월병술삭칠일임신붕 도을사년팔월계유삭십이일갑신안조등관대묘 입지여좌(寧東大將軍百濟斯麻王 年六十二歲癸卯年五月丙戌朔七日壬申崩 到乙巳年八月癸酉朔十二日甲申安厝登冠大墓 立志如左)"라고 쓰여 있었다. 이는 여러 가지 측면에서 많은 사실을 알려주었다. 그의 직함이 영동대장군이며 그의 본래 이름이 '사마' 라는 『삼국사기』의 기록이 신빙성이 있음을 보여주었으며, 62세에 죽었다는 기록으로 그의 출생 연대를 알 수 있게 해 주었다. 중국 천자와 동등하다는 의미에서 그의 죽음을 '붕(崩)'이라 표현하였고 3년 상을 치렀음도 알 수 있다.

또 우리는 이 고분을 통해 당시의 국제 관계를 짐작할 수도 있다. 벽돌로 축조된 무덤 양식은 중국 남조의 묘제로부터 영향을 받았으며, 부장품 중에도 중국 유물이 있어 중국과 활발한 교류가 있었음을 알 수 있다. 또 그의 목관 재료는 한국에는 없는 일본의 금송으로 밝혀졌다.

| 무령왕릉 지석 |

이로써 볼 때 무령왕 대에는 무력을 키워 내부적인 안정을 꾀하고 중국, 왜와 활발한 교류를 통해 국제적인 지위를 높여간 시기였다.

최근에는 인골로 추정되는 뼛조각 4점이 발견되어 화제가 되기도 했다. 이는 당시 수습했던 것을 방치하고 있다가 국립공주박물관에서 유물 정리 중 발견한 것이다. 이는 당시의 졸속 발굴이 가져온 결과였다. 발굴에 대한 신중한 접근이 필요함을 제시해 준 사례라 하겠다.

참고문헌 ────────────────────────────────

공주대 백제문화연구소, 『백제무령왕릉』, 충청남도, 1991.
유원재, 『웅진백제사연구』, 주류성, 1997.
이도학, 『새로 쓰는 백제사』, 푸른역사, 1997.
이남석, 「공주 송산리 고분군과 백제왕릉」, 『백제문화』 27, 1997.
정재윤, 「동성왕 23년 정변과 무령왕의 집권」, 『한국사연구』 99 · 100, 1997.
국립부여문화재연구소 · 국립공주박물관, 『무령왕릉과 동아세아문화』, 2001.
윤용혁, 「무령왕 '출생전승'에 대한 논의」, 『공주 역사문화론집』, 서경문화사, 2005.

참고 사이트

공주문화원 http://www.culturegj.or.kr
국립공주박물관 http://gongju.museum.go.kr
국립중앙박물관 http://www.museum.go.kr
공주시문화관광 http://tour.gongju.go.kr
느낌여행충남 http://tour.chungnam.net
디지털공주문화대전 http://gongju.grandculture.net
대백제자료관 http://baekje.chungnam.net
백제문화제 http://www.baekje.org/html/kr/index.html
문화재청 http://www.cha.go.kr
────────────────────────────────

7. 성왕의 사비 천도와 관산성 전투

무령왕의 뒤를 이어 그의 아들 성왕(聖王, 523~554)이 왕위에 올랐다. 그의 통치 전반기는 고구려의 침략과 기존 대외 관계의 지속으로 요약할 수 있다. 그가 즉위하자마자 고구려군이 패수(浿水)에 이르렀으므로 좌장(左將) 지충(志忠)에게 명하여 이를 격퇴시켰다. 이러한 고구려의 침략 속에서 그는 신라와의 우호 관계를 돈독히 하였고 양나라와의 교류도 지속하였다.

| 부여 읍내에 있는 성왕 동상 |

524년(성왕 2)에 양(梁)에서 성왕을 "지절도독 · 백제제군사 · 수동장군 백제왕(持節都督 · 百濟諸軍事 · 綏東將軍百濟王)"으로 책봉하자 몇 년 뒤에 양나라에 사절을 보내 통교하였다. 이어 그는 이듬해에 신라와 사절을 교환하여 동맹을 확고히 하기도 하였다.

그러나 그의 치적 중 특기할 만한 것은 사비(泗沘)로 천도하였다는 것이다. 『삼국사기』에는 천도와 동시에 국호를 남부여(南扶餘)라 하였다고 나와 있다. 지금의 '부여'라는 지명은 여기에서 비롯된 것이었다. 이 사비천도는 이미 동성왕대부터 추진되었다고 보는 것이 일반적인 견해이다. 동성왕은 490년(동성왕 12)과 501년(동성왕 23) 10 · 11월 등 세 차례에 걸쳐 사비의 벌판에서 사냥을 하였다. 이는 단순한 사냥이라 볼 수 없고, 사냥을 명분 삼아 사비의 지형 · 지세를 살피고 민심을 엿본 것이었다. 501년 8월에는 가림성(加林城)을 쌓고 백가로 하여금 지키도

| 사택지적비 |

록 했다. 가림성은 현재의 부여군 임천면에 있는 성흥산성(聖興山城)으로 비정되는데 이는 천도 후 북방 경비를 강화하기 위한 목적이 아니었을까. 그러나 동성왕은 천도에 실패하였다. 그러다가 성왕대에 와서 천도가 단행된 것이다.

사비 천도시에도 웅진 천도처럼 이 지역의 지방세력에 의한 권유가 작용했을 것이라 짐작된다. 이 지역의 지방세력이란 다름 아닌 '사씨(沙氏)' 세력이었다. 사씨 계열의 인물로는 이미 484년(동성왕 6)에 양에 사신으로 파견된 바 있는 내법좌평 사약사(沙若思)가 있었다. 성왕 대에 정계에서 활약한 사씨 세력은

잘 찾을 수 없지만, 이들의 영향력이 작용했을 것이다. 그들이 천도 후보지로 사비를 추천한 것은 사비가 넓은 들판을 갖고 있어 사방으로 뻗어나가기가 용이하였고, 부소산성과 같은 방어시설을 쉽게 조성할 수 있었기 때문으로 보인다.

사비천도 이후 성왕은 왕권 강화의 핵심적인 작업인 관제 정비에 착수하였다. 22부(部)의 중앙 관부와 5부(部)의 수도 구획, 5방(方)의 지방 행정조직도 정비하였다. 내부의 결속과 영토 회복도 꿈꾸었다. 즉 겸익(謙益)과 같은 승려를 등용하여 불교의 진흥을 꾀했다. 국가의 정신적 토대를 강화하는 데 불력의 힘을 빌고자 했던 것이다. 그의 시호 '성왕(聖王)'은 무력이 아닌 불법의 수레바퀴를 굴려 세계를 통치하는 '전륜성왕(轉輪聖王)'에서 따온 것이었다. 외교문제도 소홀히 하지 않아, 중국 양과의 관계를 돈독히 하는 한편 왜국(倭國)에도 문물을 전달해주었다. 이로써 외교문제가 발생할 경우 든든한 힘이 되어줄 수 있는 우방을 만들어놓았다.

이제 남은 것은 고구려에 빼앗긴 땅을 되찾는 일이었다. 그는 신라와의 동맹관계를 최대한 활용하는 것이 좋겠다고 판단하였다. 그리고는 선제공격을 감행했다. 그 결과 540년(성왕 18)에 고구려의 우산성(牛山城) 함락은 실패했으나, 548년(성왕 26)에는 고구려의 침략을 신라와의 공동작전으로 격파했다. 또한 550년(성왕 28)에는 고구려의 도살성(道薩城)을 공격해 함락하였으며, 다음 해에는 고구려의 평양성을 공격하여 격파하기도 했다.

이즈음 신라에서는 한창 전성기를 맞고 있었다. 신라는 지증왕(智證王, 499~514)대에 뒤늦게 국가의 기틀을 마련하였다. 지증왕은 우경(牛耕)을 장려하여 농업생산성을 증대시켰다. 국호도 새롭게 '신라(新羅)'로 정하였고, '마립간(麻立干)'이라 하던 칭호도 '왕(王)'으로 바꾸었다.

그리고 법흥왕(法興王, 514~540)대에는 중앙집권적인 국가체제가 더욱 갖추어졌다. 그는 율령을 반포하여 국가의 시책에 따르지 않는 자를 처벌하였다. 또 '건원(建元)'이라는 독자적인 연호도 사용하였는데, 중국과 대등하다는 자신감의 표현이었다. 527년(법흥왕 14)에 불교를 공인하여 새로운 이념에 입각한 체제 정비를 꾀하였으며, 영토 확장도 시도하여 532년(법흥왕 19)에는 김해의 금관가야(金官伽倻)를 병합하였다.

뒤이어 법흥왕의 조카인 진흥왕(眞興王, 540~576)이 7세의 나이로 즉위하였다. 처음은 어머니의 섭정을 받았으나, 19세 때인 551년(진흥왕 12)부터는 친정(親政)을 시작하여 '개국(開國)'이란 연호를 사용하였다. 진흥왕이 제일 먼저 착수한 것은 영토 확장이었다. 550년(진흥왕 11)에 백제와 고구려가 싸우는 틈을 타서 그는 이사부(異斯夫)를 파견하여 백제가 함락시켰던 도살성(道薩城)과 금현성(金峴城)을 차지했다. 551년(진흥왕 12)에는 고구려가 돌궐의 침입 때문에 북방에 신경을 쓰고 있을 때 거칠부(居柒夫) 등 8장군을 보내 고구려의 10성(城)을 차지했다. 한편 백제와 신라는 공동작전을 통해 한강 유역을 수복하였다. 그러나 신라의 진흥왕은 백제가 차지하기로 했던 한강 하류 지역을 빼앗아 신주(新州)를 설치하고 군단을 배치하였다.

이에 성왕은 자기의 딸을 신라에 시집보냈다. 땅을 빼앗긴 성왕이 딸을 시집보낸 것은 신라를 방심시켜놓고 보복할 시간적 여유를 얻고자 함이었다. 신라는 백제를 무시할 수 없어 왕녀를 제2비로 삼기는 하였지만, 앞으로 있을 백제의 공격에 대비하였다.

결국, 백제가 신라의 관산성(管山城, 충북 옥천)을 공격함으로써 양국 간에 전투가 벌어졌다. 백제와 가야·왜의 연합군은 성왕의 아들 여창(餘昌)의 지휘로 관산성 근처의 구타모라(久陀牟羅)에 요새를 구축하고 있었는데, 왜군의 선봉대가 화공작전을 벌여 관산성을 함락하였

| 충북 옥천군 관산성 내 우물 |

다. 이에 놀란 신라는 북쪽의 신주(新州) 군주(軍主) 김무력(金武力, 김유신의 할아버지)의 군대를 동원하고, 전국에서 군대를 징발하여 관산성 탈환을 꾀하였다. 그러던 중 성왕이 직접 전쟁터에 온다는 말을 듣고 첩자를 이용하여 그 진로를 탐지하였다. 삼년산군(三年山郡, 충북 보은)의 한 지휘관이었던 도도(都刀)의 지휘를 받은 복병은 성왕이 오는 길목을 차단하고 성왕을 습격하여 전사케 하였다. 이를 계기로 신라군은 군사를 휘몰아 관산성을 탈환하는 한편, 좌평 4인과 백제군사 2만 9천 6백

| 능사에서 발견된 창왕사리감 |

명을 죽이고 크게 이겼다.

당시 백제는 수도의 천도로 인한 대규모 토목공사와 빈번한 전쟁으로 농민과 군사들이 피곤에 지쳐 있었다. 또 전투에 앞서 왕족과 귀족의 견해가 일치하지 못하였다. 기성 귀족들은 이 전투를 반대하였으나 젊은 태자 여창은 이를 무시하고 전투를 감행하였다. 무리한 전투 결과 백제는 그때까지 영향력을 행사하던 가야 지역을 잃었고, 신진 귀족세력들이 등장하여 왕권이 위축되었다. 또 비옥한 한강 유역을 빼앗김으로써 중흥의 기회를 상실하였다. 고구려를 격퇴하는데 잠시 신라의 힘을 빌었지만 오히려 동맹국 신라의 공격으로 곤경에 빠지게 되었던 것이다.

참고문헌

노중국, 『백제 정치사연구』, 일조각, 1988.
김갑동, 「신라와 백제의 관산성 전투」, 『백산학보』52, 1999.
이도학, 「백제 사비천도의 재검토」, 『동국사학』39, 2003.
강종원, 「백제의 사비천도」, 『충청남도지』4, 충남도지편찬위원회, 2006.
정운용, 「한강 유역회복과 관산성 전투」, 『사비도읍기의 백제』, 충남역사문화연구원, 2007.
전덕재, 「관산성 전투에 대한 새로운 고찰」, 『신라문화』52, 2009.

참고 사이트

공주시문화관광 http://tour.gongju.go.kr
국립공주박물관 http://gongju.museum.go.kr
국립중앙박물관 http://www.museum.go.kr
국립부여문화재연구소 http://www.bcp.go.kr
대백제자료관 http://baekje.chungnam.net
디지털공주문화대전 http://gongju.grandculture.net
백제문화단지 http://www.bhm.or.kr
백제문화제 http://www.baekje.org/html/kr/index.html
부여문화원 http://buyeo.cult21.or.kr

| 고란사 전경 |

| 백화정 |

| 보문산성 |

| 보문산성 입구 |

| 사비시대 축조된 것으로 여겨지는 대전의 보문산성 |

| 보문산성 내의 장대루 전경 |

| 부여 능산리 고분군 |

| 서산마애삼존불 |

8. 의자왕과 백제 멸망

관산성 전투의 패배와 성왕의 죽음에 대한 책임으로 여창이 위덕왕 (威德王, 554~598)으로 왕위에 오르는 데에는 순탄치 않은 과정이 있었다. 그는 출가하여 승려가 되려고까지 했다. 그 때문인지 모르지만 『일본서기』에는 그의 즉위가 557년이었다고 기록되어 있다.

부왕의 죽음에 대한 죄책감으로 위덕왕은 정사에 크게 힘을 기울이지 않았다. 신라에 대한 복수전이나 영토 확장 의지도 없었던 것 같다. 『삼국사기』에 남아 있는 그의 통치기간의 기록은 천재지변과 중국과의 외교 관계가 주를 이루고 있기 때문이다.

백제의 영토 확장과 신라에 대한 복수전은 혜왕(惠王, 598~599) · 법왕(法王, 599~600)의 뒤를 이은 무왕(武王, 600~641)대에 이루어졌다. 무왕의 원래 이름은 장(璋)으로 『삼국유사』에 나오는 서동(薯童)이란 인물이었다.

무왕은 두 가지 방향으로 영토 확장을 꾀하였다. 하나는 빼앗긴 한강 유역을 되찾는 것이었다. 경기도 안성군 죽산면으로 추정되는 가잠성

(椵岑城)을 세 번이나 공격하고 있는 데서 알 수 있다. 다른 하나는 신라를 직접 공격하여 복수하는 것이었다. 무왕의 신라에 대한 복수전은 소백산맥을 넘는 신라로의 진출로를 확보하는 데서 시작되었다. 602년(무왕 3)에 아막성(阿莫城)의 포위와 공격이 그것이었다. 그러나 실패하였다. 616년(무왕 17)에 다시 아막성을 공격했으나 이도 실패하였다. 아막성은 지금의 남원 운봉으로 신라로 진출할 수 있는 중요한 길목이었다. 그러나 그는 부단한 시도 끝에 624년(무왕 25)에 속함(速含)을 함락하였다. 속함은 함양으로 이제 소백산맥을 넘어 신라를 공격할 수 있는 거점을 확보하게 되었다. 결국 636년(무왕 37)에 경북 성주군 가천면으로 추정되는 독산성(禿山城)을 기습 함락함으로써 경주를 압박할 수 있게 되었다. 그는 또한 신라 진출의 교두보로 익산에 별도(別都)를 경영하였다. 익산에 미륵사(彌勒寺)를 창건한 것이 그것을 말해준다.

| 미륵사지 석탑과 목탑 모형 |

익산을 통해 신라로 통하는 길목을 확보하고자 한 것이다.

그는 또한 중국과의 외교 관계에도 많은 힘을 기울였다. 수(隋)·당(唐)과 끊임없이 사신을 교환한 것이 그것을 말해 준다. 626년(무왕 27), 당에 사신을 보내 고구려가 당과 통교하는 길을 막고 있다고 호소하기도 하였고, 이듬해에는 조카인 복신(福信)을 당에 보내어 신라가 자주 변경을 침략한다고 호소하기도 하였다. 그러나 당 태종은 신라와 잘 지낼 것을 권유할 뿐이었다.

이러한 상황 속에서 무왕의 뒤를 이어 의자왕(義慈王, 641~660)이 왕위를 계승하였다. 의자왕은 무왕의 큰아들로, 태자시절부터 효자로 이름나 사람들은 그를 '해동증자(海東曾子)'라고 불렀다. 641년 즉위한 초기에는 유교진흥책과 더불어 활발한 정복활동을 벌여, 642년 장군 윤충(允忠)을 보내어 신라의 대야성[경남 합천]을 함락시키고 장군 품석(品釋) 부부를 살해하는 전과를 올리기도 했다.

또 고구려와 연합하여 신라를 협공하였다. 643년 신라의 당항성[경기도 남양]을 공격하였고, 655년에는 한강 하류 지역 30여 성을 수복하였다. 신라와 당의 교통로를 차단하여 신라를 고립시킨 것이다. 그 결과 고구려와 대립관계에 있던 당은 백제 대신 신라와 손을 잡았다. 이를 견제하기 위해 의자왕은 왜국과의 관계를 강화하였다. 이처럼 당과의 관계를 끊고 왜국과 통교한 것이 백제 멸망의 큰 원인이 되었다는 지적도 있다.

의자왕은 642년

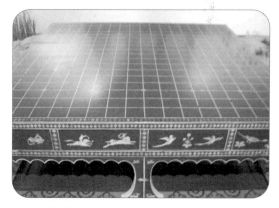

| 일본 정창원에 있는 의자왕의 바둑판 |

(의자왕 3) 어머니의 죽음을 계기로 친위정변을 단행했다. 조카 교기(翹岐) 및 이모 4명, 그리고 그들을 지지하던 내좌평 기미(岐味) 등 40여명을 정계에서 축출한 것이다. 또 643년(의자왕 4)에는 부여 융(扶餘隆)을 태자로 책봉하여 후계자를 둘러싼 암투를 조기에 종식시켰다. 이렇게 왕권을 강화한 의자왕은 독자적인 외교정책과 정복활동을 펼 수 있었다.

그러나 말기에 접어들면서 의자왕은 환락에 빠지기 시작하였고, 의자왕의 부인 은고가 정치를 좌우하였다. 657년(의자왕 17)에는 왕의 서자 41명을 한꺼번에 좌평(佐平)으로 임명하기 까지 했다. 왕의 인척들이 정사에 깊이 간여하게 되자 정계는 어지러워졌고, 나라는 위태로워졌다.

이에 신라는 당과 연합하여 660년에 백제의 수도 사비를 향해 진격했다. 당의 소정방 군대가 13만이었고, 신라의 김유신 군대도 5만에 달하였다. 당군은 서해를 지나 백강을 거쳐 사비로 들어오고, 신라군은 육로로 진격하여 7월 10일 양군은 사비 도성의 남쪽에서 만나기로 약속하였다.

이들의 침입을 맞은 백제는 일대 혼란에 빠졌다. 이에 앞서 좌평(佐平, 현재의 장관급) 성충(成忠)은 병란이 있을 것을 예상하고 "다른 나라 군대가 쳐들어오면 육지로는 탄현을 넘지 말게 하시고, 바다로는 기벌포(伎伐浦)에 적군이 들어오지 못하게 하십시오" 라고 간하였다. 그러나 의자왕은 이를 무시하였다.

그러다가 나·당 연합군의 침공 소식을 듣게 된 의자왕은 허겁지겁 어전 회의를 소집하여 어떻게 대처할 지를 의논하였다. 당나라 군대와 먼저 싸워야 한다는 의견도 있었고, 신라 군대를 먼저 대적해야 한다는 의견도 있었다. 쉽사리 결정을 내리지 못하고 있는 사이 당군은 이미 기벌포를 지나 백강으로 들어왔고, 신라군도 이미 탄현을 넘어 소로를

| 낙화암 |

| 낙화암 하부 |

| 낙화암에서 내려다 본 백마강 |

| 의자왕의 아들 부여융의 가묘 |

지난 뒤였다. 할 수 없이 의자왕은 계백(階伯)을 보내 황산벌[현재의 충남 논산군 연산면]에서 신라군을 맞아 싸우게 하였다. 신라군에는 대장군 김유신과 장군 품일 · 흠춘(欽春, 흠순이라고도 함) 등이 군사들을 지휘하고 있었다. 이로서 계백의 5천 결사대와 김유신의 5만 군대가 대결하게 되었다. 치열한 싸움 끝에 백제군은 패하고 계백은 전사하였으며, 좌평 충상 · 상영 등 30여 인은 사로잡혔다.

소정방의 당군도 기벌포에서 백제군을 격파하였다. 삽시간에 사비도성은 나 · 당 연합군에 의해 점령당했다. 의자왕은 웅진성으로 황급히 피난을 가고 그 아들 부여 융은 항복하였다. 며칠 후 의자왕도 항복하였다. 소정방은 의자왕과 태자 효, 왕자 태 · 융 · 연 및 대신(大臣), 장사(將士) 93명과 백성 1만 2천 8백 7십 명을 당으로 끌고 갔다. 지금도 중국의 북망산에는 조국을 그리다가 숨을 거둔 의자왕과 부여 융의 묘지가 쓸쓸히 남아 있다. 부여군에서는 능산리 고분군 옆에 의자왕과 부여 융의 가묘를 설치하여 망국의 혼을 달래주고 있다.

참고문헌

양기석, 「백제 위덕왕대의 왕권의 존재양태와 성격」, 『백제연구』21, 1991.
유원재 편, 『백제의 역사와 문화』, 학연문화사, 1996.
이호영, 『신라 삼국통합과 려ㆍ제패망원인연구』, 서경문화사, 1997.
김주성, 「백제 무왕의 치적」, 『백제문화』27, 1998.
양종국, 『백제멸망의 진실』, 주류성, 2004.
양종국, 「사비기 백제의 시련과 멸망」, 『충청남도지』4, 충남도지편찬위원회, 2006.
김주성, 「사비기 백제의 도약」, 『충청남도지』4, 충남도지편찬위원회, 2006.

참고 사이트

공주문화원 http://www.culturegj.or.kr
공주시문화관광 http://tour.gongju.go.kr
국립공주박물관 http://gongju.museum.go.kr
국립중앙박물관 http://www.museum.go.kr
국립부여문화재연구소 http://www.bcp.go.kr
대백제자료관 http://baekje.chungnam.net
디지털공주문화대전 http://gongju.grandculture.net
백제문화단지 http://www.bhm.or.kr
부여문화원 http://buyeo.cult21.or.kr

| 백제역사재현단지 입구 |

| 부여의 백제역사재현단지 |

| 정림사지 5층석탑(평제탑) |

| 평백제국비명 글씨 |

| 삼충사 |

| 삼충사 현판 |

9. 백제금동대향로

1993년, 국립부여박물관 발굴단은 경악을 금치 못하였다. 능산리 고분군 옆에 주차장을 조성하기 위한 사전 발굴조사를 하다 정교하게 만들어진 향로를 발견한 것이었다. 백제 나성과 능산리 무덤들 사이 절터 서쪽의 한 구덩이에서 450여 점의 유물과 함께 향로가 발견된 것이었다. 진흙 속에서 뚜껑과 몸체가 분리된 채 백제의 걸작품이 출토되었다. 높이가 64cm, 무게가 11.8kg에 이르는 대형 향로였다. 재료는 금동이었으며, 용이 향로의 몸통을 바치고 있었다. 뚜껑에는 여러 개의 산이 있고 그 맨 윗부분에는 봉황이 조각되어 있어 최초 이름은 '백제금동용봉봉래산향로(百濟金銅龍鳳蓬萊山香爐)' 였다. 청동에 금을 입힌 용과 봉황의 모습, 그리고 신선들이 살고 있다는 봉래산의 모습을 형상화한 백제의 향로라는 뜻이었다. 그러나 국보 제287호로 지정될 때의 정식 명칭은 '부여 능산리출토 백제금동대향로' 였다.

백제금동대향로가 발견된 지역은 후일의 발굴 성과로 인하여 1탑 1금당식의 사찰지로 밝혀졌고, 정식 사찰 이름은 알 수 없으나 능의 옆에

| 금동대향로가 발견된 능사 터 |

| 능사 복원도 |

있는 사찰이라 하여 '능사(陵寺)'라 명명되었다. 이 능사는 백제 창왕(昌王, 554~598)대에 건축된 것이었다. 1995년에 능사의 목탑지에서 사리감(舍利龕)이 발견되었다. 사리감은 사리를 넣은 사리함을 놓아두는 감실을 말한다. 그런데 거기에는 "백제창왕십삼년태세재정해 매형공주공양사리(百濟昌王十三年太歲在丁亥 妹兄公主供養舍利)"라는 명문이 새겨져 있었다. 창(昌)은 위덕왕의 생존시 이름이고 매형공주는 창왕의 누나로 추정된다. 따라서 능사는 위덕왕과 그의 누나가 567년(위덕왕 13)에 창건한 절임을 알 수 있다. 위덕왕은 독실한 불교 신자로 한때 스님이 되려 한 적도 있었기에 능사의 창건은 충분히 있을 수 있는 일이었다. 아마도 비참하게 죽은 아버지 성왕의 명복을 빌기 위해 창건한 것이 아닌

가 한다. 그렇다면 이 향로도 성
왕이나 능산리에 묻힌 왕들을
추모하는데 쓰였다고 추측된다.

백제금동대향로는 크게 몸체
와 뚜껑으로 구분되며 위에 부
착한 봉황과 받침대를 포함하
면 4부분으로 구성된다. 우선
받침대는 몸체의 연꽃 밑 부분
을 입으로 문 채 하늘로 치솟듯
고개를 쳐들어 떠받고 있는 한
마리의 용으로 되어 있다. 네 개
의 다리 중 하나는 하늘을 감고
오르려는 듯 역동적으로 치켜
들고 있고, 나머지 세 다리와 몸
통은 둥글게 모아 안정적으로
받침을 형성하고 있다. 그 입으
로는 위를 향하여 활짝 핀 연꽃

| 백제금동대향로 |

으로 장식된 몸통을 물고 있다. 여의주 대신 향로를 물고 하늘로 승천
하는 모습이라고 해석할 수도 있다. 머리에서 뻗어나간 두 갈래의 뿔
과 몸통 위로 솟아오른 갈기는 용의 모습을 가장 화려하게 장식해주고
있다.

향로의 몸체는 3단으로 8개의 연꽃잎이 새겨져 있다. 향로 전체의 비
례를 감안해 위에서 아래로 갈수록 연꽃잎의 크기는 줄어들고 있다. 연
꽃잎의 가운데에는 물고기와 새, 인간이 다양한 형태로 표현되어 있다.
2명의 사람과 27마리의 동물이 연꽃잎 위와 연꽃 사이에 새겨져 있다.
특히 두 명의 사람은 각각 미지의 동물을 타고 달리거나 무술을 하듯 다리와 팔을 벌리고 있는 모습을 하고 있다. 동물들은 물고기, 악어, 도마뱀, 수달 같은 것이 보이고 있다. 두 다리를 쫙 펴고 날개 짓을 하며 날아오르는 듯한 학의 모습도 있다.

향로의 몸통인 뚜껑 아랫부분에는 74곳의 산봉우리를 비롯해 바위, 산길, 시냇물, 폭포, 호수 등 첩첩산중의 자연을 배경에 깔고 있고, 그 위로 말을 타고 달리거나 뒤로 활을 쏘는 기마상 2구를 비롯하여 명상하거나 낚싯대를 드리운 사람, 코끼리 등을 타고 가는 사람, 머리를 감는 사람 등 다양한 형태의 인물상이 새겨져 있다. 봉황, 용을 비롯한 상상의 날짐승, 호랑이, 사슴, 사자, 멧돼지, 원숭이, 학 등 42마리의 현실세계 동물들이 표현되어 있다. 이 중에는 얼굴만 있는 도깨비 모양의 포수(鋪首)도 있다.

몸체의 가장 윗부분에는 산봉우리 위에 다섯 마리의 새가 앉아 있고, 다섯 명의 사람이 각각 거문고, 북, 배소(排簫), 완함(阮咸), 종적(縱笛)으로 연주를 하고 있는 형상을 하고 있다. 완함은 비파와 비슷한 악기로 죽림 7현[중국의 죽림에 모여 거문고와 술을 즐기며 노닌 완적, 혜강, 산도, 향수, 유영, 완함, 왕융의 7명을 말함] 중의 한명인 완함이 비파에 능했다하여 붙여진 이름이다. 원래는 네 줄인데 향로에서는 세 줄로 표현되어 있다. 종적은 앞으로 내어 부는 피리를 말하고, 배소는 서양의 팬플루트와 비슷한 모습을 하고 있는 악기이다. 다섯 마리의 새들은 마치 봉황을 쳐다보듯이 하늘을 향하기도 하고, 날개를 펴고 날아오르는 모습도 있고, 머리를 가슴에 묻고 있는 모습도 있다. 더구나 새들이 앉아 있는 산봉우리의 보이지 않는 뒤편으로는 구멍이 뚫려 있어 향이 피어오르도록 되어 있다.

뚜껑 꼭대기에는 별도로 부착된 봉황이 목과 부리로 여의주를 품고 날개를 편 채 힘 있게 서 있다. 사실 이 새에 대해서는 주작(朱雀)이나 천계(天鷄)라는 설도 있으나 중국 남조에도 이와 비슷한 새를 봉황이라

하고 있어 봉황으로 보는 것이 옳을 것이다. 길게 약간 치켜 올라간 꼬리의 부드러움은 백제적인 특징이라 하겠다. 봉황 앞가슴과 악사상 앞뒤에는 5개의 구멍이 뚫려 있어 몸체에서 향 연기를 자연스럽게 피어오를 수 있게 하였다.

이 향로는 중국에서 제작되었다는 설도 있다. 중국 상해 박물관에 있는 한나라 때의 금동제 박산향로와 모양이 비슷하기 때문이다. 또 강소성 상주시(常州市) 척가산묘(戚家山墓)에 새겨져 있는 남조의 금동대향로와도 흡사한 모습을 하고 있다. 그러나 많은 학자들은 이 향로가 중국의 영향을 받기는 했으나 백제에서 제작된 것으로 보고 있다. 중국과 달리 산들이 독립적·입체적이며 사실적으로 표현되어 있는 것도 이를 뒷받침해준다.

이 향로는 창의성과 조형성이 뛰어나고 불교와 도교가 혼합된 사상적 복합성까지 보이고 있다. 따라서 백제시대의 공예와 미술문화, 종교와 사상, 제조기술까지도 파악하게 해 주는 귀중한 작품이다. 지금도 이 향로를 보고 있으면 당시 사람들의 의식과 향취가 배어나오는 듯하다.

참고문헌

국립중앙박물관, 『금동용봉봉래산향로』, 통천문화사, 1994.
국립부여박물관, 『백제금동대향로와 창왕명석조사리감』, 통천문화사, 1996.
이종철, 「백제인의 소우주를 반영한 상징동물」, 『백제를 다시본다』 1, 주류성, 1998.
서정록, 『백제금동대향로』, 학고재, 2001.
박영수, 『유물속의 동물 상징이야기』, 내일아침, 2005.
이귀영, 「웅진·사비기 금속공예의 전개양상과 특징」, 『충청남도지』 4, 충남도지편찬위원
　　　회, 2006.

참고 사이트

공주시문화관광 http://tour.gongju.go.kr
국립중앙박물관 http://www.museum.go.kr
국립부여박물관 http://buyeo.museum.go.kr
대백제자료관 http://baekje.chungnam.net
문화재청 http://www.cha.go.kr
부여문화관광 http://buyeotour.net
부여문화원 http://buyeo.cult21.or.kr
백제문화단지 http://www.bhm.or.kr

10. 백제부흥 운동

　백제가 멸망한 후 당나라는 웅진도독부(熊津都督府)를 설치하고 백제 지역을 통치하였다. 도독부(都督府)란 당의 한 지방행정구역 이름으로 백제를 자신들의 영토로 편입하려는 조치였다. 그러나 각지에서 백제를 다시 일으키려는 부흥군이 봉기하였다. 두시원악(豆尸原嶽)의 좌평 정무(正武), 구마노리성(久麻怒利城)의 달솔 여자진(餘自進), 그리고 임존성(任存城)의 복신(福信)·도침(道琛)·흑치상지(黑齒常之) 등이 부흥군을 모아 나·당연합군에 항거하였다. 두시원악은 현재의 충남 청양군 정산면에 있는 두릉윤성(豆陵尹城)으로 추정되며 구마노리성은 웅진(熊津, 공주)의 한글 발음인 '고마(곰)나루'를 한자로 표현한 것이다. 임존성은 현 충남 예산군 대흥면의 봉수산성(鳳首山城)으로 비정되고 있다.

　이처럼 백제부흥군이 각지에서 봉기한 원인은 백제를 다시 일으키려는 충의 정신과 부흥 정신의 영향이었다. 그러나 이외에도 여러 요인이 있었다. 먼저 나·당연합군의 횡포와 약탈을 들 수 있다. 소정방 군대

| 예산 대흥 임존성 |

　는 사비성을 함락한 후 재물을 약탈하고 부녀자들을 겁탈하는 만행을 저질렀다. 이에 백제인들이 분노하였다. 둘째로는 의자왕의 굴욕적인 항복 모습 때문이었다. 사비성을 지키던 의자왕의 아들 부여 융이 항복하자 신라 무열왕의 아들 김법민(金法敏, 후의 문무왕)은 부여 융을 말 앞에 꿇어앉히고 얼굴에 침을 뱉었다고 한다. 뒤이어 의자왕이 웅진성에 피신했다가 돌아와 항복하자 소정방은 의자왕을 뜰아래에 꿇어앉히고 자신에게 술을 따르게 하였다. 이를 본 백제의 좌평 등 여러 신하들은 목이 메어 울지 않는 자가 없었다고 『삼국사기』는 기록하고 있다. 이를 보고 들은 백성들의 마음이 어떠했을까는 가히 짐작하고도 남는다.

　소정방은 600년 8월 부흥군의 거점인 임존성을 공격하였다. 그러나 복신과 흑치상지는 이를 물리치고 승리함으로써 부흥군의 사기를 북돋아 주었다. 구마노리성(久麻怒利城)의 여자진(餘自進)도 사비로 진격하여 사비성 주변에 성을 쌓고 사비성을 포위, 공격하였다. 승리를 자축하며 신라로 귀환하던 무열왕은 다시 돌아와 여자진 군대를 공격하였다. 사비 남령에 주둔하고 있던 여자진 군대는 신라군을 맞아 용감히 싸웠으나 패하고 말았다.

그러나 아직도 임존성의 부흥군은 건재하였다. 흑치상지가 임존성을 거점으로 봉기하자 열흘 만에 3만 명의 백성들이 몰려들었다는 것은 백제인들의 부흥 의지가 어떠했는가를 알 수 있게 해 준다. 임존성에 대한 1차 공격에 실패한 소정방은 급히 의자왕과 왕자 및 대신들을 데리고 당으로 귀국하였다. 이제 임존성은 부흥군의 집결지가 되었다. 그러자 복신과 도침은 왜에 머물러 있던 왕자 부여 풍(扶餘 豊)을 모셔와 왕으로 옹립하였다. 이는 끊어진 왕통을 다시 이었다는 의미도 있었지만 풍을 통해 왜의 지원을 받아보자는 의도도 있었다. 또 복신과 도침의 입장에서는 풍을 등에 업고 부흥군의 총수 역할을 할 수 있었기 때문이었다.

이들은 부흥군의 거점을 주류성(周留城)으로 옮겼다. 주류성의 위치에 대해서는 전북 부안의 위금암산성설, 충남 서천의 건지산성설, 충남 연기설 등 여러 가지가 있다. 그러나 금강 하류 유역임은 틀림없을 것 같다. 왜냐 하면 해로로 들어오는 당군을 차단하고 왜의 원군과 연합하기 위해서는 금강 하류가 적지였기 때문이다. 이들 도침이 지휘한 주류성의 부흥군은 재차 사비성을 공격하였다. 이에 당군은 결사대를 보냈으나 전멸하였다.

| 주류성으로 비정되는 서천의 건지산성 |

| 주류성으로 비정되는 전북 부안의 위금암산성 |

당은 다시 유인궤를 보내 사비성의 신라군과 합동 작전을 펼치려 하였다. 당군을 맞은 부흥군은 힘써 싸웠으나 패하여 1만 여명이 전사하였다. 이후 두릉윤성(豆陵尹城)으로 철수했던 복신은 신라군의 공격을 받았으나 크게 승리하였다. 이 전투의 승리로 부흥군의 사기는 크게 올라 200여 성이 부흥군에 합류하게 되었다.

이러한 상황 속에서 661년에 무열왕이 죽고 문무왕이 왕위에 올랐다. 이때 당은 고구려를 재차 공격하면서 신라로 하여금 군량 수송의 임무를 수행하도록 하였다. 김유신이 거느린 신라군은 군량을 싣고 고구려로 향하고 있었다. 이때 앞서 가던 전위대의 사자가 와서 옹산성(甕山城)에 백제부흥군이 있어 전진이 불가함을 알려왔다. 김유신은 성을 포위하였다. 그리고 사람을 보내 소리쳤다. "너희 나라가 공손치 않아 대국이 토벌하게 되었으며 명령에 순응하는 자는 상을 받았고 순응치 않은 자는 죽음을 당하였다. 지금 너희들은 외로운 한 성을 지키며 무엇을 하려 하는가. 나중에는 반드시 참혹하게 패할 것이니 나와서 항복하는 것만 같지 못하다. 항복하면 생명을 보전할 수 있을 뿐 아니라 부귀를 기약할 수 있을 것이다." 그러나 성 안의 부흥군은 미동도 하지 않았다. 오히려 부흥군의 장수가 큰 소리로 대답하였다. "비록 보잘 것 없는 작은 성이지만 무기와 식량이 모두 넉넉하며 군사들은 의롭고 용

| 계족산성 |

감하다. 차라리 죽기로 싸울지언정 맹세코 살아서 항복하지는 않겠다"
라고 하였다. 옹산성은 대전의 계족산성으로 비정되는데 백제부흥군의
장렬한 의지를 엿볼 수 있는 대목이다.

옹산성을 함락한 신라군은 우술성(雨述城)을 공격하였다. 우술성은
신라에서 웅진에 이르는 '웅진도(熊津道)'를 차단할 수 있는 위치에 있
었다. 따라서 이 성은 대전의 연축동산성으로 비정되나 일부 학자들은
이 성이 바로 현재의 계족산성이라 하고 있다. 이 성을 지키고 있던 달
솔 조복과 은솔 파가는 신라군의 끈질긴 공격에 항복하고 말았다.

이즈음 왜에서 귀국한 풍왕(豊王, 생몰년 미상)은 모든 국정을 위임
받아 부흥군을 지휘하였다. 그러나 얼마 안가 내분이 생겨 복신이 도침
을 살해하고 군사권을 장악하였다. 이에 풍왕은 권력을 잃고 제사만 주
관하는 신세가 되었다. 그러나 풍왕은 662년 12월 피성(避城)으로 근거
지를 옮겼다. 피성은 전북 김제로 추정된다. 주류성은 토지가 척박하여
먹고 살수 없으므로 토지가 기름진 피성으로 옮겨야 한다고 했으나 실
은 새로운 곳으로 천도하여 자신의 권력을 되찾고자 한 것이었다. 또
국내에 기반이 없던 풍왕이 고구려와 왜에 원군을 요청하려 하자 복신

은 이를 반대하였다. 그러자 풍왕이 복신을 살해하였다.

내분을 틈탄 나·당연합군은 주류성을 공격하였다. 풍왕의 요청에 의해 금강 하구로 들어오던 왜의 수군 선단도 당의 수군에 의한 화공으로 전함 400여 척이 불탔다. 이에 풍왕은 고구려로 도망하였고 주류성은 함락되었다. 이후 임존성을 지키고 있던 지수신(遲受信)이 끝까지 항거하였으나 당에 항복한 흑치상지의 공격을 받아 패하고 말았다. 이로써 약 4년 여에 걸친 백제부흥운동은 끝을 맺게 되었다.

대전, 충청 일대에서 전개된 백제부흥운동은 비록 실패하기는 했으나 후대인들에게 충의(忠義)와 절의(節義) 정신을 남겨 주었다. 후일 많은 애국지사가 충남에서 나와 '충절의 고향'이라 불리게 된 것은 결코 우연이 아닌 것이다.

참고문헌 ───────

심정보, 「백제부흥군의 주요거점에 관한 연구」, 『백제연구』 14, 1983.
심정보, 「백제 우술성고」, 『윤무병박사 회갑기념론총』, 1984.
이도학, 『백제장군 흑치상지평전』 3, 주류성, 1996.
심정보, 「백제부흥운동과 임존성」, 『백제부흥운동의 재조명』, 공주대 백제문화연구소, 2002.
노중국, 『백제부흥운동사』, 일조각, 2003.
심정보, 「백제의 부흥운동」, 『충청남도지』 4, 충남도지편찬위원회, 2006.
양종국, 『의자왕과 백제부흥운동』, 서경문화사, 2008.

참고 사이트

공주시문화관광 http://tour.gongju.go.kr
국립공주박물관 http://gongju.museum.go.kr
부여문화관광 http://buyeotour.net
예산군문화관광홈페이지 http://www.yesan.go.kr/culture/
예산문화원 http://yesan.cult21.or.kr

11. 백제유민의 동향

　백제가 멸망하자 당은 백제에 웅진도독부를 설치하여 이를 병합하려 하였다. 그러나 신라의 항거로 실패하였다. 결국은 신라가 당군을 물리치고 671년 사비(泗沘)에 소부리주(所夫里州)를 설치함으로써 백제는 완전히 신라의 영토로 편입되었다.

　신라에서는 백제 유민들을 포섭하고 백제 지역을 통치하기 위해 여러 가지 제도적 장치를 마련하였다. 제일 먼저 들 수 있는 것이 백제인들을 신라의 귀족으로 편입하는 정책이었다. 공을 세운 백제인들에게 그 공로의 대소와 지위의 고하에 따라 신라의 관등이나 관직을 주었다. 673년(문무왕 13)에 백제에서 온 사람들에게 내외 관직을 주었는데 그 관등(官等)의 서열은 본국에서의 관직을 참고하여 정하였다. 백제의 달솔(達率)에게 경관(京官)의 대나마(大奈麻)를 주고, 백제의 은솔(恩率)에게는 나마(奈麻)를, 덕솔(德率)에게 대사(大舍)를, 한솔(扞率)에게 사지(舍知)를 주었던 것이다.

　다음으로 들 수 있는 것은 백제인들의 정신적 유산을 나름대로 존속

시켜 주는 정책을 취하였다. 그들의 수호신으로 여겼던 산(山)을 신라의 정식 사전(祀典)에 편입하여 국가적인 차원에서 숭배하였다. 신라는 통일 후 전국의 산천을 3등급으로 나누어 숭배하였다. 대사(大祀)·중사(中祀)·소사(小祀)가 그것이다. 대사(大祀)에 속하는 삼산(三山)은 통일 이전부터 중시되어 오던 산이었다. 삼산의 명칭은 나력(奈歷)·골화(骨火)·혈례(穴禮)였다. 이는 모두 경주 부근에 있는 산이었다. 그러나 중사나 소사에 해당하는 산천의 지역 분포를 보면 전국에 걸쳐 있다. 즉 옛 백제 지역이나 옛 고구려 지역에 있는 산천도 다수 포함되어 있는 것이다. 옛 백제 지역의 산천으로 5악의 하나인 공주의 계룡산을 비롯하여 4진(四鎭)의 하나인 가야갑악(加耶岬岳, 충남 예산)·4해(四海)의 하나인 미릉변(未陵邊, 전북 옥구)·4독(四瀆)의 하나인 웅천하(熊川河, 충남 공주)·상조음거서(上助音居西, 충남 서천)·오서악(烏西岳, 충남 홍성)·청해진(淸海鎭, 전남 완도)·가림성(加林城, 충남 부여)·월나악(月奈岳, 전남 영암)·무진악(武珍岳, 광주)·서다산(西多山, 전북 장수)·동로악(冬老岳, 전북 무주) 등이 포함되어 있는 것이다.

옛 백제 지역의 산천 분포를 보면 통일 후 옛 백제 지역에 설치된 3주(州) 중 웅천주(熊川州)에 집중되어 있는 특징을 보이고 있다. 이는 백제의 수도였던 웅진(熊津, 현재의 충남 공주)과 사비(泗沘, 현재의 충남 부여)가 웅천주에 속해 있었기 때문에 당연한 결과라 할 수 있다. 그러나 궁극적인 목적은 이 지역의 반신라적 감정을 완화시키려는 목적에서 이들 지역의 산천을 사전(祀典)에 편입시켜 제사한 것이 아닌가 한다. 종래 백제에서 중시하던 이 지역의 산천을 신라에서도 중요 치제(致祭)의 대상으로 지정하여 백제 유민들을 회유하려 한 것으로 추정된다.

그러나 신라 정부의 이러한 노력에도 불구하고 백제의 유민들은 나름대로 독자적인 의식을 가지고 백제인으로서의 긍지를 잃지 않았다.

| 충남 연기의 비암사 전경 |

| 비암사 대웅전 |

| 비암사 극락보전 |

그 흔적을 찾아볼 수 있는 것이 1960년에 충남 연기군 전동면 비암사
(碑岩寺)에서 발견된「계유명전씨아미타불삼존석상(癸酉銘全氏阿彌
陀佛三尊石像)」의 명문이다. 그 내용을 보면 계유년(癸酉年)에 전씨(全

| 비암사 3층 석탑 |

| 계유명전씨아미타불삼존석상 |
국립청주박물관 소장

氏)를 비롯한 몇 사람이 한 마음으로 아미타불과 관음보살(觀音菩薩)·
대세지보살상(大世至菩薩像)을 만들었다는 것이다. 계유년은 673년(문
무왕 13)을 말한다. 또 전씨(全氏)와 미차(彌次) 등 50여 인의 지식인들
이 국왕과 대신 및 7대의 부모를 위해 절을 지었다는 내용도 들어 있다.

그런데 절과 불상을 조성하는데 참여한 사람들의 명단에 달솔(達率)
신차(身次)가 맨 먼저 보이고 있어 주목된다. 달솔은 백제의 제2관등인
데 여기에 보이고 있는 것이다. 다른 사람들은 다 신라식 관등을 갖고
있는데 신차만이 백제 관등을 가지고 있는 것이다. 이는 대부분의 백제
인들이 국가가 멸망한 입장에서 신라의 관등을 순순히 받았지만 일부
는 이를 거부했기 때문에 나타난 현상이었다. 673년은 백제가 멸망한
지 13년이 지난 시점이지만 아직도 백제인들의 저항과 불만이 식지 않
은 때였다. 또 신라가 고구려까지 멸망시킨 지 5년이 지났지만 당나라
의 야욕으로 당과 신라가 불편한 관계에 있던 시점이었다.

이러한 상황 속에서 신라는 백제인들에게 신라식 관등을 주었지만 이를 거부하는 일부 백제인들은 그들의 관등을 용인해 준 것이라 하겠다. 당을 상대해야 하는 입장에서 이들에게 강력한 조치를 취할 수 없었기 때문이었다. 그렇다면 50여 명의 지식인들이 절을 지었던 진정한 뜻은 멸망해 버린 백제의 국왕과 대신들을 위한 것이 아니었을까. 즉 겉으로는 신라의 국왕과 대신들을 위해 만든다는 명분을 내걸었지만 내면적으로는 잃어버린 조국에 대한 향수와 부흥의지로 절을 세웠다고 볼 수 있다. 그것은 아직도 달솔이란 백제 관등을 갖고 있는 신차가 지식인들의 맨 처음에 쓰여 있기 때문이다.

이처럼 비록 백제는 멸망했지만 백제 유민들은 아직도 자신들의 조국을 잊지 못하고 그에 대한 자부심과 긍지를 표출하고 있었다. 그리고 언제든지 자신들의 조국을 되찾겠다는 신념과 의지를 지니고 있었다.

이는 고승(高僧) 진표(眞表)의 경우에서도 엿볼 수 있다. 진표는 통일신라시대 9주 중의 하나인 전주의 김제군 만경현 대정리 사람이었다. 그는 12세에 출가하여 열심히 정진한 끝에 선계산 불사의암(不思議庵)에서 지장보살을 친견하였다. 740년(효성왕 4)의 일이었다. 그 후 그는 김제에 금산사(金山寺)를 창건하고 거기에 미륵장육상(彌勒丈六像)을 봉안하였다. 그리고 금강산에 들어가 발연사(鉢淵寺)를 세우기도 했다.

그런데 『송고승전(宋高僧傳)』을 보면 그가 백제인으로 되어 있다. 그가 주로 활동했던 시기가 경덕왕(景德王, 742~765)대임을 미루어 볼 때 이미 백제가 멸망한 지 100여 년 가까이 지난 시기이다. 그런데도 그가 신라인이 아닌 백제인으로 씌어 있는 것은 진표가 스스로 백제인으로 자처했거나 백제 유민임을 강조했기 때문이었다. 그것은 또한 신라에 대한 반항심의 표현이었다고도 할 수 있다. 이 같은 자존심은 언젠가는 쇠망한 조국을 되찾겠다는 국가의식으로 승화될 수 있었던 것이다.

참고문헌 ─────────────────────────────────────

이기백, 「진표의 미륵신앙」, 『신라사상사연구』, 1986.

연기군, 『연기석불비명의 연구』, 1996.

김갑동, 「고려초기 백제유민의 동향과 나말려초의 공주」, 『역사교육』3·4합집, 웅진사학
　　　회, 1999.

김수태, 「신라문무왕대의 대복속민정책」, 『신라문화』16, 1999.

김수태, 「신라의 통일과 충남」, 『충청남도지』5, 충남도지편찬위원회, 2006.

참고 사이트

국립공원 http://www.knps.or.kr

연기군사이버홍보관 http://hongbo.yeongi.go.kr

연기문화원 http://jochiwon.cult21.or.kr

12. 김헌창의 난과 공주

신라는 신문왕(神文王, 681~692)대에 이르러 넓어진 영토를 9주(州)로 나누었다. 원 신라 지역에 양주 · 강주 · 상주, 옛 고구려 지역에 한주 · 삭주 · 명주, 옛 백제 지역에 웅주 · 전주 · 무주를 설치하여 통치하였다. 그러나 고구려, 백제인들의 의식 속에는 조국에 대한 향수와 추억이 남아 있었다. 이것이 때로 중앙통제력의 약화와 함께 표출되기도했다. 그 대표적인 예가 822년(헌덕왕 14)에 발생한 웅천주도독(熊川州都督) 김헌창(金憲昌)의 난이었다.

김헌창이 난을 일으킨 이유에 대해 『삼국사기』에서는 그의 아버지김주원(金周元)이 왕이 되지 못한 것에 대한 불만으로 설명하고 있다. 그것은 사실이었다. 김주원은 선덕왕(宣德王)이 죽자 그의 후계자 자리를 둘러싸고 김경신(金敬信)과 싸움을 벌이다 패한 바 있었다. 왕위계승전에서 밀려난 김주원은 강원도 명주(溟州, 강원도 강릉)로 내려갔다. 그러나 원성왕이 된 김경신은 그를 죽이지는 않았다. 그를 명주군왕(溟州郡王)으로 봉해주고 식읍(食邑)까지 주었다. 그가 거주하던 명

| 공주시 소학동의 효자 향덕비와 비각 | | 효자 향덕비 |

주 외에 익령(翼嶺, 현재의 강원도 양양) · 삼척(三陟) · 근을어(斤乙於, 현재의 강원도 平海) · 울진(蔚珍)까지 식읍으로 주었던 것이다. 일종의 독립국으로 기능하였다.

　그러다가 김주원의 아들 김헌창에게는 복권을 허락하였다. 중앙에 올라와 관직생활을 하게 된 것이다. 결국 그는 807년(애장왕 8)에 현재의 국무총리에 해당하는 시중(侍中)이 되었다. 그러나 헌덕왕이 즉위하면서 시중직에서 해임되었다가 813년(헌덕왕 5)에 와서야 외직(外職)인 무진주(武珍州, 현재의 광주광역시) 의 도독(都督, 현재의 도지사)이 되었다. 그 이듬해인 814년(헌덕왕 6) 다시 조정에 들어와 시중(侍中)이 되었다. 그것도 잠시 2년 뒤인 816년(헌덕왕 8)에 그는 다시 지방으로 나아가 청주(菁州, 현재의 경남 진주)의 도독(都督)이 되었다. 국무총리를 2번이나 했다가 도지사로 좌천된 것과 다름없었다. 헌덕왕 13년에 이르러서는 다시 웅천주도독으로 자리를 옮겼다가 이듬해인 헌덕왕 14년(822)에 반란을 일으킨 것이었다.

　그는 반란을 일으키면서 독립국을 선포하였다. 국호를 장안(長安)이

라 하고 연호를 경운(慶雲) 원년(元年)이라 하였던 것이다. 그런데 문제
는 그가 왜 하필이면 웅천주도독이 되었을 때 반란을 일으켰느냐 하는
것이다. 웅천주는 현재의 공주를 말한다. 첫번째 이유는 헌덕왕대 여러
번에 걸친 자연재해로 여기저기서 도적이 일어났기 때문이라고 볼 수
있다. 813년(헌덕왕 3)에 서쪽 변방의 여러 주군(州郡)에서 기근이 있어
도적이 일어나매 군사를 내어 토벌한 적이 있다. 819년(헌덕왕 11)에는
초적(草賊)이 곳곳에서 일어나니 왕이 여러 주군(州郡)의 도독과 태수
에게 명하여 그들을 잡게 하기도 하였다.

이러한 현상은 웅천주[공주]의 경우에도 예외는 아니었다. 755년(경
덕왕 14)의 기록을 보면 민간에 기근이 들어 웅천주의 향덕(向德)이란
자는 가난하여 부모를 봉양할 수 없게 되자 자기의 다리 살을 베어 아버
지를 먹이기까지 하였다. 이 소식을 들은 왕은 그에게 곡식 5백 석을 주
어 표창하였다 한다. 이 같은 상황은 공주의 백성들이 굶주리고 있었음
을 극명하게 보여주는 기록이다. 따라서 경덕왕이 특별히 향덕에게 곡
식을 후히 주고 정표(旌表)까지 한 것은 그의 효행에 감동했기 때문이
기도 했겠지만 이 지역의 민심을 가라앉히려는 시도였다고 볼 수 있다.

그러나 보다 근본적인 이유는 웅천주의 역사지리적 특성에 말미암은
것이 아닌가 한다. 웅천주는 예전에 백제의 수도였기 때문에 반신라적
감정이 가라앉지 않고 있었다. 그것은 백제부흥운동이 공주 주변에서
일어났음에서 알 수 있다. 이에 신라에서는 이에 대한 대비책으로 웅천
주정(熊川州停)이라는 군단을 설치하여 공주에 주둔하게 하였다. 그러
나 백제 유민들의 마음을 완전히 제압할 수는 없었다. 김헌창은 이러한
백제 유민의 동향을 이용해 신라 정부를 전복하려 한 것이라 생각된다.
그의 세력에 포함된 지역도 대부분 옛 백제 지역이었다. 여러 주군의
도독(都督)과 사신(仕臣), 그리고 수령들을 위협하였지만 청주도독(菁
州都督) 향영과 한산주[경기도 광주]·우두주[강원도 춘천]·삽량주[경

남 양산] · 패강진[평안도 평산] · 북원경[강원도 원주] 등은 이에 굴하지 않고 도망하거나 군사를 모아 스스로 불측의 변에 대비하는 모습을 보이고 있다. 그런데 청주(菁州, 현재의 경남 진주)와 삽량주는 옛 신라 지역이었고 한산주 · 우두주 · 패강진 · 북원경은 옛 고구려 지역이었다.

결국 남은 것은 웅주를 비롯하여 무주[광주광역시] · 완산주[전북 전주] · 사벌주[경북 상주] · 국원경[충북 충주] · 서원경[충북 청주] · 금관경[경남 김해] 만이 남았다. 완산주의 경우 하급 관리들 일부가 신라로 도망하였지만 도독은 그대로 군사력을 장악하고 있었다. 이들 지역 중 사벌주와 금관경은 옛 신라 지역이었고 국원경은 옛 고구려 지역이었지만, 난의 중심이 된 웅주 · 완산주 · 무진주 · 서원경은 옛 백제영역의 핵심 지역이었다. 이처럼 옛 백제 지역이 중심이 된 것은 백제 유민들의 반신라 감정과 불만을 이용했기 때문이었다.

| 공산성 북문인 공북루 | 가운데 문을 나가면 바로 금강에 이른다.

그러나 신라의 관군이 동원되어 장웅은 도동현에서 김헌창군을 격파하고 위공·제능은 장웅의 군과 합세하여 삼년산성[충북 보은]과 속리산에서 김헌창군을 무찔렀다. 균정 등은 성산[현재의 경상북도 성주]에서 김헌창군을 격파하였다. 이렇게 각지에서 헌창군을 격파한 관군은 탄현을 넘어 공주로 밀려 들어왔다. 마지막으로 김헌창은 공산성에 피신하여 결전을 벌였다. 그러나 이 전투에서도 적의 포위 공격을 견뎌내지 못하고 자살함

| 공산성 서문인 금서루 |

| 동남쪽에서 본 공산성 전경 |

으로써 김헌창의 난은 실패로 돌아가게 되었다. 따라서 김헌창이 난을 일으킬 때, 이 난이 성공하면 웅천주[공주]에 도읍할 것이라 공언했는지도 알 수 없다.

김헌창의 난이 진압된 뒤 공주를 방문했던 최치원은 다음과 같은 시를 남겼다.

비단 띠 두른 강산은 그려서 만든 것 같은데
기쁘도다. 오늘에는 병란의 티끌이 사라졌네

음풍(陰風)이 홀연히 놀란 파도 일으키니
당시의 북소리는 아직도 생생하네

　지금도 공산성 입구에는 깃발이 펄럭이고 있어 당시의 전운을 느끼게 하고 있다. 참혹하게 사라져간 백제의 원혼들이 깃발을 따라 하늘 위를 떠도는 듯하다.

참고문헌

이명식, 「신라 하대 김주원계의 정치적 입장」, 『대구사학』 26, 1984.
윤용혁, 「공주지방의 효행사례에 대한 역사적 고찰」, 『효의 사상과 예술』, 한국예총 공주지부, 1997.
황선영, 「신라 하대 김헌창난의 성격」, 『부산사학』 35, 1998.
김갑동, 「고려초기 백제유민의 동향과 나말려초의 공주」, 『역사교육』 3 · 4합집, 웅진사학회, 1999.
주보돈, 「신라하대 김헌창의 난과 그 성격」, 『한국고대사연구』 51, 2008.
김갑동, 『고려의 후삼국통일과 후백제』, 서경문화사, 2010.

참고 사이트

공주문화원 http://www.culturegj.or.kr
공주시문화관광 http://tour.gongju.go.kr
느낌여행충남 http://tour.chungnam.net
한국역대인물 종합정보시스템 http://people.aks.ac.kr

13. 신라 말의 선종과 성주사

통일신라는 불교 국가였다라고 해도 과언이 아니다. 유학도 통치 이념으로 기능하였지만 불교에 미칠 바는 못 되었다. 통일신라 초기에는 경전을 중시하는 교종 계통의 화엄종이 전제왕권과 밀착되어 있었다. 그러나 하대(선덕왕~경순왕)에 들어와 그와는 성격이 다른 선종이 유행하게 되었다. "난해한 문자에 의존하지 않고도 참선을 통해 인간의 본성을 깨닫는다면 부처의 경지에 다다를 수 있다[不立文字 見性成佛]" 는 생각이 퍼진 것이다.

이러한 사상은 당(唐)나라 말기에 유행하던 선종 불교의 영향을 받은 탓도 있지만 당시 신라의 정치적 · 사회적 변화와 밀접한 관련이 있다. 지방의 호족이나 농민들이 시대의 주인공으로 등장하면서 이들에게 쉽게 호소할 수 있는 사상이 필요했기 때문이다. 그래서 승려들이 중국에서 달마의 선법을 받아 와서 그 문풍을 지켰다는 9산선문(九山禪門)도 수도가 아닌 지방에 소재하게 되었다.

9산선문은 도의가 개창한 가지산문[전남 장흥의 보림사]을 비롯해 홍척의 실상산문[전북 남원의 실상사], 혜철의 동리산문[전남 곡성의 태안사], 현욱의 봉림산문[경남 창원 봉림사], 도윤의 사자산문[강원도 영월의 흥녕사], 범일의 사굴산문[강원도 강릉 굴산사], 도헌의 희양산문[경북 문경 봉암사], 이엄의 수미산문[황해도 해주 광조사] 등을 말한다. 이밖에 충남 보령에도 선풍을 진작한 산문이 있었으니 그것이 바로 무염(無染)의 성주산문이다. 성주산문의 중심 사찰은 성주사(聖住寺)였다.

무염과 성주산문에 관한 것은 현재도 남아 있는 성주사 낭혜화상 백월보광탑비의 비문에 자세히 기록되어 있다. 이 비문은 최치원이 왕명을 받들어 찬술한 것으로 무염의 생애와 산문 개창 과정, 그의 제자들 등이 자세히 기록되어 있다. 그에 의하면 무염은 경주 출신으로 속성은 김씨였다. 원래 무열왕의 8대손으로 진골 왕족이었으나 아버지 김범청(金範淸) 때에 와서 6두품으로 떨어졌다. 왜 강등되었는지에 대해서는

| 성주사지 전경 |

| 낭혜화상비와 비각 |

| 낭혜화상비 |

확실히 알 수 없다. 가문이 번성하면서 방계로 전락하였기 때문이 아닌
가 한다.

그는 800년에 태어났는데 어려서부터 신동(神童)이었다. 눈으로 한
번 본 것은 잊지 않고 바로 외울 수 있을 정도였다. 12세가 지나면서 그
는 불교에 입문하고자 하였다. 부모는 기꺼이 허락하였다. 특히 어머니
는 그가 승려가 될 것을 예견하고 있었다. 불법을 지키는 천인(天人)이
연꽃을 내려주는 꿈을 꾸고 그를 임신하였기 때문이다.

드디어 그는 오색석사(五色石寺)에서 출가하였다. 거기서 중국에 다
녀온 바 있는 법성선사(法性禪師)에게 선을 배웠고 영주 부석사에 가서
화엄학을 공부하였다. 그러다가 뜻한 바 있어 22살 때인 헌덕왕 14년
(822)에 당나라에 사신으로 가는 김흔(金昕)의 배를 얻어 타고 출국 길
에 올랐다. 당나라에 도착한 그는 종남산 지상사(至相寺)에서 화엄학을
배웠고 불광사의 여만(如滿)과 마곡사의 보철화상(寶澈和尙)에게서 선
법을 배웠다. 그 후 보철화상이 죽자 여기 저기 떠돌며 수행을 게을리

하지 않았다. 위독한 병자를 돌보며 고아와 자식 없는 늙은이를 구휼하는 것을 자신의 임무라고 생각하였다. 그러자 사람들은 그를 '동방에서 온 대보살'이라고 칭송하였다.

45세 되던 845년, 당의 무종(武宗)이 불교를 탄압하게 되면서 그는 신라로 귀국하였다. 귀국 후 그는 경주에 머무르는 것을 좋아하지 않고 북쪽으로 가기를 원하였다. 이때 김흔이 산중에서 지내고 있었는데, 그의 청으로 성주사에 머무르면서 성주산문을 개창하게 된 것이다.

일찍이 보령 지역은 웅천주의 일부분으로 김인문(金仁問)의 봉지(封地)였다. 나·당연합군이 백제를 멸한 후, 당은 신라를 회유하기 위해 전공을 세운 김인문에게 이 지역을 식읍(食邑)으로 하사할 것을 제안하였다. 이에 따라 김인문은 임해공(臨海公)이 되어 이 지역을 식읍으로 받아 다스리게 되었던 것이다. 여기에 퇴락한 조그만 절이 있었는데 이를 중창해주길 무염(無染)에게 청한 것이다. 이는 다름 아닌 백제시대에 '오합사(烏合寺)'라 불렀던 절이었다.

이 같은 청을 받아들인 무염은 절을 깨끗이 중창하고 선문(禪門)을 개창하였다. 그러자 문도들이 수 없이 몰려들고 선문이 크게 번창하였다. 이를 전해들은 문성왕(文聖王)은 편지를 보내 그 노고를 위로 하고 절의 이름을 '성주사(聖住寺)'라 하였다. '성인이 머무르는 절'이란 뜻이었다. 김양(金陽)도 단월(檀越)이 되어 많은 것을 후원해 주었다. 김양은 흥덕왕(興德王) 사후 발생한 왕위계승전에서 김균정(金均貞)을 옹립하려 했으나 실패한 후 장보고(張保皐)의 도움을 받아 균정의 아들 김우징(金祐徵)을 신무왕(神武王)으로 옹립한 인물이다. 이후 출세 가도를 달려 문성왕대에 집사성(執事省)의 시중(侍中, 지금의 국무총리)에 올랐으니 그의 후원을 받은 성주산문은 나날이 번창하였다.

뒤이어 헌안왕(憲安王)이 즉위하자 그의 자문에 응하였고 경문왕(景文王)대에는 국가의 정신적 지주인 국사(國師)가 되었다. 헌강왕(憲康

王)대에는 왕이 왕실에 머물러 주기를 요청했으나 거절하고 성주사로 돌아왔다. 그러다가 진성여왕 2년(888)에 성주사에서 입적하였다.

그는 교종(敎宗)과 선종(禪宗)을 따로 보지 않았다. 화엄과 선이 공존할 수 있다고 보았다. "어떤 이는 교와 선이 같지 않다고 하나 나는 그러한 종지(宗旨)를 보지 못하였다"라고 했던 것이다. 그것은 그가 선법뿐 아니라 화엄도 깊이 공부했기 때문이었다. 그는 유학에도 조예가 깊었다. 따라서 그의 법문을 들은 헌강왕은 "삼외(三畏 : 군자가 두려워하고 조심하는 세 가지로 天命, 大人, 聖人을 말함)는 삼귀의(三歸依 : 3보인 佛寶, 法寶, 僧寶에 귀의 한다는 뜻)에 비견되며 오상(五常 : 유교의 仁, 義, 禮, 智, 信)은 오계(五戒 : 불교의 계율로 不殺生, 不偸盜, 不邪淫, 不妄語, 不飮酒)와 같다. 왕도(王道)를 잘 실천하는 일, 이는 바로 불심(佛心)에 부합된다"라고 하였다.

그는 또한 실천을 중시하였다. 앉아서 참선만 하는 것이 옳은 수행이라 생각하지 않았다. 평등한 마음과 실천 수행을 강조하였다. 그는 말했다. "마음이 비록 몸의 주인이지만 몸이 마음의 사표가 되어야 한다. 너희가 도(道)를 생각하지 않는 것을 근심할 것이지, 어찌 도가 너희를 멀리 하겠는가. 비록 농부라 할지라도 속세의 얽매임에서 벗어날 수 있다. 내가 가면 반드시 마음도 따라 오는 것이니 도사(道師)와 교부(敎父) 같은 위대한 사람이라 하여 어찌 종자가 따로 있겠는가" 하였다. 그리하여 그는 백성들과 똑같이 먹었으며 옷도 소박하게 입었다. 절을 짓거나 고칠 때에도 대중보다 앞서 하였으며, 몸소 물을 긷고 땔나무를 하였다.

왕들이 가르침을 요청하자 그는 답하였다. "세 마디가 있사오니 어찌 더 드릴 말씀이 있겠습니까. 그것은 '능관인(能官人)'입니다." '능력있는 관리에게 일을 맡겨야 한다'는 뜻이었다. 간결하지만 현재의 정치에 있어서도 새겨들을 말이었다.

| 성주사지 3층석탑 |

| 성주사지 5층석탑 |

| 성주사지 불상 대좌 |

지금 성주사는 불타 없어지고 비석과 탑 몇 개만이 황량한 바람을 맞고 있다. 그러나 그의 가르침은 우리의 마음속에 영원히 남을 것이다. 그의 법호처럼 속세의 욕심에 물들지 않는 '무염(無染)'의 마음을 가져야 할 것이다.

참고문헌

권태원, 「성주사지의 사략에 대하여」, 『호서사학』 19·20, 1992.
이지관, 『교감역주 역대고승비문(신라편)』, 가산문고, 1993.
김수태 외, 『성주사와 낭혜』, 서경문화사, 2001.
조범환, 『신라선종연구 -낭혜 무염과 성주산문을 중심으로-』, 일조각, 2001.
이해준, 「충청유일의 구산선문-보령성주사지」, 『서해와 금강이 만나 이룬 문화』 2, 충남역사
　　　문화연구원, 2009.

참고 사이트

곰절성주사 http://www.seongjusa.com
대천문화원 http://daecheon.cult21.or.kr
문화재청 http://www.cha.go.kr
한국역대인물 종합정보시스템 http://people.aks.ac.kr

Ⅲ. 고려

14. 고려의 건국과 복지겸

신라 말 889년(진성여왕 3)부터 시작된 농민 봉기는 전국으로 확산되어갔다. 이 중 대표적인 예만 들더라도 북원[원주]의 양길(梁吉), 죽주[죽산]의 기훤(箕萱), 완산[전주]의 견훤(甄萱) 세력 등이었다. 이러한 사태에 대한 책임을 통감하고 진성여왕은 재위 11년만에 왕위를 태자인 요(嶢)에게 선양하였으니, 이가 곧 효공왕(孝恭王)이다.

그러나 혼란상황은 가라앉지 않고 더욱 가속화되어 급기야는 두 개의 커다란 세력권으로 모아지게 되었다. 그중의 하나가 견훤의 후백제 세력이었고, 다른 하나가 궁예(弓裔)에 의한 태봉(泰封) 세력이었다. 궁예는 896년, 철원에 도읍을 정하고 태봉이란 국호를 정하였으며, 견훤은 900년에 이르러 완산주[전주]에 도읍하고 공식적으로 후백제왕을 칭하였다. 그리하여 기존의 신라와 더불어 이른바 후삼국시대가 연출되었던 것이다.

후백제의 견훤은 군사력을 바탕으로 탄탄한 기반을 다져갔다. 궁예도 국호를 고려(高麗), 마진(摩震) 등으로 고치면서 세력을 넓히고자 하였다. 그러나 말년에 폭력성을 드러내면서 몰락하고, 918년에 왕건이 고려를 건국하였다. 그런데 고려의 건국과 왕건의 등극에 충남 당진군 면천 출신의 복지겸(卜智謙)이 많은 역할을 했다는 것을 아는 사람은 많지 않다. 고려 개국 1등 공신 4명 중 1인이 바로 복지겸이었던 것이다.

복지겸은 당나라에서 건너온 복학사(卜學士)의 후손이었다. 복학사는 면천에 정착하여 해적을 소탕하고 유민들을 보호하여 사람들의 신망을 얻었다고 한다. 복지겸의 원래 이름은 사괴(砂瑰)인데 개국공신이

| 복지겸의 사적비와 가묘 |

된 후 성명을 하사받은 것이다.

그가 한 가장 큰 일은 왕건을 추대하여 고려를 건국한 것이었다. 궁예 말년에 그가 점점 포악해져 민심을 잃게 되자, 홍유 · 신숭겸 · 배현경과 함께 밤에 태조의 집

| 복지겸의 딸 영랑이 심었다는 은행나무 |

으로 찾아가 정변을 꾀하였다. 그때 그의 직책은 기장(騎將)이었다. 기병의 장군이었던 것이다. 기병은 보병과는 달리 기동력이 뛰어난 부대로 궁예의 병력 중 핵심 부대였다.

이들 궁예의 핵심부대 장군들이 왕건을 왕위에 추대할 뜻을 밝혔으나 왕건은 처음에 이를 거절하였다. 그러나 그의 부인이었던 신혜왕후(神惠王后) 유씨(柳氏)가 갑옷을 들고 나와 의(義)를 위해 나설 것을 권하였다. 신혜왕후 유씨는 정주인(貞州人) 유천궁(柳天弓)의 딸로 태조와 인연을 맺고 스님이 되었다가 후일 태조의 부름을 받고 부인이 된 사람이다. 그만큼 신뢰감이 있는 여자였다. 그러자 왕건이 마침내 봉기하여 궁예를 내쫓고 왕이 되었던 것이다. 복지겸을 비롯한 4인의 결단은 가히 목숨을 건 행동이었다.

이러한 공으로 그는 개국공신이 되었다. 그러나 개국공신으로 책봉되기 전에 한 일이 또 하나 있었다. 마군장군 환선길(桓宣吉)의 모반사건을 밀고하였던 것이다. 환선길도 왕건이 왕위에 즉위하는데 공을 세운 인물이었다. 직접 왕건의 집으로 찾아간 것은 아니지만 거사 후 이를 성공시키는데 커다란 역할을 했던 인물임에 틀림없다. 태조가 그를 마군장군에 임명하고 심복으로 삼았다는 점이 이를 말해준다. 그는 또 정예병을 이끌고 왕의 주변을 숙위하는 중요한 임무를 맡았다. 그러나 실제적인 권력이 복지겸을 비롯한 4인에게 있는 것에 대해 불만을 가지고 있었던 모양이다. 그리하여 부인의 말을 듣고 거사할 생각을 갖게 되었다. 이 때 복지겸이 미리 이를 알고 태조에게 귀띔을 해준 것이었다. 이로 말미암아 위기를 모면할 수 있었다.

모반사건은 여기서 그치지 않았다. 환선길(桓宣吉)의 모반사건이 일어난 지 며칠 지나지 않아 다시 마군대장군 이흔암(伊昕巖)의 모반사건이 일어났다. 그런데 이 사건은 환선길의 모반사건과 밀접한 관련이 있는 것이었다. 이흔암의 처가 환씨였던 것이다. 환선길의 동생이거나 누이였을 것으로 추정된다. 따라서 환선길의 모반사건이 일어나자 그 화가 자신에게까지 미쳐올 것을 안 이흔암(伊昕巖)이 모반을 한 것이다. 그러나 염장(閻萇)의 제보로 실패하였다.

9월에 접어들면서 청주인 임춘길(林春吉)의 반란사건이 또 일어났다. 강제로 개경에 사민(徙民)되었던 이들은 반란을 일으켜 청주로 도망하고자 하였다. 이 사건도 복지겸의 밀고로 주모자들이 잡히면서 미수에 그쳤다.

한편 복지겸을 비롯한 개국공신들에게는 일정한 혜택이 주어졌다. 우선 토지가 하사되었다. 300경(頃)의 땅이 주어졌던 것이다. 복지겸의 고향이었던 면천 일대가 그에게 하사된 것 같다. 태조 대에 활약했던 공신의 후손들은 음서(蔭敍)의 혜택을 받기도 했다. 고려 국가를 창업하는데 큰 도움을 주었기 때문이다. 복지겸의 후손들도 이러한 혜택을 받았음은 물론이다. 복지겸은 또 성종 대에 이르러 태조의 배향공신(配享功臣)이 되었다. 993년(성종 13)에 배현경(裴玄慶)·홍유(洪儒)·복지겸(卜智謙)·신숭겸(申崇謙)·유금필(庾黔弼) 등 5명이 태조의 배향공신이 된 것이다. 배향공신이란 각 왕들을 제사하는 묘실(廟室)에 같이 배향한 공신을 말한다. 이들은 왕의 생존 당시 가장 많이 도와주었던 신하들이었다.

| 영랑이 두견주를 빚을 때 사용했다는 샘물 |

만년에 복지겸은 고향으로 돌아와 기거한 것으로 추정된다. 두견주에 관한 설화가 그것을 말해준다. 고향에서 생활하던 그가 병이 들었는데 그의 딸 영랑이

진달래로 술을 만들어 드렸더니 병이 깨끗이 완쾌되었다는 것이다. 이것이 바로 면천 두견주의 시원이었다 한다.

그는 낙향하면서 고향 후배를 왕건에게 천거한 것 같다. 그는 다름 아닌 같은 면천 출신 박술희(朴述熙)였다. 그는 18세

| 면천의 두견주 |

때 궁예의 호위병이 되고, 뒤에 태조를 섬기면서 대광(大匡)이라는 최고 벼슬에 올랐다. 그는 혜종의 태자 책봉에 결정적 역할을 하였다. 태조가 장화왕후의 소생인 무(武, 뒤의 혜종)를 태자로 책봉하려하자 장화왕후의 집안인 나주 오씨 세력이 미약하다 하여 반대세력이 많았다. 태조는 군사적 기반을 가지고 있었던 박술희에게 도움을 청했고 그의 도움으로 무가 태자로 책봉되었던 것이다.

936년(태조 19), 마지막 후삼국 통일전쟁 시에는 보기(步騎) 1만으로 후백제를 쳐서 큰 공을 세웠다. 943년(태조 26) 태조가 죽을 때 군국대사(軍國大事)를 부탁받고, 훈요십조(訓要十條)를 전수받기도 했다. 혜종이 병이 들어 왕규(王規)가 역모를 품자 혜종의 호위와 자신의 신변보호를 위해 호위병 약 1백을 거느렸다. 그는 요(堯, 후의 定宗)와 소(昭, 후의 光宗)의 정변으로 갑곶(甲串, 강화도)에 유배되었다가 살해당했다. 지금은 면천 박씨(沔川 朴氏)의 시조로 되어 있다.

이처럼 고려의 건국과 초기 정국에서 충남 당진군 면천 출신 인물들의 활약은 대단하였다. 특히 고려의 개국 1등 공신을 배출하였으니 고

려와 당진의 관계는 불가분의 관계에 있었다. 충청의 지역사 연구에 있어서도 이런 측면을 간과해서는 안 될 것이다.

참고문헌 ───────

김갑동, 「왕권의 확립과정과 호족」, 『한국사』 12, 국사편찬위원회, 1993.
심재석, 「고려 혜종대 왕규의 광주원군 옹립모의와 정종 즉위」, 『배달문화』 13, 1994.
백강녕, 「고려초 혜종과 정종의 왕위계승」, 『진단학보』 82, 1996.
김갑동, 「나말려초의 면천과 복지겸」, 『김윤곤교수정년기념론총 한국중세사회의 제문제』, 2001.

참고 사이트

당진문화관광 http://tour.dangjin.go.kr
당진문화원 http://dangjin.cult21.or.kr
문화재청 http://www.cha.go.kr
면천두견주보존회 http://www.dugyunju.com
한국역대인물 종합정보시스템 http://people.aks.ac.kr

15. 후백제 · 고려의 쟁패와 충남 지역

견훤의 후백제와 왕건의 고려가 정립되면서 충남 지역은 양국의 경계 지역에 위치하게 되었다. 당시 충남 지역의 동향은 그 지역을 독립적으로 다스리고 있던 호족들의 이해관계에 따라 향방이 결정되었다. 특히 차령을 경계로 하여 그 이북과 이남 지역의 향배가 달랐다.

일찍이 공주는 905년 공주장군 홍기(弘奇)가 궁예에게 항복하여 태봉의 영역이 되어 있었다. 918년 궁예가 내쫓기고 왕건이 즉위하자 후백제의 수중으로 넘어갔다. 이곳을 지키고 있던 이흔암(伊昕巖)이 중앙에서의 정변 소식을 듣고 철원으로 올라와 버렸기 때문이었다. 궁예의 심복이었던 이흔암은 자신에게 화가 미칠 것이 두려워 중앙 정계의 흐름을 정탐하기 위해 상경한 것이었다. 결국 그는 모반의 혐의로 왕건에 의해 처형당하였다. 이 틈을 타 공주의 호족과 백성들은 후백제에 붙어 버렸다. 이는 공주가 오랫동안 백제의 수도였으므로 백제의 부흥을 내걸은 후백제 견훤에게 넘어간 것이다. 그 후 934년(태조 17)에 운주(運州, 홍성)에서 견훤이 왕건에게 패한 후 고려에 항복할 때까지 후백제

| 공주쪽에서 본 차령 |

| 차령고개 밑으로 지금은 터널이 뚫려있다 |

의 수중에 있었다.

이처럼 왕건의 즉위와 함께 공주가 후백제에 넘어가자 왕건은 전시중(前侍中) 김행도(金行濤)를 동남도초토사 · 지아주제군사(東南道招討使 · 知牙州諸軍事)로 삼아 그 여파를 잠재우려 하였다. 아주(牙州)는 지금의 아산 지역으로 이 지역을 거점으로 하여 최소한 차령 이북은 평정하려 한 것이다. 919년(태조 2) 8월에는 오산성(烏山城)을 고쳐서 예산현(禮山縣)이라 하고 애선(哀宣)과 홍유(洪儒)를 보내어 유민 5백여 호를 편안히 살게 하였다. 예산이란 이름은 이때 처음 탄생한 것이다.

925년(태조 8)에는 왕건이 정서대장군(征西大將軍) 유금필(庾黔弼)을 보내 연산진(燕山鎭, 충북 문의)을 쳐서 빼앗고 임존군(任存郡, 충남 예산군 대흥면)을 격파하여 획득하였다. 그리하여 왕건의 남방한계선은 예산 - 아산 - 천안 - 청주의 선으로 확정되었다.

이에 후백제 견훤은 이듬해 그의 볼모 진호(眞虎)가 왕건에 의해 살해되었다는 명분을 들어 웅진에서 진격하여 북진을 하려 했다. 공주를 거점으로 북방을 경략하려 했던 것이다. 그러나 왕건은 여러 성에 명하여 성문을 굳게 사수하고 나와 싸우지 말도록 하였다. 이를 보면 당시 웅주는 후백제의 최북방 기지였음을 알 수 있다.

그러다가 927년(태조 10) 4월, 왕건이 직접 웅주를 쳤으나 실패하였다. 그것은 이보다 앞선 3월에 왕건이 운주[홍성]를 점령했기 때문이었다. 이 운주전투에서 왕건군은 운주성주(運州城主) 긍준(兢俊)을 무찌르고 운주를 획득하였다. 그 기세를 몰아 웅주를 공격하였으나 실패하였던 것이다. 아마 공산성의 험준한 지세와 백제의 수도였다는 자존심의 영향 때문이었다고 생각된다. 이때 고려로 넘어온 긍준은 그의 딸을 왕건의 후비로 드렸다. 홍복원부인(興福院夫人) 홍씨가 바로 그다.

한편 그해 9월 견훤은 고울부(高鬱府, 경북 영천)를 습격하고 내친 김에 신라의 서울인 경주로 쳐들어가 경애왕(景哀王)을 죽이고 경순왕(敬順王)을 옹립하였다. 이때 신라의 요청을 받고 신라를 구원하러 가던 왕건은 경주를 유린하고 돌아오는 견훤군과 마주쳤다. 이것이 그 유명한 공산(公山) 전투였다. 여기서 왕건군은 참패를 하였다. 개국 1등 공신이었던 신숭겸을 비롯한 8명의 장군을 잃었다. 그리하여 후에 공산을 '팔공산(八公山)'이라 고쳐 부르게 되었다.

그러나 왕건은 전열을 가다듬고 착실하게 전투 준비를 하였다. 그리고 후백제와의 경계 지점인 현 충남 북부 지역의 회복에 힘을 기울였다. 이 지역의 방어를 튼튼히 하기 위해 성을 쌓는 작업에 착수하였다. 928년(태조 11) 4월에 운주의 옥산(玉山)에 성을 쌓고 군사를 주둔시켜 지키게 하였다. 이때 쌓은 성은 기록에 보이는 여양산성(驪陽山城)이나 월산성(月山城)일 것이다. 이어 탕정군(湯井郡, 온양)에도 유금필을 보내 성을 쌓게 하였다. 그러던 중 929년(태조 12)에는 견훤이 군사 5천을 동원하여 의성부(義城府, 경북 의성)를 침략하였고, 이 전투에서 이곳의 성주장군 홍술(弘述)이 전사하는 사태를 맞기도 하였다. 이 소식을

| 경북 안동 소재 3태사 유물 보관소 |

| 3태사 유물 중 꽃무늬가 새겨진 가죽 허리띠 |

들은 왕건은 "내가 좌우의 손을 잃었다"라고 하며 슬피 울었다 한다.

그러나 왕건은 실망하지 않고 반격을 가하여 결국 고창군(古昌郡, 안동) 전투에서 크게 승리를 하게 되었다. 이 전투에서는 김선평(金宣平)·권행(權幸)·장길(張吉) 등의 토착 세력이 많은 협조를 하기도 하였다. 이들이 바로 이른바 '삼태사(三太師)'로 안동 김씨·안동 권씨·인동 장씨의 시조가 되었다. 이렇게 하여 승기를 잡은 왕건은 천안에 천안부(天安府)를 설치하여 남방의 군사기지로 삼았다. 930년(태조 13)에 동·서도솔(東·西兜率)을 합쳐 천안도독부를 설치하였던 것이다. 천안(天安)이란 지명도 여기에서 비롯되었다. 이로써 천안은 고려의 최남방 기지가 되었다. 932년(태조 15) 6월에는 후백제의 장군 공직(龔直)이 내항하기도 했다. 이에 힘입어 일모산성(一牟山城, 충북 문의)을 친히 정벌하여 점령하는 전과를 올렸다.

934년(태조 17) 1월, 왕건은 서경[평양]에 행차하여 북쪽의 진(鎭)을 두루 순시하였다. 그러는 한편 5월에는 충남 예산에 내려와 이 지역의 호족과 관리들에게 충고와 회유의 조서를 반포하였다. 그리고 그 해 9월, 운주 부근에서 견훤과 다시 한 번 자웅을 겨루게 되었다. 이 전투에서 왕건은 대승을 거두었다. 후백제군 3,000여 명을 베고 술사 종훈(術士 宗訓), 의사 훈겸(醫師 訓謙), 장수 상달(尙達)·최필(崔弼) 등을 사로잡았다. 그러자 웅진 이북의 30여 성이 풍문을 듣고 스스로 항복해왔다. 여기에는 공주도 포함되어 있었다. 이 전투는 매우 중요한 의미를 갖고 있었다. 이 전투의 승리로 왕건은 통일에 대한 확고한 자신감을 가지게 되었으나 견훤은 패배의 책임을 둘러싸고 신검(神劍) 측과 분열하게 되었던 것이다.

936년(태조 19), 마지막 후백제와의 결전에는 천안 지역이 중요한 역할을 하였다. 왕건은 태자인 무(武)와 박술희로 하여금 보병과 기병 1만을 거느리고 천안에 가게 하였다. 이 선발대를 보낸 것은 936년(태조 19) 6월이었다. 이들은 여기서 군사훈련이나 정보 수집, 군량미 확보 등과 같은 일을 했다. 뒤이어 왕건은 그 해 9월에 3군을 거느리고 천안부에 집결하였다. 천안에 있던 선발대와 합류한 왕건은 선산의 일이천(一利川) 전투에서 승리하고 충남 연산의 황산벌에서 후백제의 항복을 받았다.

이처럼 차령 이북의 천안이나 당진, 예산 지역은 고려의 영역이었고 차령 이남의 공주, 논산 지역은 후백제의 영역이었다. 특히 공주는 후백제의 최북단 기지였던 반면 천안

| 차령 | 이곳이 천안과 공주의 경계임을 잘 보여준다.

은 고려의 최남단 기지였다. 그 경계는 바로 차령(車嶺)이었다. 고려 태
조 왕건이 죽으면서 남긴 훈요 10조에서 차현(車峴) 이남 공주강(公州
江, 금강) 밖의 사람들은 등용하지 말라고 한 역사적 배경도 바로 여기
에 있었던 것이다.

참고문헌 ────────────────────────────────────

김갑동, 「고려초기 백제유민의 동향과 나말려초의 공주」, 『역사교육』3 · 4합집, 웅진사학
회, 1999.
김갑동, 「나말려초 천안부의 성립과 그 동향」, 『한국사연구』117, 2002.
김갑동, 「고려초기 홍성 지역의 동향과 지역 세력」, 『사학연구』74, 2004.
김명진, 「태조 왕건의 천안부 설치와 그 운영」, 『한국중세사연구』22, 2007.
윤용혁, 「나말려초 홍주의 등장과 운주성주 긍준」, 『충청역사문화연구』, 서경문화사, 2009.
김갑동, 『고려의 후삼국 통일과 후백제』, 서경문화사, 2010.

참고 사이트

대구광역시 문화체육관광국 홈페이지 http://www.daegu.go.kr/Culture/
한국역대인물 종합정보시스템 http://people.aks.ac.kr

16. 후백제의 멸망과 논산

후백제는 900년부터 936년까지 36년 동안 유지된 국가이다. 후백제 견훤(甄萱) 정권은 강력한 군사력을 바탕으로 성립되었다 해도 과언이 아니다. 그가 신라의 공식적인 군인 출신이었기 때문이다. 외교적인 전략 면에서도 고려의 왕건을 앞질렀다고 할 수 있다. 그런데도 후삼국 통일의 주역이 되지 못하고 역사 속에 사라져 버렸다. 그 비운의 역사는 충남 논산 지역에 지금도 간직되어 있다.

전성기를 구가하던 견훤의 후백제도 말기에 접어들면서 혼란과 분열에 휩싸이게 되었다. 여러 요인이 있지만 큰 이유 중의 하나가 태자 책봉 문제였다. 견훤은 장남인 신검(神劍)을 제쳐두고, 넷째 아들인 금강(金剛)을 태자로 책봉한 것이었다. 이에 반발한 신검·양검·용검 등은 아버지 견훤을 금산사(金山寺)에 유폐하고 권력을 탈취하였다. 그러나 견훤은 금산사를 탈출하여 나주를 거쳐 고려에 귀순하였다. 그리고 후백제 정벌에 많은 협조를 하였다.

936년(태조 19) 6월, 왕건은 견훤의 요청에 의하여 후백제 신검의 토벌에 착수했다. 우선 태자인 무(武)와 박술희(朴述熙)로 하여금 보병과 기병 1만을 거느리고 천안에 가게 하였다. 그해 9월 왕건은 3군을 거느리고 천안부에 집결하였다가 박술희의 군대와 같이 일선군(一善郡, 경북 선산)으로 나아갔다. 그러자 신검 역시 병사를 거느리고 와서 길을 막음으로써 양군은 일이천(一利川)을 사이에 두고 대결하게 되었다.

이 전투에서 양군이 일대 접전을 벌였지만 결과는 왕건군의 대승으로 끝났다. 신검군은 3,200명이 포로로 잡히고 5,700여 명이 전사하는 피해를 당하였다. 여기에서 승리한 왕건군은 신검군을 쫓아 황산군(黃山郡, 충남 논산군 연산면)까지 진격하였다. 여기서 신검은 중과부적으로 그 동생 양검, 용검과 함께 항복하기에 이르렀다. 이리하여 왕건은 무사히 전주에 입성함으로써 후삼국을 통일하기에 이르렀다. 백제의 마지막 전투와 후백제의 마지막 전투가 동일한 장소에서 이루어졌던 것이다. 비운의 장소라고 하지 않을 수 없다.

신검이 패하여 후백제가 멸망한 직후 견훤도 그 운명을 다하였다. 조용히 숨을 거둔 것이다. 그는 신검을 죽이지 않은 것이 억울하고 분하여 등창이 나 수일 만에 황산의 어느 불사(佛寺, 사원)에서 죽었다 한다. 왕건 일행은 후백제의 수도 전주에 입성했으나 견훤은 이들과 동행하지 않았다. 그 자신이 원치 않았기 때문일 수도 있고 왕건이 그를 배제했기 때문으로 볼 수도 있다. 이제는 견훤의 이용가치가 소멸되었다고 판단한 것 같다.

그가 죽은 황산의 불사는 어디였을까. 안정복은 어디에 근거했는지 알 수 없지만 견훤이 죽은 절이 연산현의 동쪽 5리에 있었다고 기술하고 있다. 그렇다면 현재의 천호산 부근에 있는 사찰일 가능성이 높다. 황산(연산)의 개태사(開泰寺)가 그 절이라 생각한다.

개태사는 936년(태조 19)에 공사가 시작되어 4년 만인 940년(태조 23)에 완공되었다. 그런데 이는 936년에 처음 창건된 것이 아니고, 이미

있던 절을 허물고 다
시 창건한 것이었
다. 940년(태조 23),
개태사가 완성되자
왕건은 그 발원문
(發願文)을 자신이
직접 작성하였다.
발원문의 내용을 보
면 '일신보찰(一新
寶刹)'이란 표현이

| 충남 논산시 개태사 전경 |

나오고 있다. 이는 "보배로운 사찰을 일신하였다"는 뜻이다. 여기서
'일신(一新)'이란 표현에 주목할 필요가 있다. 이는 "아주 새롭게 한
다"라는 뜻이다. 기존에 있었던 것을 창조하다시피 새롭고 웅장하게 한
다는 뜻이다. 그렇다면 이는 기존에 조그만 사찰이 있었는데 이를 다시
전면 개축 내지 증축했다는 뜻이다. 바로 이 사찰이 견훤이 머무르다
죽은 사찰이다. 김정호(金正浩)도 『대동지지(大東地誌)』에서 견훤이
죽은 사찰을 개태사라 못 박고 있다.

왜 왕건은 이 사찰을 전면적으로 일신(一新)했을까. 그것은 그곳이
신검의 항복을 받은 곳이라는 이유도 있었을 것이다. 그러나 그 보다는
견훤이 머무르다 죽은 곳이기 때문이었을 것이다. 잘못하면 후백제 잔
존세력의 정신적 중심지가 될 것을 염려한 때문이 아닌가 한다. 이 사
찰을 그대로 둔다면 후백제왕이 죽은 곳이라 하여 후백제를 그리워하
는 사람들이 많이 와서 참배할 것임은 틀림없다. 이는 왕건의 고려 통
치에 위험한 요소가 되는 것이었다. 그리하여 이 사찰을 부수고 새롭게
고려식으로 재창건한 것이다.

이는 또한 개태사에 조성한 삼존불상의 형태를 통해서도 알 수 있다.

| 개태사 삼존석불상 | | 개태사 본존불상 |

| 개태사 철솥 | 그 크기가 당시 절의 규모를 짐작케 한다 | 철솥 근경 |

이 불상들은 부처님의 온화한 모습을 전혀 띄고 있지 않다. 오히려 갑옷 입은 무사와 같은 분위기를 풍기고 있다. 머리가 큰 편이고 어깨가 벌어진 상체를 갖고 있으며 손은 육중한 모습을 하고 있다. 후백제 세력을 위압적으로 무력화시키려는 듯한 모습을 하고 있는 것이다. 개태사 창건의 뜻과 부합한다고 하겠다.

견훤은 이처럼 황산의 조그마한 절에서 최후를 마쳤다. 그 무덤은 황산군(연산)에서 멀지 않은 곳에 위치해 있다. 현재 충남 논산시 연무읍 금곡리에 견훤묘라 전하는 무덤이 그것이다. 이 무덤이 과연 위의 기록에서 말하는 견훤묘 인가에 대해서는 의 심의 여지가 없지 않 지만 여러 기록으로 미루어 견훤묘일 가 능성이 크다.

견훤의 무덤은 왜 여기에 있는 것일 까. 이곳은 그의 출 생지도 아니고 또 후

| 충남 논산시 연무읍에 있는 후백제 견훤릉 |

백제의 수도도 아니었다. 그렇다고 견훤이 귀부한 고려의 수도 개경부 근도 아니다. 전혀 연고가 없는 지역이다. 그것은 견훤의 유언에 따른 것이라 추측된다. 그렇다면 견훤은 왜 여기에 무덤을 써달라고 했을까. 그것은 그가 후백제의 멸망에 결정적인 역할을 했기 때문이다. 자신이 건국한 국가를 스스로 멸망케 한 것이다. 그런 마당에 무슨 면목으로 후백제의 수도에 무덤을 써 달라고 할 것인가. 출생지인 상주에서도 환 영받지 못할 것은 뻔한 일이다. 따라서 자신이 죽은 근처이면서 자신이 세운 후백제의 수도를 멀리 바라볼 수 있는 위치에 무덤을 써달라고 한 것이다.

고려 태조 왕건의 입장에서도 이는 환영할 만한 일이었다. 적국 왕의 무덤을 고려라는 새로운 제국의 수도 근처에 쓰고 싶지 않았을 것이다. 그러면서도 자신에게 귀순하여 협조한 견훤의 마지막 유언을 들어주는 것이 옳은 일이라 판단했으리라. 그러나 한편으로는 견훤의 무덤을 중 심으로 후백제의 세력이 뭉칠 것을 염려하였다. 그리하여 이를 무마할 목적으로 개태사를 일신한 것이다.

이처럼 논산에는 망국 후백제의 설움과 견훤의 비운이 깃들어 있다.

삼국시대 백제의 울분이 채 가시기도 전에 후백제의 못다 핀 영혼들이 잠들어 있다. 이 설움을 딛고 역사의 주인공이 탄생할 그 날이 올 수 있을지. 역사 속에 생각을 묻어본다.

참고문헌 ─────────────────────────────

김갑동, 「후백제의 멸망과 견훤」, 『한국사학보』12, 2002.
공주대학교박물관 · 논산시, 『개태사지』, 2002.
윤용혁, 「936년 고려의 통일 전쟁과 개태사」, 『한국학보』114, 2004 ; 『충청역사문화연구』, 서경문화사, 2009.
이해준, 「연산 개태사의 지역문화사적 성격」, 『역사민속학』26, 2008.
김갑동, 「개태사의 창건과 그 동향」, 『백산학보』83, 2009.
김갑동, 『고려의 후삼국 통일과 후백제』, 서경문화사, 2010.

참고 사이트

논산관광포털사이트 http://tour.nonsan.go.kr
논산문화원 http://nonsan.cult21.or.kr
디지털논산문화대전 http://nonsan.grandculture.net
문화재청 http://www.cha.go.kr
한국역대인물 종합정보시스템 http://people.aks.ac.kr

17. 고려 광종과 관촉사 석조미륵보살입상

혜종대의 정변을 통해 왕위에 오른 고려 3대 임금 정종(定宗, 945~949)은 서경[평양]으로 수도를 옮기려다 실패하였다. 그 뒤를 이은 광종(光宗, 949~975)은 왕권강화책과 더불어 호족억압정책을 시행하였다. 그는 즉위 초기에는 당나라 오긍(吳兢)이 지은 『정관정요(貞觀政要)』를 읽으면서 나름대로 좋은 정치를 해보려고 애썼다. 또 여러 절을 창건하여 아버지와 어머니의 명복을 빌었다.

956년(광종 7)부터는 왕권의 강화에 착수하였다. 노비안검법(奴婢按檢法)을 실시하여 귀족들이 소유하고 있던 노비를 풀어주었다. 이는 귀족들의 세력을 약화시키면서 백성들의 민심을 얻는 이중의 효과를 노린 것이었다. 이어 958년(광종 9)에는 무인공신들의 세력을 약화시키고 자신에게 충성하는 신하들을 뽑기 위해 과거제도(科擧制度)를 실시하였다. 또 960년(광종 11)에는 백관의 공복(公服)을 제정하여 신하들의 서열체계를 확립하였다. 그리고 자신이 거주하고 있는 개경을 황도(皇都)라 명명하였다. 황제가 거주하고 있는 수도란 뜻이다.

그러나 개혁의 부작용이 표면화되었다. 참소하고 아첨하는 무리가 뜻을 얻어 어질고 충성스런 사람을 모함하였으며, 종이 그 상전을 고소하고 자식이 그 아비를 참소하는 지경에 이르렀다. 정책을 비판하는 귀족이나 호족들도 속출하였다. 광종은 이들을 무자비하게 숙청하였다. 준홍(俊弘)과 왕동(王同) 등이 모반했다는 구실로 이들을 귀양 보낸 것을 시발로 하여 많은 귀족, 호족들을 처단하였다. 이에 죄 없이 죽음을 당하는 자가 속출하는 상황이 전개되었다.

그러나 그도 인간이었다. 많은 사람들을 죽인 것에 대한 참회를 하기 시작했다. 불교의 힘을 빌려 죄업을 씻고자 하였다. 그리하여 968년(광종 19)에 홍화사(弘化寺) · 유암사(遊巖寺) · 삼귀사(三歸寺) 등의 절을 짓고 여러 곳에 방생소(放生所)를 설치하기도 했다. 또 승려 혜거(惠居)를 국사(國師)로 삼고 탄문(坦文)을 왕사(王師)로 삼아 고승들의 자문을 얻으려 하였다.

당시 광종이 얼마나 불교에 심취했는가는 최승로(崔承老)의 시무 28조에 잘 나타나 있다. 즉 "그는 참소를 믿고 무죄한 사람들을 많이 죽였다. 그 후 그는 불교의 인과응보설에 미혹되어 자기의 죄악(罪業)을 제거하고자 하였다. 백성의 고혈을 짜내서 불교 행사를 많이 거행하였으며 혹은 비로자나참회법(毗盧遮那懺悔法, 불법의 상징인 비로자나불 앞에서 잘못을 뇌우치고 참회하는 법회)을 베풀거나 혹은 구정(毬庭, 격구하는 운동장)에서 중들에게 음식을 먹이기도 하였으며 귀법사에서 무차수륙회(無遮水陸會 : 물에서 사는 동물이나 육지에 사는 동물, 승려와 속인, 남녀노소, 귀천을 차별하지 않고 법문을 듣게 하며 보시를 베푸는 법회)도 베풀었다. 매번 부처에게 재를 올리는 날에는 반드시 걸식하는 승려들에게 밥을 먹였으며, 궁궐 내의 떡과 과일을 가져다가 거지들에게 주기도 하였다. 혈구(穴口)와 마리산(摩利山, 강화도 마니산) 등지에 새로 못을 파서 어량(魚梁)을 설치하고 물고기들을 방생하는 장소로 만들었으며, 1년에 네 차례씩 사신을 파견하여 그곳의 사원들로 하여금 불경을 강의하게 하였다. 또한 살생을 금지하며 궁중에서 쓰는 육류도 궁중 주방에서 도살하지 못하게 하고 시장에서 사다가 쓰게 하였다"는 것이다.

한편 귀족이나 호족들에 대해서도 강압정책에서 유화정책으로 변화하기 시작하였다. 논산시 은진면에 있는 관촉사 석조미륵보살입상은 이러한 시대적 분위기 속에서 조성되기 시작했다.

이 관촉사에 대하여는 『신증동국여지승람(新增東國輿地勝覽)』권18 은진현조에 "반야산에 높이 50척의 석미륵(石彌勒)이 있는데, 고려 광종조에 승려 혜명(慧明)이 큰 돌을 얻어서 완성시켰다" 라고 기록되어 있다. 이보다 좀 더 자세한 내용이 1744년(영조 20)의 사적비(寺蹟碑)에 전한다. 이에 의하면 968년(광종 19)에 반야산 기슭에서 큰 돌을 얻어 승려 혜명이 970년(광종 21)에서 1006년(목종 9)까지 37년에 걸쳐 이를 완성하였다고 한다. 또 상부의 큰 돌을 올려놓기 위하여 그 옆에 토담을 쌓는 방법을 동원한 내력과 그 후 조선조에 이르러 개수되었다는 기록이 적혀있다. 이러한 내용의 신빙성에 대하여는 좀 더 고증이 있어야겠으나 대체로 이 불상이 광종대 즉, 10세기 후반에 조성되었다는 사실에는 이견이 없는 것 같다.

| 관촉사 전경 |

| 관촉사 일주문 |

| 관촉사 석조미륵보살입상 |

　이 석조 불상은 높이 18.12m라는 장대한 규모를 갖고 있는데, 머리 부분과 몸 부분의 균형이 맞지 않는다. 얼굴이나 신체의 조각에 생동감이 전혀 보이지 않고, 상체와 하체, 그리고 4대 거석(巨石)을 이어서 만든 기둥 같은 몸체에 법의(法衣)의 무늬도 간략하고 평면적이다. 손가락 모양도 마치 아미타불의 중품하생인(中品下生印)을 한 것 같이 보인다. 그러나 오른손에는 연화(蓮花) 가지를 들고 있고 이마 위에 있는 머리카락의 곡선적인 표현이나 세 줄로 늘어진 머리갈래가 귀 위를 덮으면서 표시된 것을 보면 원래부터 보살형(菩薩形)을 나타내고 있음을 알 수 있다. 머리 위에 올려진 2층의 대형 고관(高冠)은 신라시대에는 유래가 없었던 새로운 것으로 고려불상에 보이는 특이한 형태 중의 하나이다.

　이러한 불상의 형태와 크기, 조성 기간 등으로 보건대 승려 혜명이 이 지역 호족들의 도움을 받아 독자적으로 만들었다고 보기는 어렵다. 광종의 허가와 승인 없이는 불가능한 사업이었다. 그렇다면 광종은 왜 이러한 거대 불사를 이 지역에서 하도록 배려한 것일까.

　광종의 기본 정책은 당시 중앙에서 세력을 떨치고 있던 개국 공신 계열의 대호족을 숙청하면서 지방의 중소호족을 자신의 지지세력으로 삼으려 하였다. 또 유교적 충효로 무장한 새로운 지식인들 역시 그가 선호했던 세력이었다. 지역적인 측면에서도 그러했다. 그 동안 소외되었던 후백제 지역을 안배하였다. 태조가 훈요 10조에서 등용하지 말라 부탁했던 후백제 사람들을 정계에 등용하였다. 그 대표적인 인물이 전주 출신 유방헌(柳邦憲)이다.

　그는 후백제의 수도 전주 출신이었다. 할아버지가 후백제의 우장군(右將軍)을 역임하기도 하였다. 대표적인 후백제 세력이었다. 그런데도 그는 광종 23년(972) 과거에 합격하여 공문박사(攻文博士)를 지냈던 것이다. 이처럼 광종은 후백제 지역의 민심을 회유하려 하였다.

　그러한 마음의 표출이 거대 불상의 제작이었다. 후백제 세력의 결집처가 될 수도 있는 견훤의 무덤 옆에 거대한 불상을 조성하여 이들을 불심으로 감싸주려 하였다. 그 크기에서 느껴지는 위압감과 외경심(畏敬心)은 후백제 유민들의 마음을 달래주는 한편 딴 마음을 먹지 않게 해주는 효과가 있었던 것이다. 이렇게 볼 때 관촉사 석조미륵보살상은 광종대 중앙과 지방의 상생 관계를 보여주는 합작품의 하나라 하겠다.

참고문헌 ————————

김두진, 『균여 화엄사상연구』, 한국연구원, 1981.
이기백 외, 『고려광종연구』, 일조각, 1981.
김춘실, 「충남 연사 개태사 석조삼존불고」, 『백제연구』 21, 1990.
최선주, 「고려 초기 관촉사 석조보살입상에 대한 연구」, 『미술사연구』 14, 2000.
김갑동, 『고려전기 정치사』, 일지사, 2005.

참고 사이트

논산관광포털사이트 http://tour.nonsan.go.kr
논산문화원 http://nonsan.cult21.or.kr
디지털논산문화대전 http://nonsan.grandculture.net
문화재청 http://www.cha.go.kr
한국역대인물 종합정보시스템 http://people.aks.ac.kr

18. 고려 현종과 홍경사

　　고려 제7대 임금인 현종(顯宗, 1009~1031)대에 와서 충남 지역은 다시 중요 관심 지역으로 부상하였다. 현종은 992년(성종 11)에 경종비였던 헌정왕후(獻貞王后) 황보씨(皇甫氏)와 태조의 아들 안종 욱(安宗郁)의 사이에서 태어났다. 그는 태어나자마자 어머니를 잃고, 아버지는 사수현[경남 사천]으로 귀양을 가게 되어 보모에게서 자랐다. 그러나 이를 불쌍히 여긴 성종의 배려로 993년(성종 12)에 사수현에 내려가 아버지 안종 욱과 같이 살게 되었다. 그러다가 995년(성종 14), 안종 욱이 사수현에서 죽자, 그 이듬해 개경으로 올라오게 되었다. 약 4년간 사수현에서 살았던 것이다.

　　현종의 왕위 즉위는 순탄치 않았다. 목종(穆宗) 즉위 후 김치양(金致陽)과 천추태후(千秋太后, 헌애왕후) 사이에서 아들이 태어나면서 그를 왕위에 앉히려는 책동이 있었던 것이다. 그리하여 천추태후는 자신의 조카인 대량원군(大良院君, 현종의 어릴 때 호칭)을 강제로 중이 되게 하여 삼각산(三角山) 신혈사(神穴寺)에 거주케 했다. 그리고 몇 차례 그

를 죽이려 했으나 여러 스님들의 도움으로 실패하였다. 그러던 중 1009
년(목종 12)에 천추전이 불타면서 목종이 병들게 되었는데, 목종은 재
빨리 채충순(蔡忠順) · 최항(崔沆) 등과 상의하여 신혈사의 대량원군을
모셔오게 했다. 직접 신혈사에 간 인물은 황보유의(皇甫兪義) 등이었
다. 이런 차에 목종의 명을 받고 개경으로 오던 서북면도순검사(西北面
都巡檢使) 강조(康兆)가 몇 번의 시행착오 끝에 정변을 단행하여 대량
원군을 현종으로 옹립하고 목종을 시해하였다. 그런데 목종이나 강조
가 다 같이 대량원군을 목종의 후계자로 생각한 것은 바로 대량원군이
태조의 손자였기 때문이었다. 그리하여 목종이 보낸 황보유의와 강조
가 보낸 김응인(金應仁)이 같이 대량원군을 모시고 와 왕위에 옹립하였
던 것이다.

왕위에 오른 후에도 그의 시련은 그치지 않았다. 즉위 직후 거란의
침략을 받아 나주까지 피난을 가야 했다. 피난 도중에는 전주절도사(全
州節度使) 조용겸(趙容謙)의 습격을 받기도 하였다. 그러나 공주절도사
(公州節度使) 김은부(金殷傳) 같은 이는 현종에게 어의(御衣)를 지어
바치는 등 많은 도움을 주었다. 그 때문에 현종은 돌아올 때 6일 간이나
공주에 머물다 환궁하였다. 이때의 인연으로 김은부의 세 딸이 현종의
부인이 되기도 하였다.

한편 그는 왕위 즉위 전에 주로 사원에 살았으며 승려들의 도움을 받
았다. 그리하여 그는 불교 숭배 정책을 실시하였다. 연등회(燃燈會) ·
팔관회(八關會)를 복설하였으며, 부모의 명복을 빌기 위해 현화사(玄化
寺)를 창건하였다. 천안 지역에 있는 천흥사 동종(天興寺 銅鐘)이나 홍
경사(弘慶寺)도 이러한 배경 속에서 만들어졌다.

천흥사 동종은 1010년(현종 원년)에 만들어졌다. 이 종은 현종이 만
들어 봉안한 것으로 추측된다. 이 같은 추정의 근거로는 우선 종이 거
대하고 문양이 우수하다는 것이다. 이 종은 국보 제280호로 현재 국립

| 천흥사 동종 |

| 천흥사지 5층석탑 |

박물관에 소장되어 있는데 종의 전체 높이가 128.3cm에 달한다. 이 같은 규모의 종은 지방호족의 힘으로는 주조가 불가능하다. 또 요(거란)의 연호를 쓰고 있다는 것도 국가나 왕실이 개입했다는 근거다. 천흥사는 태조가 세운 사찰이었기에 더욱 의미가 있었다. 현종은 태조의 손자였기 때문이었다.

홍경사에 대해서는 지금도 남아 있는 봉선홍경사사적갈비(奉先弘慶寺事蹟碣碑)에 잘 나와 있다. 봉선홍경사사적갈비는 1962년(원래는 1934년)에 국보 제7호로 지정된 문화재이다. 천안시 성환읍 대홍리 320번지에 있는데 성환 - 평택간 국도 1호변 상행선 우측도로가의 솔숲사이에 위치하고 있다. 총 높이 358cm, 비 폭 97cm, 비신 높이 188cm, 비신 두께 22cm의 규모를 갖고 있다.

이 비석의 비문 상단에는 「봉선홍경사갈기(奉先弘慶寺碣記)」라고 가

| 봉선홍경사비갈 |

로로 쓰여져 있다. 특별히 봉선 홍경사(奉先弘慶寺)라 한 것은 선친의 뜻을 받들어 지은 홍경사란 뜻이다. 선친이란 다름 아닌 그의 아버지 안종 욱을 가리키는 것이었다.

안종 욱은 태조와 그의 후비 신성왕태후(神成王太后) 김씨(金氏) 사이에서 낳은 아들이었다. 그런데 신성왕태후 김씨는 경순왕의 백부(伯父)인 김억렴

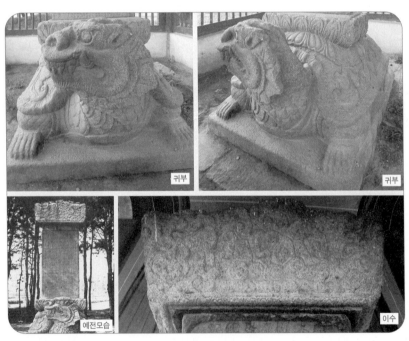

귀부 귀부 예전모습 이수

| 봉선홍경사비갈 세부 |

(金億廉)의 딸이었다. 그는 경종이 일찍 죽자 그 후비였던 헌정왕후와 관계하여 현종을 낳은 것이었다. 그는 조카인 헌정왕후 황보씨와 사통한 죄로 사수현에 귀양가 있었다. 그는 거기서 죽었는데 죽을 때 대량원군에게 자신이 죽으면 성황당 남쪽 귀룡동(歸龍洞)에 묻어 달라 부탁했다고 한다. 그것도 엎어 묻어달라고 했다고 한다. 귀룡동이란 뜻은 '돌아갈 용이 사는 동네'로 풀이된다. 자신은 살아서 못 간다 하더라도 자신의 아들은 빨리 돌아가 왕이 되기를 바라는 마음에서 이러한 부탁을 한 것 같다. 엎어서 묻으면 눕혀서 묻는 것보다 더 빨리 일어날 수 있기 때문이 아닌가 한다. 그 때문인지 모르지만 996년(성종 15), 안종 욱이 죽어 귀룡동에 묻힌 다음 해에 대량원군은 개경으로 돌아가게 되었고, 얼마 후 왕위에 올랐다. 현종은 그러한 아버지의 정을 잊을 수 없던 것이다. 그리하여 불쌍하게 돌아가신 아버지의 뜻을 받들고 명복을 빌기 위해 홍경사를 건립하였던 것이다.

비문의 내용에 의하면 "왕명을 받들어 최충(崔沖)이 비문의 내용을 짓고 당시[1026년]의 명필이었던 백현례(白玄禮)가 글씨를 썼다. 고려의 제8대 현종 임금께서 부왕인 안종(安宗)이 평소 소원이었던 불법을 널리 전파하고자 했던 뜻을 이어받아 당시 갈대가 우거지고 도적이 자주 출몰하여 행인을 괴롭히던 이곳[옛 직산현 성환역 주변]에 병부상서(兵部尚書) 강민첨(姜民瞻)과 김맹(金猛)을 별감사(別監使)로 삼아 1016년(현종 8)에서 1021년(현종 13)까지 만 5년에 걸쳐 법당(法堂), 행랑(行廊) 등 200여 칸의 건물과 서쪽에 80칸의 광연통화원(廣緣通化院) 건물을 지었다. 길가는 나그네와 공무를 수행하는 사람들에게 잠자리와 먹을 것을 제공하고 말과 소 등에게는 마초를 제공하여 편의를 도모하였다"라고 되어 있다. 이처럼 현종은 홍경사 뿐 아니라 광연통화원을 건립하여 백성들을 구제하려 하였다.

이러한 홍경사가 후대에 와서는 백성들을 수탈하는 장소로 변모하기도 했다. 무신 정권이 들어선 뒤에 이러한 현상은 더욱 심화되었다. 무신들이 지방관으로 내려오면서 수탈 체계가 더욱 심화되었던 것이다. 게다가 공주 명학소(鳴鶴所)에서 일어난 망이(亡伊)·망소이(亡所伊) 등의 봉기군을 진압하는데 협조함으로써 명학소 민의 공격 대상이 되기도 했다. 그리하여 찬란하고 웅장했던 봉선홍경사와 광연통화원의 건물들은 1177년(명종 7)에 망이·망소이 형제의 봉기군에 의해 전소되고, 석탑 일부와 비석 1기만 남아 오늘에 이르고 있다. 그러나 고려 현종의 애환과 위민 정신은 그가 남긴 유적, 유물 속에 고스란히 간직되어 있다.

참고문헌 ─────────────────────

박홍배, 「홍경사 창건의 사상적 배경」, 『경주사학』3, 1984.
백종오 등, 「천안 홍경사지에 관한 고찰」, 『김현길교수 정년기념향토사학론총』, 1997.
문철영, 「봉선홍경사와 망이·망소이의 난」, 『충청학과 충청문화』4, 2004.
강현자. 「고려 현종대 봉선 홍경사의 창건배경」, 『중앙사학』21, 2005.
이인재, 「고려 전기 홍경사 창건과 삼교공존론」, 『한국사학보』23, 2006.

참고 사이트

국립중앙박물관 http://www.museum.go.kr
문화재청 http://www.cha.go.kr
천안문화원 http://cheonan.cult21.or.kr
천안시청문화관광 http://www.cheonan.go.kr/culture/
한국역대인물 종합정보시스템 http://people.aks.ac.kr

19. 태안 안흥량과 청자운반선

　고려시대 문화재 중 백미는 역시 고려청자라 할 수 있다. 고려에 사신으로 왔던 송(宋)의 서긍(徐兢)도 청자의 색깔을 '비색(翡色)' 이라 하면서 그 아름다움을 인정하고 있다. 당시 청자의 생산지는 전북의 부안, 전남의 해남과 강진 등지였다. 그러나 최대 생산지는 전남 강진이었다. 여기서 생산된 청자는 개경으로 운반되어 귀족들의 애호품으로 사용되었던 것이다.

　운반은 주로 해로를 이용하였다. 서해안을 따라 항해하여 개경으로 운반하는 해로를 주로 사용하였다. 그러나 이 청자 운반선은 때때로 침몰하는 경우가 있었는데 특히 태안 앞바다 안흥량(安興梁) 일대에서 이런 일이 종종 일어났다. 안흥량은 조수 간만의 차가 심할 뿐 아니라 곳곳에 암초가 자리하고 있어 조세를 운반하는 조운선도 자주 침몰하는 지역이었다. 따라서 한 때는 이 지역을 통과하기가 어렵다 하여 '난행량(難行梁)' 으로 불리기도 하였다. 그 후 안전하게 지나기를 바라는 뜻에서 '안흥량' 으로 지명이 바뀌었던 것이다.

| 굴포운하 주변 |

| 굴포운하 유적 |

이를 해결하기 위해 고려 정부에서는 인공수로인 운하를 건설하려 시도하였다. 고려 17대 임금 인종이 1134년, 내시 정습명에게 명하여 운하를 굴착하도록 명하였던 것이다. 그러나 굴착 도중 암반에 부딪혀 공사가 중단되었다. 그 후 오랫동안 방치되었다가 이성계가 정권을 잡은 1391년(공양왕 3)에 다시 공사를 시작하였는데 역시 실패

하였다. 이후 조선 태종대에 운하 공사를 다시 시작하여 완료하긴 했으나 작은 선박만이 드나들 수 있어 제 구실을 하지 못하였다.

| 굴포운하지 |

이 지역은 역사적으로 중국 등 외국 사신이 서해안을 따라 개경으로 가는 길목이기도 했다. 따라서 안흥정(安興亭)이라는 객관이 설치되어 외국사신이 머물렀다 가기도 하였다. 이 안흥정은 마도(馬島)에 있었는데 지금은 폐쇄된 안

| 마도항 |

흥초등학교 마도 분교 자리로 추정된다.

최근 이 안흥량 일대가 다시 관심의 대상으로 떠오른 것은 난파된 청자운반선이 발견되면서이다. 2007년 5월 18일, 태안군 안흥항 근해에서 어로 작업을 하던 김용철씨가 소라 통발에 쭈꾸미와 함께 올라온 청자를 신고하면서 발견된 것이었다. 이 사실이 2007년 5월 25일에 연합뉴스에 보도되면서 수중 발굴이 시작되었다. 그 결과 대섬 앞 바다의 해저에 다량의 청자와 함께 그 운반선이 있음이 확인되었다.

| 난파된 배의 목재 |

| 태안 마도 인근 출토 닻돌 |

| 닻돌 |

| 사자모양향로뚜껑청자 |

　　2007년부터 2008년까지 발굴한 결과 고려시대 청자 운반선 1척과 고려청자, 선원들이 사용하던 솥이나 물동이 등 선상 생활용품, 인골, 그리고 고려시대의 목간(木簡) 등이 출토되었다.

　　발굴 유물의 대부분은 고려청자였다. 2만 3천여 점이 넘는 고려청자는 완도선 발굴 이후 가장 많은 수량이었다. 기종도 다양하고 수량도

| 청자연화문사발 세부 |

풍부하여 고려시대 청자
의 편년 및 제작 시기를
밝히는데 중요한 연구 자
료가 되었다. 아직 미진
한 면이 있지만 연구 결
과 대부분의 청자는 12세
기에 제작된 것으로 밝혀
지고 있다.

| 마도 출토 청자연화문 사발 |

　기종은 청자 대접, 접시, 잔 등의 일상 용기가 대부분인데, 그 중에는
과형주자(瓜形注子, 참외모양주전자), 섬형연(蟾形硯, 두꺼비모양벼
루), 사자형향로(獅子形香爐) 뚜껑과 같이 독특한 것들도 있다. 또 승려
들의 식사도구인 발우(鉢盂)가 다량 출토되어 당시 고려불교의 양상과

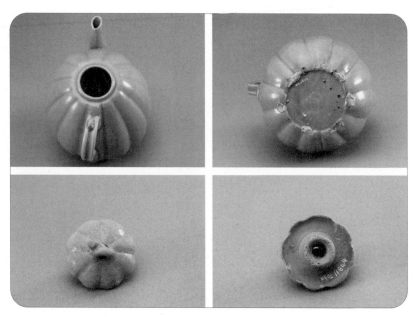

| 청자참외형주전자 세부 |

| 청자참외형주전자 |

승려들의 생활상을 파악하는데 많은 도움이 될 수 있었다. 청자에 새겨진 문양도 다양하였다. 모란문(牡丹紋), 당초문(唐草紋)과 물고기를 그린 어문(魚紋), 연꽃무늬인 연화문(蓮花紋), 앵무새무늬인 앵무문(鸚鵡紋), 파도문(波濤紋), 구름문[雲紋] 등 각종 문양이 시문되어 있었다.

이 수중 발굴에서 가장 중요한 것은 고려시대 목간의 출토였다. 물론 이전 전남 신안 앞바다에서 출토된 신안선에서도 목간이 나온 적이 있지만, 수중에서 고려시대 목간이

나온 것은 이번이 처음이었다. 이 목간의 분석 결과 여기서 나온 청자가 대부분 전남 강진에서 제작된 것임을 알게 되었다. '탐진(耽津)'이라 새겨진 목간이 몇 개 출토되었기 때문이다. 탐진은 강진의 옛 이름이었다.

글자가 비교적 선명하여 잘 알아볼 수 있는 목간도 있는데 그 중에는 청자의 제작 장소와 목적지 등을 알 수 있는 것도 있다. 예컨대 '탐진현재경대정인수호부사기팔십(耽津縣在京隊正仁守戶付砂器八十)'이라 쓰여진 것이 있다. 이는 직역하면 '탐진현에서 개경에 있는 대정 인수의 집에 도자기 팔십개를 보낸다'는 뜻이다. 이를 보면 배에 실려 있던 청자의 일부는 전남 강진에서 만든 것이며 수신자가 하급 장교인 대정 벼슬에 있는 인수란 인물임을 알 수 있다. 또 도자기라는 화물의 종류와 그 수량까지 표기하였음도 알 수 있다. 수신인 중에는 '개경의 안영네 집[在京安永戶]'도 있어 수신인을 '호(戶)'로 표기한 경우도 있지만 '최대경택상(崔大卿宅上)', '류장명택상(柳將命宅上)'처럼 '택상'이란 표현을 한 경우도 있다. 아마도 벼슬이 높은 집일 경우 특별히 '택상'이란 명칭을 쓴 것이 아닌가 한다.

그리고 목간의 뒷면에는 '즉재선장(卽載船長)'이란 문자와 함께 일종의 사인(Sign)인 수결(手決)이 되어 있다. 이는 '앞의 수량대로 실었음. 선장 수결'이란 뜻이다. 최종적으로 화물 수량이라든가 수신인 등을 선장이 확인하고 사인한 것이다. 어떤 것은 수결의 앞과 뒤에 '×'와 'ㅇ'의 표시가 있는 것도 있다. 그러나 이는 무엇을 뜻하는지 알 수 없다. 따라서 이를 종합해 볼 때 목간은 선적된 청자에 대한 생산지 및 목적지, 운송 물량, 운송 책임자 등이 기재된 일종의 물표(物標)임을 알 수 있다. 이로써 우리는 목간을 통해 당시의 경제상황을 유추해볼 수 있게 되었다.

한편 청자를 실은 선박의 가장 큰 특징은 외판의 길이가 다른 고려 선박의 길이보다 길면서 두께가 얇다는 것이다. 일반적인 고려 선박의 외판 길이는 5~6m이며 두께는 10~20cm이나 이 선박은 외판 길이가 8.21m이며 두께가 7cm이다. 판재가 약하면 배의 강도가 떨어지게 마련이다. 그런데도 얇은 판재를 사용한 것은 외판재를 고정하는 새로운 선박건조방식 때문인지 아니면 선박에 사용되는 판재를 아끼려고 한 것인지 정확히 알 수 없다.

　우리는 이 태안 앞바다 대섬 근처의 청자선박 발굴로 당시의 선박 기술과 항로, 그리고 고려시대 경제생활의 일면을 좀 더 분명하게 알 수 있게 되었다. 한 어부의 문화의식 덕분에 귀중한 우리 문화재를 많이 발굴할 수 있었다. 우리의 문화의식이 그 만큼 높아졌다는 측면에서 기뻐할 일임에 틀림없다.

참고문헌

윤용혁, 「서산·태안 지역의 조운 관련 유적과 고려 영풍조창」, 『백제연구』22, 1991.
곽호제, 「고려-조선시대 태안반도 조운의 실태와 운하 굴착」, 『지방사와 지방문화』12-1, 2004.
이강렬, 「안흥정에 대한 고찰」, 『서산문화』2, 2008.
문화재청·국립해양문화재연구소, 『고려청자 보물선(태안대섬 수중발굴 조사보고서)』, 2009.
윤용혁, 「고려시대 서해 연안해로의 객관과 안흥정」, 『역사와 경계』74, 2010.

참고 사이트

국립해양문화재연구소 http://www.seamuse.go.kr
문화재청 http://www.cha.go.kr
태안군청 문화관광 http://www.taean.go.kr/html/kr/tour
태안문화원 http://taean.cult21.or.kr

20. 명학소 망이·망소이의 봉기

고려 중기 무신정권기에 충남 지역은 다시 한 번 역사의 소용돌이에 휩싸이게 되었다. 그것은 바로 망이(亡伊)·망소이(亡所伊)를 비롯한 공주 명학소민의 봉기였다. 명학소(鳴鶴所)는 당시 공주에 속해 있었는데 유성현의 동쪽 10리 지점에 있었다. 지금의 대전광역시 서구 탄방동 지역이 여기에 해당한다.

1170년(의종 24), 고려에서는 무신들이 난을 일으켜 정권을 잡는 사태가 발생하였다. 정중부(鄭仲夫)·이고(李高)·이의방(李義方) 등이 정권을 잡아 의종(毅宗)을 폐위하고 명종(明宗)을 옹립하였다. 이후 그들끼리 권력쟁탈전이 일어나 이고가 이의방에게 죽음을 당하고, 1174년(명종 4)에 이의방 역시 정중부의 아들 정균에게 살해당하였다. 이로써 정중부가 집권하게 되었다. 이들 무신들이 집권하자 백성들은 처음 혹 새로운 세상이 올 것인가 기대하였다. 그러나 수탈체제는 그 전보다 더 강화되었다. 정중부의 아들 정균과 정중부의 사위 송유인 등이 권력을 빙자하여 백성들을 수탈하였다.

| 대전 남선공원 내에 있는 명학소민 봉기 기념탑 | | 명학소민 봉기 기념비 하부 |

| 명학소민 봉기 설명 |

그러자 이에 불만을 품은 세력들이 봉기하기 시작했다. 봉기는 우선 서경에서 시작되었다. 조위총(趙位寵)이 정중부를 토벌한다는 명분 아래 군사를 일으켰던 것이다. 여기에 서북 지역에 있는 40여 성의 백성들이 가담하였다.

이러한 서북 지역민의 항쟁은 남쪽에도 파급되었다. 기록에서는 이 봉기를 '남적(南賊)'이라 표현하고 있다. 이들 '남적'으로 표현된 지역의 봉기 중 가장 대규모로 일어난 곳이 지금의 대전 지역이었다. 서북 지역의 봉기가 끝나기도 전인 1176년(명종 6) 정월, 공주에 속했던 명학소의 망이·망소이 형제의 봉기가 일어났던 것이다.

그들은 백성들을 모아 봉기를 하면서 자신을 산행병마사(山行兵馬使)라 칭하였다. 이들은 먼저 관할 현인 유성현의 관아를 공격하였다. 그 유성현의 관아는 현재의 유성구 상대동 지역에 있었다. 최근 이 지역에서 발굴된 대형 건물지는 관아가 파괴된 이후의 것이라 생각된다.

나아가 이들은 공주를 공격하여 함락하였다. 공주는 이들 소(所)의 주읍(主邑)으로 이들을 괴롭혔기 때문일 것이다. 공주를 함락하고 그곳에 거주하던 수령을 살해했을 것으로 생각된다.

| 명학소민 봉기시 파괴되었을 것으로 보이는 상대동의 대형 건물터 |

| 상대동 출토 자기편 |

| 상대동 출토 어골문 와당 |

| 마티 고개 전경 |

| 유성에서 공주로 갈 때 넘어야 하는 마티 고개 |

이에 조정에서는 지후(祗侯) 채원부(蔡元富)와 낭장(郎將) 박강수(朴剛壽)를 보내어 이들을 달래었다. 강경책보다 회유책을 쓴 것이다. 그것은 아직도 서북 지역에서 일어난 조위총의 봉기를 진압하지 못하였기 때문이었다. 1174년(명종 4)부터 시작된 조위총의 봉기는 1176년(명종 6) 6월에 가서야 끝이 났다. 군사력의 대부분이 서북 지역에 있는 마당에 이들을 토벌하는 것은 어렵다고 판단했던 것이다.

그러나 회유책은 실패하였다. 그러자 조정에서는 강경책으로 전환하였다. 싸움은 여의치 않았다. 그러자 1176년 3월, 출동하였던 남적집착병마사(南賊執捉兵馬使)는 조정에 병력 증강을 요청하였다. 그러나 정부에서는 병력을 증강하는 대신 다시 회유책을 쓰기로 방침을 정하였다. 이에 따라 명학소를 충순현(忠順縣)으로 승격하는 조치가 취해졌다. 앞으로는 국가에 대해 충성하고 국가의 명령을 잘 따르라는 의미였다. 현령(縣令)과 현위(縣尉)라는 외관(外官)도 파견되었다. 기본적으로 외관은 백성들의 근심과 고통을 덜어주어야 했다. 때문에 외관 파견은 지역민들에게 혜택이 돌아가는 것이었다.

그러나 명학소민의 봉기는 쉽게 그치지 않았고 조정에서도 이를 매우 근심하고 있었다. 이에 대한 책임을 지고 당시의 집권자인 정중부가 사직을 청하였다. 그러나 그의 해직은 받아들여지지 않았다. 그러자 일부 군사들은 '남적'이 봉기한 것은 당시의 집권자인 정중부와 그 아들 정균, 그리고 정중부의 사위 송유인 때문이었다고 방을 붙이게 되었다. 이에 정균도 해직을 청하고 두려워 관청에 나오지도 못하였다. 여기서 '남적'이란 다름 아닌 명학소민을 가리키는 것이었다.

노약순(盧若純)이나 한수도(韓受圖) 등 중앙의 일부 관직자들은 이들과 연합하여 집권무신들을 처단코자 했다. 그러나 오히려 망이가 그 사자(使者)를 안무별감 노약충(盧若沖)에게 보내고 노약충은 이를 조정에 압송함으로써 그들은 죄를 받게 되었다. 이를 보면 망이·망소이의 봉기군이 정부군과 어느 정도 타협을 하고 있었음을 알 수 있다.

정부의 태도에 힘을 얻은 명학소민들의 봉기는 더욱 확대되었다. 1176년 9월에는 예산현까지 진출하여 그곳의 외관인 감무(監務)를 살해하는 사태로 발전하였다. 그러나 예산현을 함락한 것은 명학소민과 연대한 또 다른 세력이었다. 그저 '남적'이라고만 표현되어 있기 때문이다. 이 무리의 우두머리는 손청(孫淸)이란 자였다. 이런 속에서 공주와 예산 방면은 손청에게 맡기고 망이는 충주로 갔다. 공주·예산은 물론 충주까지 확대되었던 것이다.

조정에서는 이제 더 이상 방치할 수 없다고 판단하였다. 강력한 토벌로 선회하였다. 1176년 12월 정부에서는 대장군 장세유(鄭世猷)와 이부(李夫)를 좌·우도로 나누어 파견하여 이들을 토벌토록 했다. 좌도쪽은 충주쪽을 말하는 것이고 우도는 예산 지역을 말하는 것이었다. 서북면 지역에서 일어났던 조위총의 봉기가 1176년 6월에 일단락됨으로써 병력을 남방으로 집중시킬 수 있는 여유가 있었기 때문이다.

| 예산 가야사지 |

이에 망이·망소
이 등은 정부군에 투
항하였다. 그러나
1177년(명종 7) 2월
에 망이 등을 비롯한
명학소민은 다시 봉
기하였다. 그들이
다시 봉기한 이유는
정부가 약속을 배반

했기 때문이었다. 충순현으로 승격하고 수령을 두면서 죄를 묻지 않겠
다고 정부측에서 약속하였다. 그런데 그 약속을 어기고 다시 군사를
발하여 자신들의 처와 부모를 잡아가둔 것에 대한 억울함에서 비롯되
었다.

그들은 다시 봉기하여 공주시 유구면을 거쳐 현재의 차동고개를 넘
어 예산의 가야사를 습격하였다. 가야사를 습격한 이유는 아마도 정부
군이 다시 망이 등을 칠 때 가야사의 승려들이 협조했기 때문인 것 같
다. 곧 이어 이들은 황려현[경기도 여주]을 점령하고 진주[충북 진천]를
점령하였다.

그러나 전세는 점점 불리해져 갔다. 1177년 2월, 가야산 손청 등의 무
리들이 우도병마사에 의해 잡혀 죽었다. 망이 등의 세력이 진천을 점령
한 틈을 타 가야산 지역에 남아 있던 손청 일당을 타도한 것이다. 그러
자 망이 등의 봉기군은 돌아오다 현 경기도 성환 지역에 있는 홍경원을
불사르고 승려 10여 명을 죽였다. 홍경원을 불태운 후 이들은 개경까지
진격할 것이라는 의지를 불태우기도 하였다.

이렇듯 명학소민의 봉기가 수그러들 기세를 보이지 않자 조정에서는
강력한 토벌책으로 선회하였다. 그러자 망이 등은 1177년 6월, 항복할

것을 청하였다. 그러나 조정에서는 이를 받아들이지 않고 토벌을 감행하여 1177년 7월 망이·망소이 등을 잡아 청주 옥에 가두게 되었다. 이로써 1년 6개월에 걸친 공주 명학소민의 봉기는 끝이 났다.

이 봉기는 이후 폭압적인 무신정권에 대항하는 민중들의 항거에 선구적 역할을 하였다. 또 천민과 같은 대우를 받았던 향(鄕)·소(所)·부곡(部曲)이라는 행정단위가 점차 소멸되는 계기를 마련하였다. 결국 현 대전광역시 서구에서 일어난 망이·망소이의 봉기는 한국의 전근대 사회에서 민주화 운동의 선구적 역할을 했다고 평가할 수 있다.

참고문헌 ───────────────────────────────

이정신,「고려시대 공주 명학소민의 봉기에 대한 일연구」,『한국사연구』61·62, 1988.
이정신,『고려 무신정권기 농민·천민항쟁연구』, 고려대 민족문화연구소, 1991.
김갑동 외 ,『고려무인정권과 명학소민의 봉기』, 도서출판 다운샘, 2004.
문철영,「봉선홍경사와 망이·망소이의 난」,『충청학과 충청문화』4, 2004.

참고 사이트

대전시관광포털 http://www.daejeon.go.kr/dj2009/tour/index.action
대전서구문화원 http://www.sgcc.or.kr
한국역대인물 종합정보시스템 http://people.aks.ac.kr

21. 원 합단(哈丹)의 침입과 연기 대첩

　고려는 최우(崔瑀) 집권기인 1231년(고종 18), 몽고의 대규모 침입을 맞게 되었다. 최우 정권은 이듬해인 1232년에 강화도로 천도하여 항거하였다. 그러나 육지에 남아 있던 백성들은 몽고군을 맞아 싸워야 했다. 충남 지역에서도 공주나 아산, 온양 지역에서 몽고군을 맞아 전투를 벌였다. 그러나 1270년에 고려는 개경 환도를 단행하였고, 여러 측면에서 몽고의 간섭을 받게 되었다.

　그런데 충남 지역이 다시 한 번 큰 전장으로 변한 것은 1291년(충렬왕 17)부터 다음해인 1292년(충렬왕 18)의 일이었다. 원의 합단(哈丹) 무리가 침략한 것을 연기에서 크게 무찌른 것이었다. 침략의 원인은 원나라 내부의 황위 계승전에 있었다. 즉 1259년, 몽고제국의 헌종(몽케)이 사망하자 동생들인 쿠빌라이[忽必烈]와 아릭부게[阿里不哥]가 후계자 자리를 둘러싸고 싸움을 벌였다. 이 싸움에서 쿠빌라이가 승리하여 왕위에 올라 세조(世祖)가 되었다. 그리고 1271년에 국호를 원(元)이라 하였다. 그러나 아릭부게와 그 동조자들은 이에 항거하였다. 카단[哈

丹, 합단]이란 인물도 그 동조자 중의 하나였는데 그는 징기스칸 동생의 후손이었다.

이에 원 세조(世祖) 쿠빌라이는 손자 티무르[帖木兒, 뒤의 成宗]에게 이들에 대한 정벌을 명령하였다. 각지에서 정벌군에 의해 패배한 합단의 무리는 두만강 쪽으로 도망하게 되었고, 1290년(충렬왕 16) 초에 고려의 동북 변경으로 넘어들어 왔던 것이다.

합단(哈丹)군의 침략이 본격적으로 개시된 것은 1290년 12월의 일이었다. 합단의 무리 수 만이 침략하여 쌍성총관부 지역을 거쳐 화주(和州)·등주(登州) 등을 함락시켰다. 그들의 침략 행위는 아주 야만적이었다. 기록에는 "그들이 사람을 죽여 양식으로 하였으며 부녀자들을 윤간한 다음 포(脯)를 떴다"고 되어 있다. 이들은 고려의 동북경 요충인 등주, 화주 등지를 점거함으로써 일단 고려 침략의 전기를 마련하였다.

합단적이 침략해 오자 고려의 충렬왕은 강화도로 피난을 갔고 만호(萬戶) 인후(印侯)를 북방에 보내 이들을 방어케 했다. 그러나 적에게 패하였다. 1291년(충렬왕 17) 정월 합단군은 철령(鐵嶺)을 넘어 고려의 중부 내륙 지역까지 진출하였다. 이들은 양근성(楊根城, 경기도 양평)을 함락하고 원주로 방향을 선회하였다.

당시 원주에서는 별초(別抄) 향공진사(鄕貢進士) 원충갑(元冲甲)이 적을 공격하여 패주시켰다. 향공진사란 지방관의 주관 하에 실시된 과거에 합격한 사람을 말하는 것으로 원충갑은 향토방위를 위해 앞장섰던 것이다. 한편 고려 조정에서는 세자를 보내 원 황제를 만나 보고 합단을 토벌하여 줄 것을 요청하였다. 이에 원 세조는 설도간(薛闍干)과 나만대(那蠻歹)에게 명령하여 군대 1만 명을 거느리고 가서 토벌하도록 하였다.

2월에 접어들어 원에 가 있던 세자가 장군 오인영(吳仁永)을 시켜 원 세조에게 다시 보고 하며 대책을 요청하였다. 그러자 세조는 물었다.

"그대의 나라는 당 태종이 친히 정벌하였으나 오히려 이기지 못한 나라이다. 또 우리 왕조가 창건된 초기에 귀순하지 않았으므로 우리 왕조에서 정벌했으나 역시 쉽사리 이기지 못하였는데 지금 이 조그마한 도적을 왜 그렇게도 무서워하는가?'라고 하였다. 오인영이 대답하였다. "옛날과 지금이 다르며 나라의 융성과 쇠약이 같지 않습니다"라고 하였다. 그러자 세조는 야간을 틈타 기습을 하는 야습전(夜襲戰)을 하라고 일러주었다. 이로써 볼 때 원은 고려를 고구려의 후예 국가로 생각했으며, 고려 또한 만만치 않은 국가라는 인식을 갖고 있었다. 그러나 합단적의 침입에 당황해 하는 고려의 모습에 안타까운 면이 없지 않았던 것 같다.

4월에는 중앙에서 파견된 방호별감(防護別監) 복규(卜奎)가 원주에서 합단적과 싸워 58명을 포로로 잡는 전과를 올리기도 하였다. 이어 충주에서는 충주산성별감이 합단적을 격파하고 적의 머리 40급을 바쳤다.

그러자 이들은 서쪽으로 방향을 돌려 충남 지역으로 넘어 들어왔다. 1291년(충렬왕 17) 5월의 일이었다. 연기 대첩의 서막이 오른 것이었다. 이 연기 대첩은 2차에 걸쳐 이루어졌다. 1차 전투는 연기현(燕岐縣)의 정좌산(正左山) 근처에서 이루어졌다. 이때에는 이미 원나라 원군이 고려에 당도하여 있었다. 따라서 고려에서는 3군을 편성하여 이들과의 연합작전을 개시하였다. 3군은 인후(印侯)가 거느린 중익군(中翼軍), 한희유(韓希愈)가 거느린 좌익군(左翼軍), 그리고 김흔(金忻)이 거느린 우익군(右翼軍)이었다. 이들은 합동 작전을 개시하여 합단적을 크게 무찔렀다.

그러나 뒤떨어져 오던 합단의 기병 3천이 합세하면서 이들은 군세를 다시 정비하였다. 1차 전투가 끝난 후, 나만대의 원군은 늦게 도착하여 연기의 싸움에 참가하지 못한 것을 한탄하여 그들과 싸우려고 하였다. 그러나 전세는 만만치 않았다. 합단적 가운데 용사 한 사람이 있어 활을 당겨 쏘기만 하면 매번 우리 군사가 한 사람씩 넘어지곤 하였다. 그러자 좌익군을 거느렸던 장군 한희유가 1장 8척이나 되는 긴 창을 휘두르면서 말을 달려 적진에 돌입하였다. 적들이 놀라 한쪽으로 밀리므로 그 용사를 움켜잡고 나와서 목을 베어 죽이었다. 그의 머리를 긴 창에다 걸어 적에게 보였더니 적들의 기가 꺾이었다. 이때에 대군이 급히 나아가 적을 크게 격파하였다. 적들 가운데 노적(盧的, 합단의 아들로 老的으로도 표기)의 부자 등 2천 여의 기병이 포위를 뚫고 달아났다.

나만대는 추격하려 했으니 설도간이 만류하여 더 이상의 추격은 포기하였다. 인후 · 한희유 · 김흔이 사람을 보내 승전을 보고하고, 사로잡은 부녀자 8명을 바쳤다. 합단의 잔적 1천 명은 동주(東州, 철원)까지 왔다가 연기에서 대파 당했다는 소문을 듣고 도로 철령을 넘어 도망쳐 갔다. 이것이 2차 전투였다. 이 전투는 원수산(元帥山) 근처에서 이루어졌다.

이 연기대첩에 대해 『세종실록지리지(世宗實錄地理志)』와 『동국여지승람(東國輿地勝覽)』은 다음과 같이 기록하고 있다. "충렬왕 17년에 합단적이 침략해오자 왕이 원에 군사를 청하였다. 원 세조가 평장(平章) 설도간을 보내 병사를 거느리고 와서 돕게 하였다. 왕이 한희유 · 김흔 등으로 3군을 거느리게 하여 원나라 병사와 같이 현의 북쪽 청주와의 경계인 정좌산 밑에서 합단적과 싸워 크게 승리하였다. 공주 웅진까지 추격하였는데 엎어진 시체가 30여 리에 걸쳐 있었고, 죽이고 사로잡은 자도 헤아릴 수 없이 많았다. 지금에 이르러 군대가 주둔한 곳이라 하여 원수산이라 한다." 이는 바로 연기대

| 연기대첩비 |

| 연기대첩비문 |

첩의 1, 2차 전투를 잘 요약하고 있다.

합단군은 비록 원나라 황실의 내분으로 인해 침략한 적이었지만, 고구려의 막강한 후예국으로 인식했던 고려가 원의 일부를 무찌른 값진 전투라 하겠다. 지금도 연기군에서는 조치원읍 부근의 고북저수지에 연기대첩비를 세워 전투의 승리를 기념함과 동시에 전장에서 사라져간 고려 군인들의 넋을 위로하고 있다.

참고문헌

『고려사』
『고려사절요』
이해준, 「재조명 기다리는 '연기대첩지'」, 『연기향토문화』창간호, 1996.
공주대학교박물관, 『연기대첩연구』, 2004.
윤용혁, 「원 카단(합단)적의 침입과 연기대첩」, 『충청역사문화연구』, 서경문화사, 2009.

참고 사이트

연기관광 http://tour.yeongi.go.kr/tour/index.asp
연기문화원 http://jochiwon.cult21.or.kr
전쟁기념관 https://www.warmemo.or.kr/main.jsp
한국역대인물 종합정보시스템 http://people.aks.ac.kr

22. 공민왕과 금산 용호석

　세계 역사상 유례없는 대제국을 건설했던 원나라도 14세기 후반으로 접어들면서 서서히 기울기 시작하였다. 이 틈을 이용해 고려에서는 반원(反元) 개혁정책을 실시하려는 움직임이 태동하였다. 충정왕의 뒤를 이어 즉위한 공민왕(恭愍王, 1352~1374)이 바로 그였다. 그는 충숙왕(忠肅王)과 명덕태후 홍씨와의 사이에서 태어난 인물이었다. 공민왕은 원래 총명하고 명망이 있던 인물로 원 황실의 노국공주를 아내로 맞이하였다. 그녀는 남편의 정책을 적극적으로 지지해 주었다. 신진사류도 이때의 개혁을 통해 강력한 세력으로 등장하게 되었다.

　22세의 젊은 나이로 왕위에 오른 공민왕은 즉위하자마자 노학자인 이제현(李齊賢)을 등용하여 개혁에 착수하였다. 우선 그는 불법적인 인사 행정의 온상이었던 정방(政房)을 혁파하였다. 아울러 전민변정도감(田民辨整都監)을 설치하여 부당한 토지와 백성의 탈점을 시정토록 하였다. 그리고 몽고식의 머리 모양인 변발(辮髮)을 풀고 몽고 옷인 호복(胡服)을 벗었다. 기자사(箕子祠)를 수축하여 제사하도록 하는 조처를 취하기도 하였다. 그러나 이러한 의도는 뜻대로 되지 않아 연저(燕邸) 1등 공신 조일신(趙日新)의 난이 일어나기도 하였다.

그의 본격적인 개혁조치는 동왕 5년에 이르러 시작되었다. 그는 원나라가 쇠약해지고 각지에서 한인(漢人) 반란군이 일어나자, 이들을 토벌하러 갔던 고려장수들의 상황보고를 받고 기철(奇轍)을 비롯한 부원배들을 주살하였다. 한편 정동행성이문소(征東行省理問所)를 혁파하고 쌍성총관부(雙城摠管府)와 동녕부(東寧府)를 공격하여 잃었던 땅을 회복하였다. 원의 연호를 정지하고 관제도 문종대의 그것으로 복구하였다. 이 때 새로 설치된 충용위(忠勇衛)도 이 일련의 개혁조치를 뒷받침하기 위한 군사조직이었다.

그러나 이러한 개혁은 원과 결탁한 권문세족의 반발과 원의 압력으로 상당한 차질을 빚게 되었다. 게다가 1359년(공민왕 8)과 1361년(공민왕 10)에 홍건적(紅巾賊, 원나라 말기의 한족 반란군 집단)의 침입으로 말미암은 정계의 혼란은 개혁의 지속적인 진행을 불가능하게 만들었다. 특히 1361년에 있었던 홍건적의 2차 침입시에는 개경이 함락되고, 공민왕은 복주(福州, 안동)로 피난하는 사태까지 발생하였다. 물론 최영(崔瑩)·이성계(李成桂)를 비롯한 여러 장수들의 활약으로 개경을 수복했지만 1363년(공민왕 12)에는 평장사(平章事) 김용(金鏞)이 총병관(摠兵官) 정세운(鄭世雲)을 비롯하여 3원수 즉, 안우(安祐)·김득배(金得培)·이방실(李芳實)을 살해하고, 북상 도중 홍왕사(興王寺)에서 임시거처를 마련하고 있던 공민왕을 습격하는 사건이 발생하기도 하였다.

그런데 공민왕이 안동까지 피난하였다가 돌아오는 도중 금산에 들러 조성하였을 것으로 추정되는 용호석(龍虎石)이 남아 있어 흥미를 끈다. 용호석은 말 그대로 용과 호랑이를 조각한 상으로 금산군 제원면 천내리에 위치하고 있다. 둘 다 높이가 1.4m 내외의 것으로 조각 수법이 정

| 용호석 보호각 | | 용호석 보호각 |

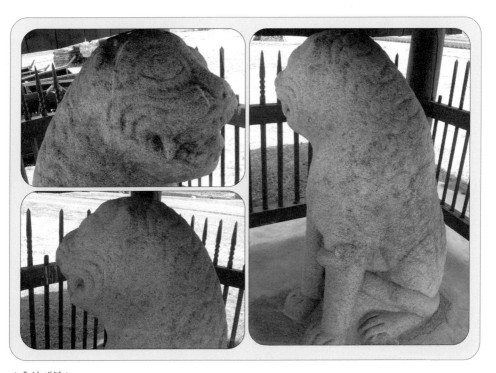

| 호석 세부 |

| 용석 | | 용석 세부 |

교한 편이다. 고려 말 홍건적(紅巾賊)의 난 때 안동으로 내려온 공민왕
이 자신의 능묘(陵墓) 위치를 정하고 필요한 석물로 준비하게 하였으
나, 개경(開京)으로 돌아간 후 그대로 두었다는 전설이 전해온다.

　이러한 전설은 얼마나 신빙성이 있는 것인가. 1361년에 홍건적이 침
입하자 공민왕은 서둘러 피난길에 올랐다. 그 해 11월 3일, 개경을 떠나
임진강을 건넜다. 6일에는 경안역(慶安驛, 경기도 광주)에 도착하였고,
9일에는 경기도 이천현(利川縣)에 머물렀다. 다음날에 음죽현(陰竹縣,
충북 음성)에 도착하고 2일 후인 12일에 충주에 이르렀다. 그 후 12월
29일에 복주(福州, 경북 안동)에 도착하였다. 이를 보면 급히 충주까지
내려왔다가 충주에서 1달 이상 머무르다 안동으로 내려왔다는 것을 알
수 있다. 충주에서는 죽령을 넘어 영주를 거쳐 안동에 다다른 것으로
추정된다. 그러나 이때에는 홍건적이 개경을 함락시킨 후였으므로 마
음의 여유가 없었다. 따라서 이때 금산에 들렀다고 추정하는 것은 불가
능하다.

　1362년(공민왕 11) 정월에 총병관 정세운을 비롯한 안우 · 이방실 ·
김득배 · 이귀수 · 최영 · 이성계 등은 홍건적을 격파하고 개경을 수복

하였다. 그에 따라 공민왕은 환도길에 올랐다. 좀 더 구체적으로 살펴보면 다음과 같다. 2월 신축일에 복주를 출발하여 계묘일에는 상주에 도착하였다. 8월 22일 을유일에 왕은 상주(尙州)를 출발하여 청주로 향하였다. 정해일에 왕이 속리사(俗離寺, 현 속리산 법주사)에 가서 통도사(通度寺)에서 보관했던 부처의 뼈 설리(設利)와 가사(袈裟)를 가져다 봉안하였다. 무자일에는 원암역(元岩驛)에 머물렀다가 옥주(沃州, 충북 옥천)을 거쳐 청주로 가려 하였으나 비가 많이 와 보령현(報令縣, 충북 보은)으로 갔다. 그 후 회인(懷仁, 보은군 회북면)을 거쳐 임진일에 왕이 청주(淸州)에 도착하였다. 임진일은 8월 29일이다. 여기에 머물다가 다음해 2월 12일 을해일에 청주를 떠나 충북 진천으로 향하였다. 이처럼 공민왕은 청주에서 무려 5개월 이상 머물렀다.

청주에서 여러 가지 일을 했으나 특기할 만한 것은 충남 연산에 있는 개태사에 두 번이나 사람을 보내 점을 치게 했다는 것이다. 1362년(공민왕 11) 8월, 첨의평리(僉議評理) 이인복(李仁復)에게 명령하여 개태사(開泰寺)의 고려 태조 진전(眞殿, 영정을 모셔놓은 사원)에 가서 서울을 강화로 옮기는 것에 대하여 점을 치게 하였는데 불길한 괘를 얻었으므로 중지하였다. 또 이듬해 정월 삼사우사 이인복을 개태사의 태조 진전에 보내 환도할 날짜를 점쳤다.

그렇다면 이인복이 왕명을 받아 연산의 개태사를 갈 때 어떤 루트를 통해 갔을까. 공민왕이 충북 옥천으로 가려다 실패한 것을 보면, 청주에서 옥천을 거쳐 영동을 지나 금강을 따라 올라가 금산군 천내리를 경유하고, 진산을 거쳐 연산에 이르는 길을 택한 것 같다. 영동군 양산면에 있는 영국사(寧國寺)의 이름 유래에서 알 수 있다. 즉 영국사는 고려 제31대 공민왕 때에 원(元)의 홍건적(紅巾賊)이 개성까지 쳐들어오자 왕이 신하들을 거느리고 이곳에 몽진(蒙塵)하여 국태민안(國泰民安)의 기도를 계속하였다. 마침내 근위병들이 홍건적을 무찌르고 개경

| 영국사 전경 |

(開京)을 수복하게
되자 왕이 기뻐하며
부처에게 감사드리
고 떠나면서 절 이름
을 영국사로 하였다
는 것이다.

영국사에서 금강
줄기를 따라 조금만
더 올라가면 바로 용
호석이 위치해 있어
이곳을 지나갔을 가
능성이 충분히 있
다. 이렇듯 왕명을
받은 이인복이 이 지
역을 지나면서 명당
자리로 생각하고 공
민왕에게 건의하여
석물을 제작했다고
볼 수 있다.

| 영국사 대웅전 |

그러나 또 한편으로는 공민왕이 직접 금산에 행차했을 가능성도 있
다. 그것은 그가 왕위에 오르는데 막강한 역할을 한 윤택(尹澤)의 외갓
집이 금산이었으며 윤택이 낙향해 살던 곳이 금산이었기 때문이다. 윤
택은 아버지 수평(守平)과 어머니 진례군부인(進禮郡夫人) 김씨(金氏)
사이에서 1289년(충렬왕 15)에 태어났는데 어머니의 고향인 진례군이
바로 금산이었다.

그는 1317년(충숙왕 4)에 국자시(國子試)에 합격한 후 원나라에 건너

| 영국사 3층석탑 |

| 수백년 된 영국사 은행나무 |

가 공민왕의 아버지인 충숙왕을 극진히 모셨다. 충숙왕은 공민왕을 왕위에 오르게 해 줄 것을 윤택(尹澤)에게 부탁하였다. 그리하여 1341년에 윤택과 이승로(李承老)가 글을 중서성에 보내 공민왕을 왕으로 세울 것을 청하였다. 그러나 뜻대로 되지 않고 충숙왕의 손자이며 충혜왕(忠惠王)의 아들인 충정왕(忠定王)이 왕위에 올랐다. 충정왕은 공민왕의 형인 충혜왕의 아들이었으니 공민왕의 조카였다. 그러나 권력의 세계는 냉엄하였다. 충정왕은 이에 반감을 품고 즉위하자마자 공민왕을 추대하려 했던 윤택을 광양(光陽) 현감으로 강직시켰다. 충정왕이 2년 만에 왕위에서 물러나고 공민왕이 즉위하자 윤택은 다시 등용되어 1352년(공민왕 원년)에 밀직제학(密直提學)이 되었다. 곧이어 그는 개성윤(開城尹)으로 퇴직하였다.

그러나 공민왕은 가끔씩 그를 중앙으로 불렀다. 즉 1357년(공민왕 6)에 왕이 『서경(書經)』 무일편(無逸篇)을 베껴 재상들에게 주게 하고 윤택(尹澤)을 시켜 강의하라 하기도 했다. 이를 보면 윤택은 공민왕 원년

이후 외가가 있는 금산에 있었다고 생각된다. 그의 아들 윤귀생(尹龜生)도 중앙에서 관직 생활을 하다 금산으로 내려와 살았기 때문이다.

금산에 살던 윤택은 공민왕이 파천해 오자 자기 집으로 공민왕을 초청하여 대접하였고, 공민왕은 거기서 명당자리를 골라 장차 여기에 자신의 묘를 쓰려 했던 것 같다. 용호석 탄생의 배경은 이러하였다. 그러나 환도한 후 공민왕은 이러한 생각을 포기하여 용호석은 쓸쓸한 들판 위에 서있게 된 것이다.

참고문헌 ───────────────────────────────

『고려사』
『고려사절요』
김호종, 「공민왕의 안동 몽진에 관한 일연구」, 『안동문화』 3, 1982.
나종우, 「홍건적과 왜구」, 『한국사』 20, 국사편찬위원회, 1994.

참고 사이트

금산군문화관광포털 http://tour.geumsan.go.kr/html/tour
금산문화원 http://geumsan.cult21.or.kr
금산사 http://www.geumsansa.org
한국역대인물 종합정보시스템 http://people.aks.ac.kr

23. 최영과 홍산대첩

고려는 그 말기에 이르러 왜구의 침략에 시달리게 되었다. 왜구(倭寇)란 말은 원래 '왜(倭)가 노략질하다[寇]'라는 말에서 온 것이다. 그러나 이것이 후대에는 명사로 굳어져 고려 말기에 노략질하던 왜의 집단을 가리키는 말이 되었다. 실제 『고려사』에는 왜구와 함께 '왜적(倭賊)'·'왜노(倭奴)'·'해적(海賊)'·'해도(海盜)' 등의 표현으로 되어 있다.

이들의 침입은 이미 고려 중기부터 있었다. 그러다가 1350년(충정왕 2)부터 왜구의 침입이 본격화되었다. 즉 『고려사』의 기록에 의하면 그해에 "왜구가 고성(固成)·죽림(竹林)·거제(巨濟)·합포(合浦)에 들어오자 천호(千戶) 최선(崔禪)·도령(都領) 양관(梁琯) 등이 싸워 이를 쳐부수고 삼백여 명을 죽였다. 왜구(倭寇)의 침입(侵入)이 이때부터 시작되었다"라고 되어 있는 것이다.

이후 1350년만 해도 그해 2월의 침입을 시작으로 4월과 5·6·11월 등 계속적인 침략이 있었다. 이 침략으로 전라도의 순천·남원·구례·장흥 등지와 경상도의 동래군 등이 피해를 입었다. 이 때문에 전라도 진도에서는 백성들이 두려워 살지 못하게 됨으로써 현을 내륙으로 옮기는 사태까지 벌어졌다.

왜구는 공민왕대에 들어오면서 더욱 기승을 부렸다. 1352년(공민왕 원년)에 왜선 50여 척이 합포(合浦, 경남 마산)를 침략한 것을 필두로 하여 1356년(공민왕 5)에는 왜구가 전라도의 조운선(漕運船) 200여 척을 노략질하기도 하였다. 1357년(공민왕 6)에도 왜(倭)가 강화도의 교동(喬桐)까지 침략하였다. 그러나 방어 임무를 맡았던 이운목(李云牧)·이몽고대(李蒙古大)가 겁내어 싸우지 않았는데, 왕은 명을 내려 순군(巡軍)에 가두었다. 그리고 경성(京城, 개성) 일대에 계엄령을 내리기까지 했다. 이제 왜구는 고려의 서울인 개성 근처까지 횡행하게 되었던 것이다.

이렇듯 왜구가 창궐하자 조정에서는 수도를 옮기려는 계획까지 나오게 되었다. 그 천도지로 수원이 거론되기도 했다. 그러나 일부 감찰사(監察司)의 관원들은 반대하였다. 즉 "수원은 좁고 바다에 가까이 있어 왜구가 염려되오며, 맨 처음 홍건적에게 항복하였으니 인심을 보장하기 어렵나이다. 이제 농사일이 바야흐로 바쁜데 어찌 난리를 치른 백성을 사용하여 공역을 일으킬 수 있겠습니까"라고 하였다. 이에 따라 공민왕은 개경에서 멀지 않은 장단(長湍)을 새로운 천도지로 하여 궁궐을 짓고 공민왕 10년 잠시 천도하기도 했다.

왜구의 창궐은 우왕(禑王, 1375~1388)대에 와서 더욱 극심하였다. 1375년(우왕 원년)부터 1388년(우왕 14)까지의 재위기간 동안에 왜구의 침입이 370여 회나 되었던 것이다. 이 왜구는 충청도 지역에도 출몰하였다. 1376년(우왕 2)에 왜가 부여에 침입하여 노략질하다가 공주에까지 이르렀다. 목사(牧使) 김사혁(金斯革)이 정현(鼎峴)에서 싸우다가 패전하여 왜적이 드디어 공주를 함락하였다. 양광도 원수(楊廣道元帥) 박인계(朴仁桂)는 공주의 속현(屬縣)인 회덕의 감무(監務) 서천부(徐天

富)가 구원하러 나가지 않았다는 죄목으로 그를 목 베었다. 왜적이 또 석성(石城, 부여군 석성면)에 침입하여 노략질하고 태조 왕건의 영정을 모셔놓은 연산현(連山縣, 충남 논산군 연산면) 개태사를 공격하였다. 그러자 최영(崔瑩)이 이들의 토벌을 자청하고 나섰다. 그리고 왜구를 부여 홍산(鴻山)에서 크게 격파하였다. 이것이 유명한 홍산대첩(鴻山大捷)이었다.

최영은 1316년(충숙왕 3)에 사헌규정(司憲糾正) 최원직(崔元直)의 아들로 태어났다. 그는 대대로 높은 벼슬을 지낸 철원 최씨 가문 출신이었다. 젊은 시절 그는 아버지가 죽으면서 남긴 "황금 보기를 돌같이 하라"는 유훈을 가슴에 깊이 되새기면서 생활하였다 한다.

1375년에 판삼사사(判三司事, 종1품)에 오른 최영은 극심해진 왜구들의 침략을 격퇴하는 데 온 힘을 기울였다. 그 중 대표적인 것이 바로 바로 현재의 부여군 홍산면에서 있었던 홍산(鴻山) 전투였다.

당시의 상황을 『고려사』를 근거로 보면 다음과 같다. 왜적이 연산 개태사를 도륙하였는데 원수(元帥) 박인계(朴仁桂)는 싸우다 패배해 전사하였다. 최영이 이것을 듣고 토벌을 자청하였는데, 우왕은 최영이 늙었다 하여 만류하였다. 그럼에도 최영은 다음과 같이 말하였다. "보잘 것 없는 왜적이 이와 같이 난폭하니 이제 그를 제압하지 않으면 나중에는 더욱 대처하기 어려울 것입니다. 또 만일 다른 장수를 보내면 확실한 승리를 기대할 수 없을 것이며, 그 휘

| 최영 장군 묘 |

하 군사도 평소에 훈련이 되어 있지 않으니 쓸 수 없습니다. 저는 비록 몸은 늙었지만 뜻은 꺾이지 않았습니다. 오직 종묘와 국가를 편히 하고 왕실을 보위하고자 하옵니다. 곧 휘하를 인솔하고 나가 싸우게 하여 주시기 바랍니다." 최영이 뜻을 굽히지 않고 재삼 요구하였으므로 마침내 우왕은 허락하였다. 국가에 대한 충성과 구국의 일념으로 충만해 있었음을 알 수 있다.

이리하여 최영은 밤낮으로 행군하였다. 이때 왜적은 늙은이와 약한 자를 배에 싣고 곧 돌아가려는 듯한 연막전술을 펼쳤다. 그리고는 몰래 용감한 정예 부대 수백 명을 내지로 깊이 침입시켜 약탈하니 가는 곳마다 수수방관할 뿐, 감히 대적하는 자가 없었다. 홍산(鴻山)에 이르러서도 함부로 살육과 약탈을 감행하여 기세가 대단히 강성하였다. 최영은 양광도 도순문사(楊廣道都巡問使) 최공철(崔公哲)·조전원수(助戰元帥) 강영(康永)·병마사(兵馬使) 박수년(朴壽年) 등과 함께 급히 홍산으로 가서 전투에 앞서 우선 요해처에 의거하였다. 그 곳은 3면이 다 절벽이고 오직 길 하나가 통할 뿐이었다. 모든 장수들은 겁을 먹고 전진하지 못하였다. 이 때 최영이 몸소 부대의 선두에 서서 정예군을 거느리고 돌진하였다. 그의 솔선수범했던 지휘 스타일을 잘 엿볼 수 있는 대목이다.

적은 바람에 풀잎이 쓰러지듯 하였다. 이때 적 1명이 숲 속에 숨어 최영을 쏘아서 입술을 맞혔다. 최영은 유혈이 낭자하였으나 안색은 태연자약하였다. 곧이어 최영은 그 적을 쏘니 시위 소리와 함께 적이 거꾸러졌다. 그런 후에야 맞은 화살을 뽑았다. 최영은 더욱 용감히 싸워 마침내 적을 대파해 포로로 잡거나 살육하였다. 그의 용맹성과 대담성은 이러하였다.

판사 박승길(朴承吉)을 보내 승리를 보고하였더니 우왕이 대단히 기뻐하여 박승길에게 은 50냥을 주고 삼사우사(三司右使) 석문성(石文

成)을 보내 최영에게 의복과 술 및 안마(鞍馬)를 주었다. 또 의사 어백상(魚伯詳)을 시켜 약을 가지고 가서 상처를 치료하게 하였다. 최영이 개선하자 우왕은 재추(宰樞, 재상급에 속하는 고위관료)들에게 명령해 교외에서 맞이하게 하였는데, 그 의식이 중국 사신을 접대하는 때와 비슷할 정도였다.

궁중에 들어가 우왕을 알현하니 왕은 주연을 베풀고 최영에게 물었다. "적의 수효가 얼마던가?"

| 홍산대첩비 |

대답하기를, "그 수효를 정확하게 알 수 없으나 그리 많지 않았습니다"라고 하였다. 또 연회에 참석한 여러 재상들도 물었는데, "적이 만일 많았더라면 이 늙은이는 살아남지 못했을 것입니다"라고 말했다. 겸손의 표현이었다.

우왕은 그의 공로를 인정해 시중(侍中, 지금의 국무총리)으로 임명하려 하였다. 그러나 최영은 굳이 사양하며 말하기를 "시중이 되면 제때에 전선으로 나갈 수 없을 것인바 왜적을 평정한 연후라면 좋을 것입니다"라고 하였다. 그러자 이를 철회하고 철원부원군(鐵原府院君)을 봉하는 정도에 그쳤다. 권력을 탐닉하지 않는 그의 모습에 왕도 감동했으리라.

이때의 전투를 그림으로 그린 '홍산파진도(鴻山破陣圖)'도 있었으나 지금은 전하지 않는다. 대신 부여 홍산에는 이를 기념하기 위한 홍산대첩비가 그의 위용을 전해주고 있을 뿐이다.

참고문헌 ─────────────────────────────────

『고려사』
나종우, 「홍건적과 왜구」, 『한국사』 20, 국사편찬위원회, 1994.
유창규, 「고려말 최영 세력의 형성과 요동공략」, 『역사학보』 143, 1994.
이형우, 「고려 공민왕대의 정치적 추이와 무장세력」, 『군사』 39, 1999.
홍영의, 「최영 -구국의 영웅인가 망국의 책임인가」, 『역사비평』 48, 1999.

참고 사이트

부여문화관광 http://buyeotour.net
부여문화원 http://buyeo.cult21.or.kr
전쟁기념관 https://www.warmemo.or.kr/main.jsp
한국역대인물 종합정보시스템 http://people.aks.ac.kr

24. 회덕 황씨와 미륵원의 중건

고려 말기의 정계는 많은 혼란을 겪게 되었다. 공민왕이 친원파의 사주를 받은 홍륜·최만생 등에 의해 시해를 당하는가 하면 공민왕의 뒤를 이은 우왕이 폐위되고, 그의 아들 창왕이 왕위에 오르는 사태가 벌어지기도 하였다. 이런 와중에서 일부 귀족들이 지방으로 낙향하는 현상이 나타났다. 대전 지역에 정착한 회덕 황씨(懷德 黃氏)도 그러한 예 중의 하나였다.

회덕 황씨의 시조는 황락(黃洛)으로 되어 있으나 중시조인 황윤보(黃允寶) 때부터 가문을 빛내게 되었다. 그는 고려 말에 호부전서(戶部典書, 국가 재정을 맡은 호부의 장관)를 지냈고 좌명공신(佐命功臣)으로 회천군(懷川君)에 봉해진 인물이다. 그는 고려 공민왕 때 신돈(辛旽)의 집권과 강녕대군(江寧大君, 뒤의 禑王)의 책립을 반대하였다. 1374년(공민왕 23)에 이인임(李仁任)이 임견미(林堅味)와 함께 우왕을 세워 정권을 좌우하자 우왕 즉위를 반대하는 상소문을 올리고 회덕으로 낙향한 인물이다. 낙향지로 이곳을 정한 이유에 대해서는 정확히 알 수

| 동구 마산동의 미륵원 터 |

없으나 이미 이전부터 이곳에 터전을 마련하고 있었기 때문이 아닌가 한다. 그는 회덕에 미륵원(彌勒院)을 세우고 지나는 여행객들에게 숙식을 제공하고 있었던 것이다. 그의 후손들인 황연기(黃衍記)·황수(黃粹) 등도 미륵원을 중수하여 선행을 베풀었다.

| 미륵원 복원 정비계획도 |

사실 이 미륵원이 언제 설치되었는지는 기록의 미비로 정확히 알 수가 없다. 다만 고려 후기 회덕 황씨인 황연기(黃衍記, ?~1352)가 이를 중건하였다는 기록이 있을 뿐이다. 황연기의 부친이 바로 황윤보인 점으로 미루어 처음 미륵원을 창건한 것은 황윤보로 추정된다. 그가 이 지역에 관심을 갖기 시작하면서 미륵원을 설립한 것으로 보아야 할 것이다. 이곳은 고려시대에는 주안향(周安鄉)이 있던 곳이요, 지금의 대전광역시 동구 마산동 일대이다.

황윤보의 아들 황연기는 1332년(충숙왕 복위 원년)에 아버지가 창건했던 미륵원을 중건하였다. 목은 이색(李穡)이 쓴 「회덕현 미륵원남루기(懷德縣 彌勒院南樓記)」에는 그가 미륵원을 중건하여 "매년 겨울마다 여행하는 자들에게 편의를 베풀어주었다"라고 되어 있다. 이 미륵원은 황연기의 아들 황수(黃粹) 형제에 의해 다시 한 번 중수되었다. 즉 그는 미륵원을 중수하면서 그 앞에 따로 남루(南樓)를 만들고 우물을 파서 여름에 지나는 여행자들에게 더위를 식히고 시원한 물을 마실 수 있게 해

| 복원된 미륵원 남루 |

주었던 것이다. 이러한 선행에 대해 이색은 『목은문고(牧隱文稿)』에서 "베푸는 일을 좋아하는 것은 어진 사람의 제일 장한 일이다. 집이 있어서 비바람을 가리고 누각이 있어서 더위를 피할 수 있다. 탕(湯)을 제공하여 얼은 창자를 녹게 하며 나물로 입맛을 도와주니 여행자들이 황씨의 혜택을 받음이 많도다. 황씨 부자는 사랑과 효도, 우애와 공손을 다하여 사람들에게 베품을 이와 같이 하니 이는 마땅히 사관(史官)이 기록할 일이다"라고 평하고 있다.

조선조에 들어와 황수의 아들인 황자후(黃子厚, 1363~1440)는 다시 한 번 이 미륵원을 중수하였다. 미륵원을 확장하여 동쪽과 서쪽에 방을 더 늘려 남자와 여자의 거처를 따로 마련해 주었던 것이다.

이처럼 미륵원은 현재의 대전광역시 동구 마산동에 있었던 고려시대의 사설 여관이었다. 고려시대의 원(院)은 원래 공적인 임무를 띄고 지방에 파견되는 관리나 상인 등 공무 여행자에게 숙식 편의를 제공하던 공공여관을 말한다. 흔히 역(驛)과 함께 사용되기도 하였는데 이는 역 부근에 설치되었기 때문이다. 따라서 역원(驛院)이라 합칭되기도 하였다. 당시 미륵원은 경상도 지방의 성주에서 황간, 영동, 옥천, 증약을 거쳐 문의, 청주, 천안으로 통하는 길목에 있었다. 따라서 이곳을 지나는

여행자들에게 숙식을 제공하던 곳이었음을 알 수 있다.

그러면 왜 이름을 미륵원이라 했을까. 그것은 원의 설치 동기나 당시의 사상 구조 속에서 이해할 수 있다. 원이 언제부터 왜 설치되었는지에 대해서는 확실치 않다. 그러나 이미 삼국시대 때부터 우역(郵驛)을 설치했다는 기록으로 미루어 이때부터 존재했다고 보아야 할 것이다. 지방통치를 강화하고 외교적으로 손님을 접대하기 위해서였다. 즉 유교 서적인『주례(周禮)』에 입각한 손님의 접대가 그 목적이었다. 한편 불교 사상도 이 역원 설치의 사상적 기반이 되었다. 불교의 사회 복지 및 포교활동 등에서 원이 설치된 사상적 기반을 찾을 수 있다.

미륵원의 설치 동기 또한 불교에서 찾을 수 있다. 미륵사상에 근거한 것이었다. 미륵은 원래 실존 인물로써 싯다르타[석가모니]와 함께 수행하였는데, 법력은 그가 싯다르타보다 높았다 한다. 그러나 그는 일찍 죽어 석가모니보다 먼저 도솔천에 올라갔다. 지상에 남은 석가모니는 득도한 후 중생들을 깨우치고자 여기저기를 다니면서 도를 설법하였다. 그리하여 중생들이 불교에 귀의하게 되었다. 그러나 부처님의 말씀만으로 온 세상이 불국토(佛國土)가 되는 것은 불가능하였다. 이때 도솔천에서 중생을 교화하기 위해 고민하고 있던 미륵 부처님이 석가모니 부처님 입멸 후 56억 7천만 년이 지나 인간의 수명이 차츰 늘어 8만 세가 될 때에 용화수 나무 아래 내려와 3회 설법을 하면 272억 인이 교화를 받아 진정한 불국토가 이루어진다는 것이 미륵 사상이었다.

그런데 미륵신앙은 미륵상생신앙과 미륵하생신앙으로 구분될 수 있다. 미륵상생신앙은 미륵보살을 열심히 믿고 선행과 함께 덕을 닦으면 죽을 때 미륵 부처님이 계시는 도솔천에 올라가 그를 만날 수 있으며, 미륵이 지상에 내려와 설법을 할 때 제일 먼저 그 말씀을 듣고 득도할 수 있다는 것이다. 미륵하생신앙은 사회가 혼란하고 중생들이 너무 힘들게 되면 56억 7천만 년을 기다릴 수 없으니 빨리 내려와 살기 좋은 불국토를 만들어 달라고 기원하는 사상이다. 이 사상에 근거하여 자신을 미륵불이라 칭하는 사람들이 나타나게 되었으니 신라 말기의 궁예(弓裔)나 고려 말기의 이금(伊金) 등이 그들이다. 이렇게 볼 때 미륵원의 창건은 미륵상생신앙에 의한 것이었음을 알 수 있다. 즉 미륵원을 설치하여 지나가는 여행자들에게 무료로 숙식을 제공하면서 선행을 하면 죽은 후 도솔천에 갈 수 있다는 사상에 근거한 것이었다.

이 같은 회덕 황씨 일가의 미륵원을 통한 선행은 오늘날도 많은 사람들이 본받아야 할 점이다. 또한 이를 계승하여 봉사활동에 적극 참여하고 가난한 사람들의 복지에 힘써야 할 것이다. 있는 사람들이 없는 사람들을 위해 봉사하고 헌신해야 한다는 "노블레스 오블레제(nobless oblige)"의 정신을 잘 보여준 예라 하겠다.

참고문헌 ─────────────────────────────────

김삼룡, 『미륵불』, 대원사, 1991.
한기범, 「대전의 인물, 황자후」, 『대전문화』2, 1994.
최근묵, 『후덕지풍의 상징 미륵원』, 『대전문화』12, 2003.
최근묵 외, 『미륵원의 역사와 회덕 황씨』, 회덕황씨 종친회 · 한남대 충청학연구소, 2007.
대전대 건축문화연구소, 『미륵원복원정비 기본계획』, 미륵원복원정비추진위원회, 2009.

참고 사이트

국가관광정보지원시스템 http://tourinfo.tour.go.kr
대전관광포털 http://www.daejeon.go.kr/dj2009/tour/index.action
대전광역시 향토사료관 http://museum.daejeon.go.kr/history

25. 고려의 멸망과 목은 이색

충남 서천에 가면 한산면이 있다. '한산(韓山)' 하면 생각나는 것은 바로 '모시' 이다. 그 섬세하고 하얀 모시의 품격은 비단에도 결코 뒤지지 않는다. 술을 좋아하는 사람들은 소위 '앉은뱅이 술' 이라 일컬어지는 한산 소곡주를 떠올릴 것이다. 소곡주는 원래 백제 왕실에서 즐겨 마시던 술로 백제가 멸망하자 그 유민들이 이 술을 마시며 망국의 한을 달랬다 한다. 그러나 소곡주 외에도 한산에는 고려의 멸망 과정에서 많은 한을 간직한 목은(牧隱) 이색(李穡)이란 유명한 인물이 있었다.

| 모시풀인 저마 |

그는 한산 이씨로 1328년(충숙왕 15)에 외가인 경북 영해(寧海, 경북 영

덕)에서 태어났다. 그의 아버지는 가정(稼亭) 이곡(李穀)이었다. 이곡은 이제현의 문인으로 원나라의 과거 시험에 합격하여 그 곳에서 벼슬 생활을 하였던 인물이다. 그러나 당시 고려가 원나라에 바치는 공녀(貢女)의 실상을 보고 이의 중지를 건의하여 수락 받은 바도 있었다. 그 글에 의하면 "공녀로 선발되면 그 부모와 친척들이 한 곳에 모여 통곡하는 소리가 밤낮으로 그치지 않으며 드디어 국경 밖으로 보내게 되면 옷자락을 끌어당기며 엎어져 길을 가로 막고 고래고래 소리 지르면서 통곡한다. 그 중에는 분함을 이기지 못하여 우물에 빠져 죽은 자가 있는가 하면 목을 매어 죽는 자도 있다. 또 기가 막혀 기절하는 자가 있는가 하면 피눈물을 쏟고 실명하는 자도 있다"라고 하여 당시 공녀 징발의 참상을 잘 소개하고 있다.

외가에서 태어난 이색은 두 살 때 부모를 따라 고향인 한산으로 돌아왔다. 여섯 살 때 아버지 이곡이 원나라에 건너갔으므로 그는 주로 어머니의 가르침을 받으며 자랐다. 그는 8세 때부터 산중의 여러 절을 다니며 공부하였다. 처음에는 고향인 한산의 숭정산에서 공부하였고, 이어 14세 때에는 강화도 교동의 화개산에서 공부한 후 16세 때에는 개경에 들어와 최충(崔沖)이 창건한 9재학당(九齋學堂, 학문에 따라 9개의 반으로 나누어 배우던 사설학원)에 들어가 공부하였다. 당시 그는 각촉부시(刻燭賦詩)에서 번번이 1등을 하였다. 각촉부시란 초에 금을 그어 놓고 촛불이 그 금에 타들어갈 때 까지 시를 지어 바치고 이를 평가하여 등수를 매기는 일종의 시 짓기 대회였다. 이 대회에서 첫해에는 1등을 4, 5회 했고 다음 해에는 20여 회나 1등을 했다고 그는 자술하고 있다.

19세 때에 성균관에서 주재하는 시험에 1등으로 합격하고 안동 권씨 권중달의 딸과 혼인하였다. 21세 때에는 원나라로 유학의 길을 떠났다. 그가 유학길에 오른 것은 여러 요인이 있겠지만 아버지 이곡의 권유가 가장 컸던 것 같다. 이곡은 아들 이색에게 일찍이 학문을 권하는 시를 보낸 바 있는데 거기에는 이렇게 씌여 있었다.

사내로 태어난 보람은 제왕이 있는 서울에서 벼슬하는 것이지만
나라에 몸 바침은 고생 없이는 안되는 것이라
공자는 태산에 올라 천하를 작다 했으니
큰 곳과 높은 곳에 몸을 두었으면 좋겠다

이 시로 미루어 볼 때 남자는 큰물에서 놀아야 한다는 그의 생각을
엿볼 수 있다.

그는 원나라에서 국립대학에 해당하는 국자감(國子監)의 생원(生員)
이 되었다. 거기서 중국의 역사책과 유교 경전을 읽으면서 학문적 식견
을 넓히고 정이(程頤)와 주희(朱熹)의 성리학(性理學)에 심취하기도 했
다. 이때 잠시 고려에 들렀던 아버지가 돌아가시자 그 역시 돌아와 3년
상을 치르게 되었다. 상중에도 그는 당시 막 왕위에 올랐던 공민왕을
위해 시정개혁에 관한 몇 가지 상소를 올렸다. 토지제도의 개혁과 왜구
에 대한 대책, 교육의 진흥, 불교 폐단의 개혁 등이 그 골자였다.

26세 때인 1353년(공민왕 2)에 그는 지방관이 주재하는 향시(鄕試)에
1등으로 합격하였고, 또 원이 설치한 정동행성에서 주관하는 시험에도
응시하여 1등을 하였다. 당시 고려인으로서 원의 과거시험에 합격한다
는 것은 매우 어려운 일이었고, 그만큼 영예로운 것이었다. 그 즈음 고
려 출신으로 황후의 자리에까지 오른 기황후(奇皇后)의 아들이 태자가
되어 그 책봉식이 있게 되었다. 이색은 이때 서장관(書狀官)의 자격으
로 다시 원에 가게 되었다. 얼마 후 원에서 그는 황제가 직접 주관하는
전시(殿試)에 2등으로 합격하였다.

과거에 급제한 이색은 원의 관직을 받았으나, 1354년(공민왕 3)에 뜻
한 바가 있어 고려로 귀국하였다. 공민왕은 그의 명성을 듣고 단번에 5

품관에 해당하는 전리정랑 겸 예문검교(典理正郎兼藝文檢校) 벼슬을 주었다. 이후 그가 주로 봉직했던 관부는 춘추관(春秋館)과 예문관(藝文館), 밀직사(密直司)와 성균관(成均館)이었다. 춘추관은 역사를 편찬하는 곳이고, 예문관은 왕의 비서실과 같은 곳으로 왕의 교서나 외교 문서 등을 작성하는 곳이었다. 밀직사는 국왕을 호위하고 군정의 기밀을 장악한 기관이었으며, 성균관은 유학 교육을 맡은 일종의 국립대학이었다. 이로 미루어 그의 학문적 식견과 공민왕의 총애를 엿볼 수 있다.

그는 온 정성을 다하여 공민왕을 보필하였다. 그렇다 하여 그가 관직만을 탐한 것은 아니었다. 옳은 일일 때에는 왕의 비위를 거스르면서까지 몸을 사리지 않았다. 1365년(공민왕 14)에 왕비였던 노국대장공주가 죽자 공민왕은 화려한 영전(影殿)을 짓고자 하였다. 자신이 직접 그린 노국공주의 초상을 안치하고자 함이었다. 그러나 당시 시중(侍中, 국무총리에 해당)직에 있던 유탁(柳濯)이 이를 반대하였다. 왕은 크게 성내어 그를 하옥하고, 죽이려고까지 하였다. 그러자 이색이 나서 이를 변호하여 석방케 한 적도 있었다.

47세 때인 1374년(공민왕 23)에 공민왕이 비참하게 죽자 그도 충격을 받아 병이 들어 8년간이나 산과 강으로 요양을 다녀야 했다. 공민왕의 뒤를 이어 왕위에 오른 우왕은 다시 이색을 조정에 불러 도와줄 것을 청하였다. 우왕의 부름에 응해 관직 생활을 하던 중 1388년(우왕 14), 새롭게 흥기한 명(明)이 철령 이북의 땅을 환수하고자 철령위(鐵嶺衛) 설치를 통보해 왔다. 이에 대한 대책을 둘러싸고 강경파와 온건파가 대립하였는데, 당시 판삼사사(判三司事)의 벼슬에 있던 이색은 주화론(主和論)을 주장하였다. 그러나 최영을 비롯한 강경파의 의견에 따라 요동정벌이 단행되었다. 정벌을 떠났던 이성계가 위화도에서 회군함으로써 우왕이 폐위되고 후계자 문제가 논의되었다. 이성계(李成桂)는 왕씨 종실의 먼 일가인 요(瑤)를 세우려 했고, 조민수(曺敏修)는 우의 아들 창

(昌)을 세우려 하였다. 이때 원로대신이었던 이색은 조민수의 편을 들어 창왕이 왕위에 오르게 되었다. 이것이 후일 이성계 파의 탄압을 받는 화근이 되었다.

그러나 창왕이 즉위한 지 2년도 채 안되어 이성계 일파는 우왕과 창왕이 왕씨가 아니고 신돈의 자식이라는 우창신씨설(禑昌辛氏說)을 내세워 창왕마저 폐위하였다. 그리고는 원래 세우려 했던 요를 내세워 1389년 공양왕으로 옹립하였다. 이성계 일파는 이색을 극렬하게 탄핵하였다. 이

| 이색 신도비 |

때부터 그의 유배생활이 시작되었다. 경기도 장단, 충청도 청주, 경북 함창, 전남 장흥 등이 그의 유배지였다. 그러다 65세 때인 1392년, 이성계가 조선의 태조로 왕위에 오르자 비로소 고향인 한산으로 돌아오게 되었다. 그 사이 장남인 종덕은 병으로 죽고 차남인 종학은 귀양 갔다가 이방원(李芳遠)이 보낸 밀사에게 살해당하

| 목은 이색 묘소 |

| 이색 묘소의 문인석 |

였다. 삼남인 종선만은 귀양살이에서 풀려나 조선에서도 관직 생활을 하였다.

그 후 이색은 인생의 허무함을 달래며 경기도 여주와 강릉 오대산을 돌아다녔다. 1395년 이성계와 상면한 후, 이듬해 경기도 여주로 피서를 가다 배 안에서 사망했다. 일설에는 정도전(鄭道傳)이 이성계의 명으로 하사한 술을 마시고 죽었다 한다.

그는 고려의 멸망과 함께 한 많은 일생을 마감했으나 그의 학문과 정신은 후손들에게 귀감이 되었던 것 같다. 사육신(死六臣)의 하나인 이개(李塏)나 모든 학문에 통달하였으며 백성들을 위해 봉사했던 토정(土亭) 이지함(李之菡)도 그의 후손이었으니 말이다. 모시옷을 입고 소곡주에 취하더라도 이색의 학문과 정신세계를 한번쯤은 되새겨 봐야 하지 않을까.

참고문헌

이은순, 「이색 연구」, 『이대사원』4, 1962.
유승광, 『서천·서천 사람들』, 분지, 1997.
신천식, 『목은 이색의 학문과 학맥』, 일조각, 1998.
도현철, 『고려말 사대부의 정치사상연구』, 일조각, 1999.
고혜령, 「이곡의 활동과 사상」, 『고려 후기 사대부와 성리학 수용』, 일조각, 2001.
도현철, 「이색의 성리학적 역사관과 공양춘추전」, 『역사학보』185, 2005.

참고 사이트

대전광역시 향토사료관 http://museum.daejeon.go.kr/history
서천군문화관광 http://tour.seocheon.go.kr
한국역대인물 종합정보시스템 http://people.aks.ac.kr

26. 사원의 구조와 그 의미

　대전 충남 지역에는 현재 많은 사원이 분포하고 있다. 그 중에서도 '춘마곡 추갑사(春麻谷 秋甲寺)' 라는 말이 있듯이 마곡사와 갑사는 유명한 절이다. 이 외에도 예산의 수덕사, 부여 무량사와 같은 이름 있는 사원들이 있다.

　창건한 지가 오래 된 고찰들이지만 각 시대의 주요 인물들과의 인연으로도 유명하다. 갑사는 통일신라시대 의상이 창건한 화엄십찰(華嚴十刹)중의 하나로 유명하며, 무량사는 생육신의 하나였던 김시습이 머물다 죽은 인연이 있다. 또 마곡사는 김구 선생이 일본군을 피해 승려가 되어 숨어 있던 곳이며, 수덕사는 유학파 신여성인 일엽 스님과 화가 나혜석 등이 머무른 인연이 있다.

　원래 절을 뜻하는 '사(寺)' 라는 한자는 관청을 뜻하는 '시(寺)' 에서 왔다. 즉 중국 한(漢)나라 때에 인도에서 승려들이 오자 원래 외국 사신들을 접대하는 관청인 홍로시(鴻盧寺)에 머물게 했는데 여기에 기원하여 이후 승려들이 머무르는 곳을 'ㅇㅇ寺' 라 하게 되었던 것이다. 그러

| 갑사 대웅전 |

| 갑사 대적전 |

| 갑사 일주문 |

| 갑사 사천왕문 |

| 갑사 사천왕 |

| 마곡사 대웅보전 |

| 마곡사 해탈문 |

| 마곡사 천왕문 |

| 마곡사 남방증장천왕 |

| 마곡사 동방지국천왕 |

| 마곡사 북방다문천왕 |

| 마곡사 서방광목천왕 |

나 절에서는 승려들만 머무는 것이 아니고 때로는 여행자들이나 나그네들도 묵는 경우가 많았다. 그리하여 여행자 숙소를 뜻하는 '원(院)'과 결합하여 '사원(寺院)'이라고도 하게 되었다.

그러나 사원의 본래 기능은 승려들이 부처의 경지에 도달하기 위해 수행하는 장소이다. 따라서 스님들은 물론 이곳을 참배하는 사람들도 사찰의 구조와 그 의미를 알아야 할 필요가 있다. 먼저 사찰 경내에 들어가기 위해서는 일주문(一柱門), 천왕문(天王門)을 거쳐 해탈문(解脫門)을 지나야 부처님이 모셔져 있는 본격적인 수행 장소인 전각에 도달하게 된다. 때로는 일주문과 천왕문 사이에 금강문(金剛門)을 배치해 놓기도 한다.

일주문은 양쪽에 기둥이 하나씩만 있다 하여 붙여진 이름이다. 이 문을 지나면서부터는 모든 잡념을 버리고 마음을 하나로 해야 한다는 의미에서 양쪽에 기둥을 하나씩만 두었다. 보통 이 일주문 위에는 "○○山 ○○寺"라는 현판이 붙어 있다. 예컨대 "泰華山 麻谷寺" "德崇山 修德寺" 등이 그것이다. 따라서 일주문을 지나면서는 수행도량으로 들어가는 마음가짐으로 경건한 자세를 유지해야 한다.

그러나 모든 일이 그렇듯이 자기 뜻대로 되지 않는다. 자꾸 잡념이 생기고 잡귀들이 따라 붙게 마련이다. 이에 힘이 세며 금강석으로 만든 몽둥이를 들고 있는 금강역사(金剛力士)가 잡념과 잡귀들을 쫓아내고 부수어 준다. 이 금강역사를 모신 곳이 바로 금강문이다. 금강역사는 보통 둘인데 입을 벌리고 있는 '아금강역사'와 입을 굳게 다물고 있는 '훔금강역사'가 있다.

큰 잡귀들은 물리쳤지만 요사한 잡귀들이 보이지 않게 우리 마음속으로 기어들어 오려 한다. 그러나 이들은 사천왕의 발밑에서 죽어간다. 사방을 지키는 4명의 천왕들이 각종 기물들을 손에 들고 잡귀들을 제압해주는 것이다. 4천왕은 원래 고대 인도의 전통적인 신들로 귀신들의 왕이었다. 그러나 부처님께 귀의하여 불법을 지켜 주는 수호신이 되었다. 보통 왼손에는 칼을 들고 오른손에는 보석을 손에 올려놓고 있는 형상을 취하고 있는 동방의 지국천왕(持國天王)이 있고, 왼손에는 보탑을 받들고 있으며 오른손에는 삼지창을 들고 있는 서방의 광목천왕(廣目天王)이 있다. 또 왼손에는 여의주를 들고 오른손에는 용을 움켜쥐고 있는 남방의 증장천왕(增長天王)이 있으며, 왼손으로 비파를 잡고 오른손으로 줄을 튕기는 모습을 한 북방의 다문천왕(多聞天王)이 있다.

이들의 도움을 받아 모든 잡념을 없애고 경내에 들어오게 되면 모든 고통과 잡념을 풀어헤치고[解] 고통으로부터 벗어나게 되어[脫] 해탈의 경지에 이르게 된다. 모든 것이 무(無)이며 공(空)이라는 것을 깨닫게 된다. 해탈문을 지나게 되는 것이다. 해탈의 경지에 오르면 모든 것이 둘이 아니고 하나라는 것을 깨닫게 된다. 선과 악이 둘이 아니고 부자와 가난한 자도 결국은 하나이며 남자와 여자도 결국 같은 인간이라는 것을 깨닫게 된다. 따라서 해탈문은 둘이 아님을 깨닫게 된다는 뜻에서 '불이문(不二門)' 이라 하기도 한다.

해탈문에 들어오게 되면 해탈의 기쁨을 맛보게 해주신 부처님들께 감사의 경배를 드려야 한다. 각 전각에 모셔져 있는 부처님들을 참배해야 하는 것이다. 제일 먼저 부처님의 진신 사리와 다름없는 불탑을 향해 참배하고 석가모니 부처님을 모셔놓은 대웅전(大雄殿)을 참배한다. 석가모니야 말로 세상에서 제일 위대한[大] 영웅이니[雄] 이를 모셔놓은 전각을 대웅전이라 하는 것은 당연한 일이다. 석가모니 부처님의 손 모습은 갖가지 형태로 표현되어 있다. 먼저 수행할 때 참선하는 모습으로 두 손을 가부좌 위에 맞대고 있는 선정인(禪定印), 보리수 아래에서 온갖 마귀들의 유혹을 물리치고 해탈할 때 왼손으로는 지긋이 가부좌 위의 마귀를 누르고 오른손으로는 땅에 대고 있는 모습을 한 항마촉지인(降魔觸地印), 깨달음을 얻은 후 설법할 때 중생들에게 두려워하지 말고 믿음을 가지라는 뜻으로 왼손은 아래로 늘어뜨리고 오른손은 손바닥을 펴 위로 들어 올리고 있는 시무외인(施無畏印) 등의 모습을 하고 있다.

불법을 형상화한 비로자나불에게도 참배를 해야 한다. 비로자나불은 한 손의 검지를 위로 들고 있으며 이를 다른 손으로 감싸 쥔 형태의 모습을 하고 있다. 불쌍한 중생들을 불법으로 감싸 안은 모습이다. 이 비로자나불을 모셔놓은 전각은 비로전(毘盧殿)이라 한다. 또 불법은 아주 고요한 가운데에서도 빛을 발한다는 뜻에서 대적광전(大寂光殿) 또는 무량광전(無量光殿)이라고도 한다.

아미타불에게도 감사의 예배를 해야 한다. 아미타불은 선정인의 손가락 모습을 하거나 한손은 들고 한손은 늘어뜨리면서도 두 손가락을 맞대어 원의 형상을 하고 있는 것이 특징이다. 이 아미타불은 서방정토의 극락세계를 관장하고 있어 이를 모신 전각은 아미타전(阿彌他殿) 또는 극락전(極樂殿)이라 한다. 또 아미타불은 헤아릴 수 없는 수명을 갖고 있다 하여 무량수불(無量壽佛)이라고도 하는데 이에 따라 아미타전을 무량수전이라고도 한다.

이 외에도 부처님의 진신 사리를 모신 적멸보궁(寂滅寶宮), 부처님의 제자들을 모신 응진전(應眞殿) 또는 나한전(羅漢殿), 약사여래를 모신 약사전(藥師殿), 하늘에 있다가 용화수 아래 내려와 3번 설법하여 불국토를 이룩한다는 미륵불을 모신 미륵전(彌勒殿, 용화전이라고도 함) 등이 있다.

이렇듯 각종 전각에 참배한 이후에는 자신이 깨달은 바를 많은 중생들에게 전파하여야 한다. 종을 쳐서 땅 속에 있는 동물이나 벌레들에게 불법을 들려주고, 북을 두드려 육지에 사는 중생들을 깨닫게 하며, 목어(木魚)를 두드려 물속에 사는 여러 중생들을 구제한다. 또 운판(雲板)을 쳐서 공중을 날고 있는 중생들에게 불법을 전파해야 한다. 따라서 사원에서는 이 4가지 물건 즉 범종, 법고[북], 목어, 운판을 4물이라 하여 한 곳에 잘 보관하고 있다.

우리는 이러한 사원의 구조와 의미를 깨달아 수행 도량을 방문하거나 참배할 때 마음가짐을 올바로 해야 할 것이다. 나아가 무와 공의 의미를 체득하여 세상을 밝히는데도 앞장서야 할 것이다.

참고문헌 ───

김현준, 『사찰, 그 속에 깃든 의미』, 교보문고, 1991.
홍윤식, 『한국의 가람』, 민족사, 1997.
한국역사연구회 편, 『역사문화수첩』, 역민사, 2000.
이병희, 『고려시기 사원경제 연구』, 경인문화사, 2009.

참고 사이트

고려대장경연구소 http://www.sutra.re.kr
대전관광포털 http://www.daejeon.go.kr/dj2009/tour/index.action
대전광역시향토사료관 http://museum.daejeon.go.kr/history
전국사찰관광종합정보 http://www.koreatemple.net

IV. 조선

27. 이성계의 계룡산 천도

 고려 말 홍건적과 왜구의 침입은 정국의 혼란과 더불어 천도 논의를 불러 일으켰다. 고려의 수도 개경이 서북쪽의 해안가에 위치하여 외적의 침략에 노출되어 있었기 때문이었다. 그러나 개경 귀족들의 반대로 천도는 논의에 그치고 실행에는 옮겨지지 못하였다. 그러다가 역성혁명(易姓革命)으로 이성계가 왕위에 오르면서 다시 한번 천도 논의가 크게 일어났다. 그 과정에서 계룡산으로의 천도가 시도되었다.

 과전법(科田法) 체제로 경제적 기반을 마련한 바 있던 이성계는 1392년 7월 수창궁에서 왕위에 즉위하여 새로운 왕조를 개창하였다. 의흥친군위(義興親軍衛)를 설치하여 군사권을 장악한 그는 관제 개혁을 함과 동시에 명에 사신을 파견하여 자신의 즉위를 인정받았다. 한편 국호는 처음 '고려'를 그대로 썼으나 명의 요구에 따라 '조선(朝鮮)'과 '화령(和寧)' 두 개를 올렸는데 결국 태조 2년(1393)에 '조선'으로 정해졌다. 조선은 단군조선에서 취한 것이고, 화령은 이성계의 고향인 영흥의 옛 지명이었다.

| 신도 안에 남아 있는 석조 구조물 |

이제 국호도 새로 정했으니 다음 과제는 신도(新都)의 문제였다. '새 술은 새 부대에 담아야 한다'는 생각이었다. 또 개경은 고려의 귀족들이 자리를 틀고 있는 곳이므로 여기를 떠나야 새로운 정치를 펼 수 있었다고 생각하였다. 그는 즉위한 지 한 달도 안 되어 최고 관청인 도평의사사(都評議使司)에 한양으로의 천도를 명하였다. 그리고는 삼사우복야(三司右僕射) 이염(李恬)을 한양에 보내 기존의 궁실을 수리하도록 하였다. 그러나 시중(侍中) 배극렴(裵克廉)과 조준(趙浚) 등이 여기에 제동을 걸고 나섰다. 궁실과 성곽을 완비한 후에 천도해도 늦지 않다고 건의하였다. 이는 사실상 한양 천도를 연기하여 무산시켜보자는 생각 때문이었다. 또 곧바로 겨울이 닥쳐와 공사를 하기도 어려웠으므로 한양 천도는 이루어지지 않았다.

한양 천도 실패 후 계룡산으로의 천도가 논의되었다. 이는 권중화(權仲和)로부터 시작되었다. 발단은 이성계의 태실(胎室)을 어디에 설치하느냐하는 것이었다. 태실은 태를 보관하는 일종의 함으로 이를 어디에 두느냐에 따라 그 사람의 미래 운명이 결정되는 것으로 생각하였다. 따라서 태실의 위치를 정하는 것은 중요한 문제였다. 이 책임을 맡은 인물이 바로 태실증고사(胎室證考使) 권중화였다. 그는 임무를 띠고 전국을 돌아다니다 돌아와 보고하였다. "전라도 진동현(珍同縣)에서 길지를 찾았습니다"라고 하면서 이곳의 산수 형세도를 바쳤다. 이에 따라 이성계의 태실은 여기에 안치되었다. 진동현은 지금의 충남 금산군 진산면을 말하는데 예전에는 여기가 전라도에 속해 있었다. 지금은 충남 금산군 추부면 마전리에 이성계의 태실이 위치해 있다.

이와 함께 권중화는 새로운 도읍지 물색의 임무도 부여받았던 것 같다. 그리하여 그는 계룡산의 도읍후보지 지도도 함께 이성계에게 바

| 충남 금산군 이성계 태실 |

쳤다. 이를 본 이성계는 마음을 정하고 지세를 직접 보고자 하여 계룡산으로의 행차를 명하였다. 1393년(태조 2) 1월 19일 드디어 이성계가 개경을 출발하였다. 여기에는 영삼사사(領三司事) 안종원(安宗源), 우시중(右侍中) 김사형(金士衡), 참찬문하부사(參贊門下府事) 이지란(李之蘭), 판중추원사(判中樞院事) 남은(南誾) 등이 동행하였다. 이틀 후 그는 회암사에 들러 왕사(王師)인 승려 자초(自超)도 함께 동행하게 하였다.

그런데 얼마 지나지 않아 계룡산 남행을 중지해 달라는 건의가 들어왔다. 즉 2월 1일 지중추원사(知中樞院事) 정요(鄭曜)가 대신들의 회의체인 도평의사사(都評議使司)의 건의문을 들고 와 남행을 중지할 것을 건의하였다. 이유는 이성계의 아내인 현비(顯妃)가 병이 났으며, 황해도와 평안도에 초적(草賊)이 출몰하여 개경이 위험하다는 것이었다. 이에 이성계는 말하였다. "도읍을 옮기는 일은 세가대족(世家大族)들이 모두 싫어하는 일로 이를 구실삼아 중지시키려는 것이다. 재상들은 송경(松京, 개경)에 오래 살아서 천도를 즐겨하지 않으니 천도가 어찌 그들의 본뜻이겠는가"라고 하며 불편한 심기를 감추지 않았다.

그러자 시종하고 있던 남은이 나서 자신들은 그렇지 않으며, 초적의 무리는 본인들이 칠 것이므로 남행을 계속하라고 하였다. 이성계가 다시 대답하였다. "도읍을 옮기는 일은 경들도 역시 하고 싶지 않을 것이다. 예로부터 왕조가 바뀌고 천명(天命)을 받는 군주는 반드시 도읍을 옮기게 마련인데, 지금 내가 계룡산을 급히 보고자 하는 것은 내 자신 때에 친히 새 도읍을 정하고자 하기 때문이다. 내가 비록 선대의 뜻을 계승하여 도읍을 옮기려고 하나 대신이 이를 저지시킨다면 내가 어찌 이 일을 하겠는가" 하면서 개경으로 어가(御駕)를 돌리게 하였다. 남은 등은 당황하여 이민도(李敏道)로 하여금 점을 치게 하였다. 그리고는 "현비의 병환도 반드시 나을 것이요, 초적도 또한 염려할 것이 없다 합니다"라고 하였다. 이에 이성계는 마음을 다시 하여 남행을 계속하였다.

이성계 일행은 청주를 거쳐 2월 8일 드디어 계룡산 밑에 당도하였다. 이튿날에 이성계는 여러 신하들을 거느리고 새 도읍의 산수(山水)와 지세(地勢)를 관찰하였다. 그리고서 삼사 우복야(三司右僕射) 성석린(成石璘)·상의문하부사(商議門下府事) 김주(金湊)·정당 문학(政堂文學) 이염(李恬)에게 명하여 조운(漕運)의 편리하고 편리하지 않은 것과 노정(路程)의 험난하고 평탄한 것을 살피게 하고, 또 의안백(義安伯) 이화(李和)와 남은에게 명하여 성곽을 축조할 지세를 살피게 하였다. 2월 10일에는 삼사좌복야 영서운관사(三司左僕射領書雲觀事) 권중화가 새 도읍의 종묘와 사직, 궁전·조시(朝市)를 만들 지도를 바쳤다. 이에 서운관(書雲觀)의 풍수학인(風水學人) 이양달(李陽達)·배상충(裵尙忠) 등에게 명하여 지면의 형세를 살펴보게 하고, 판내시부사(判內侍府事) 김사행(金師幸)에게 명하여 먹줄[繩]로써 땅을 측량하게 하였다. 2월 11일, 어가(御駕)가 새 도읍의 중심인 높은 언덕에 올라가서 지세를 두루 관람하고 왕사 자초에게 물으니, 자초는 대답하였다. "저는 잘 알 수가 없습니다." 선뜻 내키지 않는 듯한 태도였다.

2월 13일, 계룡산에 머무른 지 5일 만에 이성계는 환궁길에 올랐다. 김주(金湊)와 동지중추(同知中樞) 박영충(朴永忠)·전 밀직(密直) 최칠석(崔七夕) 등은 그곳에 남겨 두고 새 도읍의 건설을 감독하게 하였다. 이성계 일행은 청주와 회암사, 경기도 장단(長湍)을 거쳐 2월 27일에 개경에 당도하였다. 개경을 떠난 지 38일간의 일정이 소요되었다.

이후 신도의 건설은 계속되었는데 농사철이 되자 백성들의 불만이 터져 나온 것 같다. 그리하여 3월 8일, 신도(新都) 건설에 참여한 백성들의 조세를 면제해 주었다. 3월 24일에는 계룡산 신도의 기내(畿內)를 정하였는데 주현(州縣)·부곡(部曲)·향(鄉)·소(所)가 모두 81곳이었다. 공사는 예정대로 잘 진행된 것 같다. 같은 해 11월 29일에 김주(金湊)를 계룡산의 새 도읍에 보내 공사의 진척 상황을 살피게 하고 있기 때문이다.

그런데 뜻밖의 사건으로 신도 건설은 중단되었다. 경기 좌·우도 도관찰사(京畿左右道都觀察使) 하륜(河崙)의 상언(上言) 때문이었다. 그의 말은 이러했다. "도읍은 마땅히 나라의 중앙에 있어야 될 것이온데, 계룡산은 지대가 남쪽에 치우쳐서 동면·서면·북면과는 서로 멀리 떨어져 있습니다. 또 신(臣)이 일찍이 신의 아버지를 장사하면서 풍수(風水) 관계의 여러 서적을 대강 열람했사온데, 지금 들건대 계룡산의 땅은, 산은 건방(乾方, 서북)에서 오고 물은 손방(巽方, 동남쪽)에서 흘러간다 하오니, 이것은 송(宋)나라 호순신(胡舜臣)이 이른 바 '물이 장생(長生)을 격파하여 쇠퇴와 패망이 곧 닥치는 땅'이므로 도읍을 건설하는 데는 적당하지 못합니다." 이성계는 이 말을 듣고 산수의 형세를 다시 살피게 하고는 대장군 심효생(沈孝生)을 보내어 계룡산에 가서 새 도읍의 역사(役事)를 그만두게 하였다. 이로써 새로운 천도 후보지가 물색되고 결국 한양으로의 천도가 이루어지게 되었다.

사실 계룡산 천도 문제의 결과는 풍수지리에 의한 것이 아니었다. 계룡산을 천거한 권중화보다는 하륜의 영향력이 컸기 때문이었다. 더욱이 경기도 관찰사였던 하륜이 자신의 관할 구역에 신도를 건설하고자 함이었다. 신도의 건설은 중단되었지만 지금 신도안에는 군의 수뇌부가 존재하고 있으니 예나 지금이나 중요 지역이었음에는 틀림없다.

참고문헌 ───────────────────────────

『조선왕조실록』
정종수, 「계룡산의 도참·풍수지리적 고찰」, 『계룡산지』, 충청남도, 1994.
최승희, 「개국초 왕권의 강화와 국정운영체계」, 『한국사』 22, 국사편찬위원회, 1995.
이길구, 『계룡산』, 대문사, 1997.
성봉현, 「조선초기 계룡산 천도와 한양천도」, 『충남도지』 6, 충남역사문화연구원, 2008.
윤용혁, 「1393년 신도안 건도사업에 대하여」, 『충청 역사문화연구』, 서경문화사, 2009.

참고 사이트

공주시문화관광 http://tour.gongju.go.kr
계룡문화관광 http://tour.chungnam.net
느낌여행충남 http://tour.chungnam.net
디지털공주문화대전 http://gongju.grandculture.net
역사스페셜 http://www.kbs.co.kr/history

28. 세조의 집권과 박팽년

조선 역시 왕조 초기에는 왕위 계승이 순탄치 않았다. 태종(太宗) 이방원(李芳遠)이 왕위에 오르는 과정에서도 2차에 걸친 왕자의 난으로 많은 사람들이 피해를 당하였다. 태종의 후계자도 장자가 되지 못하고, 셋째 왕자인 충녕대군(忠寧大君)이 왕위에 올랐다. 그가 곧 세종(世宗)이었다. 세종이 세상을 떠나자 그의 아들 문종(文宗)이 왕위에 올랐다. 그러나 병약했던 문종은 2년 3개월 만에 죽고 12살의 세자가 그 뒤를 이었으니 그가 곧 비운의 단종(端宗)이었다. 생전에 문종은 대신 황보인(皇甫仁)·김종서(金宗瑞) 등과 집현전(集賢殿) 학사들에게 어린 세자를 잘 보필해 줄 것을 부탁했다.

그러나 집현전 학사들과 김종서·황보인 등의 대신들은 정치적 입장이 서로 달랐다. 집현전 학사들은 경연관(經筵官)으로서 왕과 직접 대면하여 학문을 토론할 수는 있었지만 정치에 크게 관여할 수 없었다. 여기에 불만을 품은 학사들은 집현전을 떠나 출세가 보장되는 대간(臺諫), 정조(政曹)로 옮기려 하였다. 이러한 시도는 세종의 강경한 태도로 쉽지 않았지만, 문종이 즉위하면서 집현전 학사들이 대간과 같은 요직에 대거 발탁되었다.

하지만 문종이 일찍 죽고 단종이 즉위하자 세력을 잡은 김종서 · 황보인 등은 집현전 학사 출신들의 출세에 장애가 되었다. 그래서 그들은 왕실의 권한회복을 꿈꾸던 수양대군(首陽大君)을 도와 김종서 · 황보인의 제거에 협조하였다. 그것은 정난공신(靖難功臣)이나 좌익공신(佐翼功臣)에 집현전 학사 출신들의 비중이 컸던 것에서 알 수 있다. 정난공신은 단종 원년 10월 수양대군이 김종서 · 황보인 등 당시의 의정부(議政府) 대신들을 제거한 직후 책봉한 것인데, 문과급제자 12명 가운데 8명이 집현전 학사 출신이었다. 성삼문(成三問)을 비롯하여 권람(權擥) · 박중손(朴仲孫) · 신숙주(申叔舟) · 이계전(李季甸) · 이사철(李思哲) · 정인지(鄭麟趾) · 최항(崔恒) 등이 포함되었다. 좌익공신은 세조가 왕위에 오른 직후 원년 9월에 즉위를 도와준 인물들을 책봉한 것인데 여기에도 집현전 학사출신이 7명이나 되었다.

물론 여기에는 집현전 학사들을 이용하여 자신의 집권을 합리화하려는 세조의 의도도 크게 작용했을 것이다. 집현전 학사 출신을 비롯한 유신들을 공신으로 책봉하여 왕권을 효과적으로 강화하고 자신의 위치를 확고히 하고자 하였던 것이다. 따라서 집현전 학사들이 진정으로 세조의 즉위에 협조했는지는 의문의 여지가 남아있다.

상황이 이렇게 되자, 집현전 학사들은 자신들이 이용만 당하고 말 것이라는 생각을 갖게 되었다. 그리고 왕권 강화를 꿈꾸는 세조 밑에서 그들의 입지는 약화될 수밖에 없었다. 이리하여 들고 나온 것이 명분과 선왕의 부탁이었다. 한번 신하가 됐으면 그 왕을 끝까지 모셔야 하는 것이 유교의 의리이며 명분이었다. 소위 '불사이군(不事二君)' 이었다. 또 신하된 입장에서 선왕인 문종의 유지를 끝까지 받들어야 한다는 것을 내세웠다.

그리하여 성삼문을 비롯한 박팽년(朴彭年)·이개(李塏)·하위지(河緯地)·유성원(柳誠源) 등의 집현전 학사들과 무인이었던 성승(成勝)·유응부(兪應孚)·김질(金礩), 그리

| 홍성의 성삼문 유허지 |

고 단종의 외숙 권자신(權自愼) 등은 상왕(上王, 단종)을 복위시킬 기회를 엿보고 있었다. 1456년(세조 2) 6월에 세조가 세자와 같이 명나라에서 온 사절을 창덕궁에서 맞기로 하였는데, 성삼문 등은 성승·유응부로 하여금 별운검(別雲劍, 왕이 행차할 때 옆에서 칼을 들고 호위하는 무관)이 되게 하여 세조와 세자를 없애기로 하였다. 또 앞장서서 세조의 즉위를 도운 신숙주도 살해하기로 하였다. 그러나 거사가 있을 것을 눈치 챈 한명회(韓明澮)는 "광연전[창덕궁 내에 있는 집]이 좁고 더우니 세자와 운검을 들이는 것은 그만두는 것이 좋겠습니다"라고 하여 세조는 이를 받아들였다.

이것을 모르고 칼을 들고 입장하려던 성승은 한명회의 저지를 받자 먼저 그를 살해하려 하였으나 삼문의 만류로 그만두었다. 유응부 또한 이 소식을 듣고 거사는 미루면 안 된다고 말하면서 단신 돌입하여 거사를 수행하려 하였다. 그러나 집현전 학사들의 만류로 후일을 도모하기로 하였다. 신숙주를 죽이려던 윤영손(尹鈴孫)도 이 소식을 듣고 철수하였다. 이렇듯 거사가 연기되자 이 모의가 누설될까 두려워한 김질은 장인 정창손(鄭昌孫)을 찾아가 사실을 고하였다. 정창손은 이를 세조에게 고함으로써 거사에 가담한 자는 모조리 붙잡혔다.

모진 고문 끝에 성삼문을 비롯한 거사자들은 형장으로 끌려가 이슬처럼 사라져 갔다. 그 중에는 현 대전 출신의 박팽년도 포함되어 있었다. 그는 순천 박씨로 자는 인수(仁叟), 호는 취금헌(醉琴軒)이었다. 형조판서 박중림(朴仲林)의 아들이었다. 1434년(세종 16)에 알성문과(謁聖文科)에 을과로 급제, 성삼문과 함께 집현전 학사로서 여러 가지 편찬사업에 종사하여 세종의 총애를 받았다. 1438년(세종 20), 세종은 그에게 학문연구에 전념하도록 '사가독서(賜暇讀書)'란 특별 휴가를 주기도 했다. 1453년(단종 1)에 우승지(右承旨)를 거쳐 이듬해 형조참판(刑曹參判)이 되었다. 이처럼 그는 세종의 유명을 받아 황보인, 김종서 등과 함께 문종을 보필하였다. 1455년(세조 1)에 세조가 즉위하자 그는 충청도관찰사로 나갔다. 이듬해 형조참판으로 있으면서 성삼문·하위지·이개·유성원·유응부·김질 등과 함께 단종복위를 도모하다가 김질의 밀고로 탄로되어 체포되었다.

그는 그의 재능을 아끼는 세조의 회유도 끝내 거절하고 심한 고문으로 옥중에서 죽었으며, 아버지와 동생 대년(大年), 아들 3형제도 사형당하였다. 그 뒤 과천의 민절서원(愍節書院)과 홍주(洪州)의 노운서원(魯雲書院) 등 여러 서원에 제향 되었다가 숙종 때 복권되었으며, 영조(英祖) 때 이조판서(吏曹判書)가 추증되었다. 또 충성스럽고 바르게 살았다는 뜻으로 '충정(忠正)'이란 시호를 받았다. 묘는 서울 노량진 사육신묘역에 있다.

그가 잡혀 취조를 당할 때 세조는 그의 재주를 아껴 비밀리에 사람을 보내 그를 회유하였다. 그러나 이를 거절하자 세조는 그를 불러 놓고 호통을 쳤다. "네가 이미 자신을 나의 '신(臣)'이라 칭해 놓고 지금 와서 신하를 칭하지 않으니 이치에 맞는 말인가?" 이에 박팽년은 단호하게 말하였다. "나는 상왕의 신하이지 당신의 신하라 칭한 적이 없소. 충청감사로 있을 때 당신에게 올린 문서에도 결코 '신'이라 칭한 적이 없

| 대전 동구의 박팽년 유허비각 |

| 박팽년 유허비 |

었소.” 세조는 사람을 시켜 문서들을 조사해 보니 과연 ‘신’ 자는 하나
도 없었다 한다. 그의 절개를 가히 알만한 부분이다.

또 그는 자신의 심정을 다음과 같은 시로 읊기도 했다.

까마귀 눈비 맞아 희난듯 검노메라
야광명월(夜光明月)이 밤인들 어두우랴
님 향한 일편단심이야 변할 줄이 있으랴

여기서 까마귀는 세조에게 아부하는 세력들을 가리킨다. 까마귀가
눈비를 맞아 잠시 흰 것처럼 보이지만 금방 검은 색깔을 드러낼 수밖에
없다. 빛나는 밝은 달은 밤이 와도 빛을 잃지 않고 더욱 빛나는 것임을
말하고 있다. 세조의 위협 속에서도 굴하지 않는 자신을 표현한 것이
다. 또 단종에 대한 충성심은 변하지 않을 것이라 다짐하고 있는 것이
다. 의리와 충의의 정신을 엿볼 수 있는 시조이다.

사육신은 다 멸문의 화[滅門之禍]를 면치 못하였는데 박팽년 한 분만

후손이 남아 있다. 당시에는 역적모의를 한 자는 삼족(三族 : 친가, 외가, 처가)을 죽이게 되어 있었다. 따라서 사육신의 삼족은 모두 처형을 당했다. 따라서 박팽년의 둘째 아들인 박순도 처형되었으나, 그의 아내 성주 이씨는 노비가 되어 대구 지역의 관비가 되었다.

당시 박팽년의 부인인 성주 이씨는 임신 중이었는데, 사내아이를 낳으면 죽이고 딸을 낳으면 관청의 노비가 되도록 되어 있었다. 때마침 부인의 종도 임신 중이었는데 부인은 아들을 낳고, 종은 딸을 낳자 바꾸어서 길렀다. 그 후 1472년(성종 3), 부인의 아들이 성장하여 17세 되던 해에 조정에 자수하였고, 조정은 그를 특별히 사면시켜 주었기 때문이었다.

그는 갔지만 그의 발자취는 지금도 생생히 남아 있다. 대전광역시 동구 가양동에는 그가 살던 집터가 남아 있고 유허비가 쓸쓸히 빈자리를 지키고 있다.

참고문헌

『조선왕조실록』
최승희, 『조선초기 언관 · 언론 연구』, 서울대 출판부, 1976.
정두희, 『조선초기 정치지배세력 연구』, 일조각, 1983.
대전직할시, 『한밭인물지』, 대전직할시사편찬위원회, 1993.
대전동구문화원, 『박팽년의 생애와 사상』, 1998.

참고 사이트

느낌여행충남 http://tour.chungnam.net
대전광역시향토사료관 http://museum.daejeon.go.kr/history
대전동구문화원 http://www.dgcc.or.kr
충주관광포털사이트 http://www.cj100.net/tour

29. 임진왜란과 금산 전투

　16세기에 접어들면서 조선은 내부적인 혼란에 휩싸이게 되었다. 연산군(燕山君)대부터 시작된 4대 사화(士禍)로 정국은 어수선하였다. 또 선조 초년부터 시작된 동·서 분당의 당쟁으로 지배체제가 크게 흔들렸다. 당시 조선의 위정자들은 급변해 가는 국제정세를 제대로 파악하지 못하고 오직 명나라와의 사대관계에 의지한 채 정쟁과 권력싸움으로 일관하던 중 일본의 침입을 맞았다.

　당시 일본은 16세기 전반기에 전국의 다이묘(大名)들이 서로 할거하는 전국(戰國)시대가 연출되었으나 후반기에 접어들면서 오다 노부나가(織田信長)의 뒤를 이어 도요토미 히데요시(豊臣秀吉)가 등장하여 통일 사업을 마무리지어가고 있었다. 도요토미 히데요시는 일본을 통일한 여세를 몰아 명나라까지도 차지하려 하였다. 전국시대의 혼란기를 수습하고 난 후 봉건영주들의 관심을 해외로 돌리려는 목적도 있었다. 그리하여 명나라를 정벌하기 위해 길을 빌려달라는 '정명가도(征明假道)'의 명분으로 조선을 침략하였다.

임진왜란(壬辰倭亂)이 일어나자 조선은 속수무책이었다. 신립(申砬) 장군에 의한 충주 탄금대 전투가 패배하면서 순식간에 도성이 함락되고 선조는 의주까지 피난을 가야 했다. 그러나 얼마 안가 왜군은 곤경에 빠지게 되었다. 각지에서 일어난 의병들의 봉기와 이순신 휘하에 있는 조선 수군의 활약으로 인하여 왜적의 진격로와 수송로가 차단되었기 때문이었다.

전국 각지에서 일어난 의병은 자발적으로 부대를 조직하여 향토의 방어에 앞장섰다. 전직 관료와 사림(士林), 그리고 고승(高僧)들이 분연히 일어나 농민들이 주축을 이룬 의병(義兵)을 지휘하였다. 의병의 장점은 그 지역의 지리에 익숙하여 지역에 실정에 맞는 전술을 수립할 수 있다는 점이었다. 그 중에서 명성을 떨쳤던 의병장은 평안도의 서산대사 휴정(休靜), 함경도의 정문부(鄭文孚), 경기도의 김천일(金千鎰), 경상도 의령의 곽재우(郭再祐), 충청도의 조헌(趙憲), 전라도의 고경명(高敬命), 강원도의 사명대사 유정(惟政) 스님 등이었다.

이들 의병은 독자적인 작전을 수행하기도 했고, 관군의 일원으로 참여하여 활약을 하기도 했다. 충남 지역에서도 관군과 의병의 활약이 있

| 이치대첩비 |

| 이치전투 전적비 |

었다. 권율(權慄)·황진(黃進)의 이치대첩(梨峙大捷)과 조헌을 비롯한 칠백 의사의 활약이 그것이다. 특히 육상으로 올라왔던 왜적이 전라도 지방에 들어오지 못한 것은 이치대첩 때문이었다. '이치'는 현 충남 금산군 진산면에서 전북 완주군 운주면으로 넘어가는 고개를 말한다. 이 고개는 대둔산을 넘어가는 고개로 전라도로 진출할 수 있는 길목이었다. 일찍이 호남에서 의병을 일으킨 고경명은 금산에 주둔해 있는 왜군을 공격하다 전사한 바 있었다. 반면 금산군수 권종(權悰)을 죽이고 금산을 점령하였던 왜군은 고경명의 의병을 물리친 후 곧 바로 전주로 직행하려 하였다.

고경명의 뒤를 이어 군사를 이끌고 온 사람은 권율(權慄) 장군이었다. 그가 거느린 부대는 1,500여 명 가량이었다. 물론 여기에는 의병도 포함되어 있었다. 그는 이치에 주둔하면서 목책이나 여장(女墻, 성 위에 낮게 쌓은 담)과 같은 방어 시설을 구축하고 적을 맞이하였다. 그는 전투에 앞서 부하들에게 말하였다. "오늘의 전투는 진격만 있을 뿐 후퇴는 있을 수 없다. 또 죽음만 있고 삶은 없다"라고 비장한 각오를 말하였다. 권율과 함께 이 전투에서 큰 활약을 한 인물은 황진이었다. 그는 당시 전라도 동복 현감이었는데 이 전투의 선봉장이 되었다.

| 권율장군 이치대첩비 |

이때 권율은 황진에게 말하였다. "양호(兩湖, 전라 좌도와 우도를 말함)의 존망과 국가의 안위가 이 일전에 달렸다. 만약 이번에 소탕하지 않으면 왜적들이 다시 호남을 넘볼 것이다. 선봉의 역할은 그대가 아니면 가하지 않은 것 같다." 그러자 황진은 기꺼이 수락하면서 말했다. "모름지

| 황진장군이치대첩비 |

기 신하된 자가 몸을 바치고 명령을 따라야 할 이 때에 뜨거운 물이나 불이라도 사양할 수 있겠습니까. 하물며 선봉은 진실로 제가 원하던 바입니다. 원컨대 장군께서는 믿어 의심치 마십시오."

전투가 개시되자 황진은 자신의 말처럼 전력을 다해 적과 싸웠다. 그는 이미 그 휘하의 공시억(孔時億), 위대기(魏大器) 등과 이 전투에서 순국할 것을 결의한 바 있었다. 그는 다리에 총을 맞으면서도 쉴 새 없이 활을 쏘아 적을 거꾸러뜨렸다. 그러나 조총으로 무장한 적은 계속 진격을 가해왔다. 결국 황진은 조총을 머리에 맞고 쓰러졌다.

황진이 쓰러지자 이를 틈탄 왜군은 성채 안으로 진격해 들어왔다. 그러자 권율은 스스로 선봉장이 되어 전쟁을 독려하였다. 아군도 오히려 성채를 넘어 성난 파도처럼 밀고 나갔다. 왜군은 수많은 사상자를 남긴 채 금산쪽으로 도주하였다. 그러자 이번에는 진산 쪽 골짜기에 매복하고 있던 권승경(權升慶) 부대가 적을 기습하였다. 혼비백산한 왜적은 금산성으로 도망쳐 들어갔다.

당시의 전투 상황을 『만취당실기(晚翠堂實紀)』 「임진사적(壬辰事蹟)」에서는 다음과 같이 기술하고 있다. "양군은 육박전으로 진시(辰時, 오전 8시)부터 신시(申時, 오후 4시)까지 격전을 치렀다. 오래도록 승부가 결판나지 않았으며 황진이 총에 맞아 물러나자 공[권율]이 스스로 선봉이 되어 분연히 몸을 떨치고 호령하니 아군이 모두 사력을 다하였다. 신시부터 유시(酉時, 오후 6시)까지 적이 조금 물러났다. 아군이

용기를 내어 진격하니 한 명이 백 명을 당해내지 못하는 자가 없었다. 전황은 비탈을 달려 내려가는 형세였으며 옥상에서 물동이로 물을 쏟아 붓는 형국이었다. 적의 무너짐이 바람에 날리는 비와 같았으며 패하여 달아남이 양이나 돼지와 같았다. 긴 골짜기를 따라 30리에 이르기까지 적을 쫓아 섬멸하였다. 이에 적병 수만이 거의 다 패하여 죽었다." 이 같은 이치대첩의 승리로 왜적은 전라도로 진출하지 못하여 군량을 본국에서 수송

| 칠백의총 |

| 칠백의사 순의비각 |

해 와야 하는 처지가 되었다.

한편 금산으로 도망하여 주둔하고 있던 왜군은 의병장 조헌 부대와 다시 한 번 일전을 벌여야 했다. 이미 청주성 전투에서 승리한 바 있던 조헌은 전라감사 겸 순찰사였던 권율에게 금산성 협공을 제의한 후 승병장 영규(靈圭)와 함께 공주에서 유성을 거쳐 금산에 이르렀다. 그러나 기다리던 관군은 오지 않았다.

그것은 충청감사 윤선각(尹先覺)의 행동과 관련이 있지 않나 한다. 조헌은 전에 윤선각이 경내의 방어에만 힘쓰고 왕을 위한 행동이 없음

을 비판한 적이 있었다. 그러자 윤선각은 조헌이 거느린 의병을 공주로 오게 하여 의병을 관군에 편입하고 자신의 지휘를 받도록 하였다. 이를 거부한 조헌은 독자적인 행동에 나서 금산성 공격을 감행한 것이었다. 이를 못마땅하게 여긴 윤선각이 권율에게 조헌을 독선적인 인물이라 비난했을 가능성이 있는 것이다. 후속부대가 없는 것을 눈치 챈 왜군은 조헌을 비롯한 7백 의사들을 야간에 기습하였다. 조헌 부대는 전력을 다해 싸웠으나 중과부적이었다. 그들은 결국 현 충남 금산군 금성면에 있는 '칠백의총(七百義塚)'의 주인공이 되고 말았다. 그러나 그들의 충의(忠義) 정신은 지금도 생생히 우리의 심금을 울리고 있다.

참고문헌

최영희, 「임진왜란, 금산의 전적지 칠백의총」, 『아름다운 금산』, 금산군, 1995.
최영희 외, 『임진왜란과 이치대첩』, 충남대 백제연구소, 1999.
김상기, 「임진왜란기 권율의 이치대첩」, 『충남사학』12, 충남대학교, 2000.
조원래, 『새로운 관점의 임진왜란사 연구』, 아세아문화사, 2005.
곽호제, 「왜란과 충남」, 『충청남도지』6, 충남도지편찬위원회, 2008.

참고 사이트

국방과학연구소 http://www.add.re.kr
금산군 문화관광포털 http://tour.geumsan.go.kr
느낌여행충남 http://tour.chungnam.net
문화재청 칠백의총관리소 http://700.cha.go.kr
역사스페셜 http://www.kbs.co.kr/history
옥천문화원 http://www.okcc.or.kr
21세기군사연구소 http://www.military.co.kr
한국군사문제연구원 http://www.kima.re.kr
한국역대인물 종합정보시스템 http://people.aks.ac.kr

30. 이순신과 현충사

임진왜란에서 왜군을 격퇴하고 우리의 피해를 최소화시킬 수 있었던 것은 이순신(李舜臣)의 지휘 하에 있던 조선 수군의 활약 덕분이기도 했다. 조선수군이 승리한 요인은 판옥선(板屋船)을 중심으로 한 함대의 우수성, 대형화기 사용에 의한 함포의 우위 등을 들 수 있다. 그러나 무엇보다도 위와 같은 조건과 지형지세를 잘 이용한 이순신의 탁월한 전략을 들 수 있다. 따라서 이순신은 우리 국민의 영웅으로서 추앙받아 '성웅 이순신'이라 일컫고 있기도 하다. 그가 주로 자란 곳은 바로 충남 아산군 염치면 백암리였다.

이순신은 덕수 이씨로 아버지는 이정(李貞)이며 어머니는 초계(草溪) 변씨(卞氏)였다. 그는 1545년(인종 원년)에 서울의 건천동(乾川洞)에서 태어났다. 그의 형제는 희신·요신·우신 등 4형제였는데, '신(臣)'자 돌림에 중국 고대의 황제인 복희(伏羲)·요(堯)·순(舜)·우(禹)에서 따다 이름을 지었다. 그는 어린 시절을 서울에서 보냈으나 외가가 있는 충남 아산으로 이사하여 살았다. 이사한 시기에 대해서는 8

| 이순신 고택 |

세 때라는 설도 있고 16세 때라는 설도 있다. 10세 전후인 것은 틀림없다.

그의 생애는 큰 형인 이희신의 아들 이분(李芬)이 쓴 행장을 통해 엿볼 수 있다. 이에 의하면 그는 어렸을 때부터 전쟁놀이를 자주 하였는데 많은 아이들이 항상 이순신을 장수로 떠받들곤 했다 한다. 글공부도 하였으나 활쏘기와 말타기를 더 잘해 동료들 중에 그를 따를 사람이 없었다 한다. 1572년, 28세 되던 해에 훈련원(訓練院) 별과(別科)라는 무과시험에 응시하였으나 말에서 떨어져 발을 다치기도 하였다.

그러다가 선조 9년(1576)에 이르러 식년 무과에 병과로 급제하여 관직 생활을 시작하였다. 그러나 그의 초기 관직생활은 순탄치 않았다. 조산보만호 겸 녹도둔전사의(造山堡萬戶 兼 鹿島屯田事宜) 시절에 호인(胡人)의 침입에 패했기 때문에 백의종군(白衣從軍)이라는 벌을 받았다. 43세 때인 1587년의 일이었다. 그러나 이것은 억울한 일이었다. 녹둔도는 두만강 하구에 있던 섬으로 수비병이 적어 상관인 이일(李鎰)에게 병력의 증강을 요구하였지만 번번이 묵살되었던 것이다.

그 뒤 전라도 관찰사 이광(李洸)에게 발탁되어 전라도의 조방장(助防將)·선전관(宣傳官) 등을 역임했다. 그리고 1589년, 정읍현감으로 있을 때에 서애 유성룡(柳成龍)의 추천으로 고사리첨사(高沙里僉使), 절충장군(折衝將軍), 만호첨사(萬戶僉使), 진도군수 등을 거쳐 마침내 47세에 전라좌도 수군절도사가 되었다. 임진왜란이 발발하기 1년 전인

1591년의 일이었다.

이때부터 그는 곧 왜군의 침입이 있을 것을 예견하고 전선을 제조하는 등 군비를 확충하여 만일의 사태에 대비하였다. 특히 그가 만든 거북선은 배 위에 뚜껑을 덮어 적의 화살이나 총탄을 막을 수 있게 하였고, 그 위에 송곳을 꽂아 적의 접근을 막도록 하였다. 그리고 배 좌우에는 포구를 만들어 아군이 자유롭게 공격할 수 있도록 고안된 배였다. 또 군량의 확보를 위해 여러 섬에 둔전을 둘 것을 조정에 요청하기도 하였다.

그러던 1592년 4월 14일, 왜군의 침입을 받게 되었고, 이순신은 이틀 뒤에 그 소식을 접했다. 그는 우선 전황을 면밀히 검토하고 난 후, 5월 4일 전선 24척, 협선(狹船) 15척, 포작선(鮑作船) 46척, 도합 85척의 대선단을 거느리고 출정하였다. 한산도 앞바다에 이르러 경상우수사 원균(元均)의 선단과 연합한 그는 옥포에 적선 30여 척이 정박하여 있다는 소식을 듣고 공격을 개시하였다. 불의의 기습을 당한 적은 26척의 배를 잃었고 인명피해도 많았다. 이 싸움이 바로 옥포대첩(玉浦大捷)으로 이순신이 활약한 첫 번째 해전(海戰)이었다.

첫 싸움에 크게 승리한 그는 전라우수사 이억기(李億祺)와도 연합함대를 구성하여 여러 번의 큰 전과를 올렸다. 사천·당포·당항포·한산도·부산포·웅천 등지에서 주요 해전이 있었다. 이 가운데 사천의 해전에서는 왜적의 조총탄을 맞아 어깨를 뚫리는 부상을 입기도 하였으나 연전연승하여 육지에서의 패전을 만회하는 데 큰 기여를 했다.

이순신의 활약으로 조선군은 해상권을 완전히 장악하였고 해상으로 북진하여 육군과 연합하려던 왜군의 작전이 수포로 돌아갔다. 또 곡창지대인 전라도 지역이 온전하게 지켜졌을 뿐만 아니라 보급로가 차단되어 왜의 육군이 제대로 진공할 수 없었다. 유성룡도 『징비록(懲毖錄)』에서 "적은 본래 수군과 육군이 합세하여 서북쪽을 치려하였다. 그러나 이순신이 한산도해전으로 적의 한 팔을 꺾었기 때문에 고니시가 비록 평양을 얻었으나 군세가 고립되어 더 나아가지 못하였다"라고 적고 있다.

이러한 전공으로 이순신은 1593년(선조 26) 8월, 3도수군통제사(三道水軍統制使)가 되었다. 당시 그의 나이 49세, 무인생활을 시작한 지 17년 만에 무인으로서는 최고 직위에 올랐다. 그 때는 한산도(閑山島)로 진을 옮긴 뒤였다. 밤 늦게까지 수루(戍樓)에 앉아 있던 이순신은 외로운 마음을 달래며 다음과 같은 시를 읊기도 했다.

한산섬 달 밝은 밤에 수루(戍樓)에 홀로 앉아
큰 칼 옆에 차고 깊은 시름 하는 차에
어디서 일성호(一聲號) 가는 소리 남의 애를 끊나니

이순신의 활약으로 작전의 차질을 빚은 왜군은 명나라가 원군을 조선에 파견하자 더욱 곤경에 처했다. 전쟁은 소강상태가 되었고 명나라와 일본과의 강화회담이 진행되면서 왜군은 물러갔다. 그러나 1597년, 명·일 사이의 강화회담이 결렬되고 왜군은 재차 침입하였는데, 이것이 곧 정유재란이다.

이때 이순신은 왜의 첩자 요시라(要時羅)의 간계로 모함을 받아 서울로 압송되어 사형을 받게 되어 있었다. 그러나 정탁(鄭琢)의 상소로 사면되어 권율장군 휘하에서 백의종군하였다. 한편 이순신 대신 삼도수군통제사에 임명된 원균은 칠천량해전(漆川梁海戰)에서 적의 유인전술에 휘말려 대부분의 선박을 잃고 자신도 전사하였다. 병력도 거의 전멸하다시피 하였다. 원균이 참패하자 이순신은 삼도수군통제사에 다시 임명되었다. 그는 불과 13척의 함선과 빈약한 병력을 거느리고 명량해전(鳴梁海戰)에서 133척의 왜군과 대결하여 적선 31척을 부수는 대전과를 거두었다.

1598년 적선 500여 척이 철수하기 위해 노량에 집결하자 명나라 제독 진린(陳璘)의 수군과 연합하여 왜적과 교전 중 12월 16일 새벽 적탄에 맞아 전사했다. 그의 나이 54세 때였다.

| 이순신 묘소 전경 |

그는 난이 끝나고 6년이 경과한 1604년(선조 37) 권율·원균과 함께 선무 1등 공신(宣武一等功臣)에 봉하여졌으며 덕풍부원군(德豊府院君)에 추봉되고, 뒤에 좌의정·우의정이 더해졌다. 묘는 현충사(顯忠祠)에서 9km 떨어진 충청남도 아산군 음봉면 어라산에 있으며, 정조(正祖)의 어제 신도비(御製神道碑)도 세워졌다. 충무의 충렬사(忠烈祠), 순천 여수의 충민사(忠愍祠), 아산의 현충사 등에 제향되어 있다. 현충사는 1704년(숙종

| 이순신 영정 |

30)에 아산지방 유생들이 숙종에게 사당건립을 상소하여 1706년에 사당이 건립되고, 이듬해 '현충사'라는 현판을 하사받아 탄생하였다. 지금 현충사에는 그의 고택과 사당이 있으며 관련 유물이 전시되어 있다.

그는 애국심과 충성심, 불의와 타협하지 않는 정의감을 가지고 있었으며 지극한 효성심도 갖추고 있었다. 특히 전술 전략에 뛰어난 지장

| 현충사 사당 |

(智將)이었다. 해전사 연구가이며 이순신을 연구한 발라드(Ballard)도 이순신의 전략과 전술을 극찬하며 그를 영국의 넬슨(Nelson) 제독과 같은 사람이라 하였다. 지금도 일본 해군사관학교에서는 적장이었던 이순신의 전략을 주요 과목 중 하나로 채택하고 있다고 한다.

참고문헌

남천우, 『이순신』, 역사비평사, 1994.
국사편찬위원회, 『한국사』, 탐구당, 1995.
현충사관리사무소, 『충무공 이순신과 현충사』, 1999.
순천향대학교 이순신 연구소, 『이순신연구』창간호, 2003.
한영우, 『다시 찾는 우리 역사』, 경세원, 2009.

참고 사이트

국방과학연구소 http://www.add.re.kr
광주 문화관광포털 http://utour.gwangju.go.kr
느낌여행충남 http://tour.chungnam.net
아산문화관광 http://www.asan.go.kr/culture
아산문화재단 http://culture.asan.go.kr
역사스페셜 http://www.kbs.co.kr/history
21세기군사연구소 http://www.military.co.kr
전쟁기념관 https://www.warmemo.or.kr/main.jsp
한국군사문제연구원 http://www.kima.re.kr
한국역대인물 종합정보시스템 http://people.aks.ac.kr
현충사관리소 http://www.hcs.go.kr

31. 조선 예학과 김장생

조선의 건국이념은 유학이며 성리학이었다. 그러나 같은 성리학을 연구했다 해도 그 연구태도나 정치적 성향에 따라 파가 달랐다. 그에 따라 조선 전기에는 향촌에 묻혀 있던 사림(士林) 세력이 이미 정계에 포진되어 있던 훈구 세력과 갈등을 일으켜 4대 사화(士禍)로 많은 피해를 입었다. 이에 정계의 벼슬을 단념하고 지방에 은둔하여 학문 연구에 몰두하는 퇴행적인 정치 분위기가 조성되기도 하였다. 이후 붕당 정치의 활성화로 사림들이 많이 정계에 등장하였지만 붕당정치의 폐단과 임진왜란의 피해 등으로 여전히 향촌에 묻혀 지내는 학자들이 적지 않았다. 이들을 일명 '산림(山林)'이라 부르기도 하였다.

그러한 인물은 충청도에도 있었으니 그 대표적 인물이 사계 김장생 (金長生, 1548~1631)이었다. 그는 이이(李珥)와 송익필(宋翼弼)의 문인으로 일찍이 과거를 포기하고 고향인 충남 연산에서 학문에 정진하고 있었다. 기호학파(畿湖學派)의 정통 학맥을 이은 것이었다. 그러다가 1578년(선조 11)에 유일(遺逸)로서 천거되어 창릉참봉(昌陵參奉)에 임명되고, 임진왜란 중에는 정산현감(定山縣監)으로 있으면서 피난 온 사대부들을 구휼하였다. 1596년에 호조정랑(戶曹正郎)이 되어 남하하는 명(明)나라 원군의 군량조달을 담당하기도 하였다.

임진왜란이 끝난 후인 선조 말과 광해군대에는 주로 지방관을 역임하여 단양(丹陽)·남양(南陽)·양근(楊根)·안성(安城)·익산(益山)·철원(鐵圓) 등을 맡아 다스렸다. 철원부사로 재직한 1613년(광해군 5)에는 서얼(庶孽)들이 일으킨 역모사건인 계축화옥(癸丑禍獄)에 연루되어 처벌의 위기를 맞았으나 무혐의로 풀려났다. 이후 인목대비(仁穆大妃) 폐모논의(廢母論議)가 일어나고 북인이 득세하는 속에서 더 이상의 관직을 포기, 연산으로 낙향하여 10여 년 간 은거하면서 예학 연구와 후진 양성에 몰두하였다.

1623년(인조 1)에 인조반정(仁祖反正)이 성공하자 반정 공신들은 산림들을 숭배하여 등용한다는 '숭용산림(崇用山林)'의 정책을 내걸었다. 그리고 산림들만이 차지할 수 있는 직책을 신설하였다. 인조도 이 정책에 적극 동조하였다. 이에 따라 인조반정의 주역인 김류(金瑬)와 이귀(李貴)에 의해 김장생이 천거되어 성균관의 사업(司業)에 임명되었다. 그러나 병으로 사양하였다. 이후에도 조정에서는 계속 사람을 보내 여러 관직을 제수했으나, 번번이 사양하고 나아가지 않았다. 1627년에 정묘호란(丁卯胡亂)이 일어났을 때는 노령임에도 양호호소사(兩湖號召使)의 직함으로 의병을 모집하고 흩어진 민심을 수습하는 데 앞장섰다.

인조가 자신의 생부인 정원군(定遠君)을 정식 국왕으로 추존하려는 추숭논의(追崇論議)가 일어나자, 그것이 불가함을 강력히 주장하였다. 그에 찬동한 이귀·최명길(崔鳴吉) 등은 물론 인조와도 갈등이 있었다. 그럼에도 불구하고 인조는 1630년, 그를 가의대부(嘉義大夫)로 임명하여 그의 출사를 간곡히 요청하였다. 그러나 그는 향리에 머물면서 제자들의

강학에만 열중하면
서 노년을 마쳤다.

그의 제자들은 아
들이자 학문의 정통
을 이은 김집(金集)을
비롯해 송시열(宋時
烈)·송준길(宋浚吉)
·이유태(李惟泰)·
강석기(姜碩期)·장
유(張維)·이후원(李
厚源)·신민일(申敏
一) 등 후일 서인과
노론계의 대표적 인
물들은 거의 망라되
어 있다. 김장생과
김집 휘하에는 인근
의 문인들이 몰려들
었는데 한때에는 그

| 김장생과 그 후손들의 묘소 |

| 김집 선생 묘 |

수가 400여 명에 달하였다 한다. 이리하여 기호학파의 전통 속에서 호
서학파(湖西學派)를 형성하기에 이르렀다.

그의 저서로는 『가례집람(家禮輯覽)』·『의례문해(疑禮問解)』·『상
례비요(喪禮備要)』·『근사록석의(近思錄釋疑)』·『경서변의(經書辨
疑)』 등이 있고, 죽은 뒤에 『사계유고(沙溪有故)』가 간행되었다.

그는 예학(禮學)의 대가이며 태두였다. 예학은 예의 본질과 의의, 내
용의 옳고 그름을 탐구하는 유학(儒學)의 한 분야로 본래 중국 고대의
종교적 제사의식에서 비롯되었다. 춘추시대(春秋時代) 유학을 창시한

공자(孔子)는 바로 이러한 예에 정통했던 인물로 예치(禮治)를 행함으로써 당시 혼란했던 사회를 바로 잡으려고 하였다. 공자의 예치 사상은 전국시대 말 순자(荀子)에 의해 적극적으로 계승되었다. 한대(漢代)에 이르러 유학이 공식적인 국가이념으로 정착되면서 삼례(三禮), 즉 『예기(禮記)』·『주례(周禮)』·『의례(儀禮)』가 편찬되어 예학이 성립하였다.

이후 남북조시대와 당대(唐代)를 거치면서 예는 국가·왕실의 예인 오례(五禮)와 사가(私家)의 예인 가례(家禮)로 분화하였으며, 송(宋)대에 성리학(性理學)이 성립되고 주희(朱熹)에 의해 『주자가례(朱子家禮)』가 저술되면서 가례의 비중이 점점 커져갔다.

우리나라에서는 고려 말에 『주자가례』가 도입되고 조선시대에 들어와 성리학이 지배이념으로 되면서 예학이 중시되었다. 그리하여 중앙집권체제를 강화하고 부국강병(富國强兵)을 추구하였던 전기에는 제도적 성격이 강한 『주례』와 왕실의 예인 오례가 강조되었으며, 성종(成宗)대에 이를 집대성한 『국조오례의(國朝五禮儀)』가 편찬되기도 하였다. 사림이 등장하는 중기에 오면 성리학에 대한 이해가 심화되고, 국조오례의파(國朝五禮儀派)와 고례파(古禮派)의 대립으로 상징되는 여러 차례의 전례논쟁(典禮論爭)을 거치면서 예에 대한 학문적인 연구가 본격적으로 이루어졌다.

이러한 학문적 동향 속에서 김장생의 『가례집람(家禮輯覽)』이 편찬되었던 것이다. 이 책은 그 때까지 있었던 한국의 예설(禮說)을 집대성한 책으로 중국 송나라의 학자 주희(朱熹)가 편찬한 『주자가례』를 중심으로 엮은 것이다. 의례 전반에 대한 그림을 설명과 함께 실었으며 조상의 위패를 모시는 가묘(家廟) 제도와 성년의식인 관례(冠禮) 및 혼례(婚禮)·상례(喪禮)·제례(祭禮)에 대한 일반 가정의 의식절차와 그 의미가 상세하게 기술되어 있다.

『의례문해(疑禮問解)』
는 예론(禮論)을 모아 편
찬한 책으로 평소에 문인
또는 친우들과 예에 관하
여 문답한 것과 전대(前
代)의 예서(禮書)를 널리
참작하여 여러 사람의 예
론을 분류 편찬한 것이다.

| 사계 김장생을 모신 돈암서원 입구 |

김장생은 예를 실천하
기 위해 개인의 수신(修
身)을 강조하고 심성의
온전함을 지키며, 모두
예에 맞게 행동하고 하늘
을 우러러 조금이라도 부
끄러움이 없어야 한다고
주장하였다. 이러한 예의
강조는 『가례(家禮)』를
통한 유교적인 가족질서
확립을 위한 노력으로 이

| 돈암서원 내부 |

어졌으며, 『근사록(近思錄)』 등을 연구하여 당시의 토속과 인정에 맞추어 『가례』를 고치고 보급하는 데 힘썼다.

지금도 충남 연산의 돈암서원(遯巖書院)에는 그의 위패가 모셔져 있다. 현재 돈암서원에서는 유교 문화를 체험할 수 있는 '서원스테이' 프로그램이 실시되고 있다. 이를 통해 한국의 전통예절이나 다도, 유교 경전을 배우고 있으니 사계 김장생의 노력이 헛되지 않았음을 보여주고 있다 하겠다.

참고문헌 ————

한기범, 「사계 김장생의 생애와 예학사상」, 『백제연구』20, 충남대 백제연구소, 1989.
이연숙, 「돈암서원의 건립과 성격」, 『민족문화의 제문제』, 권태원정년기념론총 간행위원
　　회, 1994.
김세봉, 「17세기 호서산림세력 연구」, 단국대학교 박사학위논문, 1995.
충청남도, 『충남의 서원 사우』, 1999.
이해준, 「조선후기 호서지역 사족 동향과 서원」, 『한국의 서원과 학맥 연구』, 경기대 소성학
　　술원, 2000.
전용우, 『조선후기 문중서원 연구』, 경인문화사, 2007.
최근묵, 「호서의 산림과 호서학맥」, 『충청남도지』7, 충남도지편찬위원회, 2008.

참고 사이트

논산관광포털사이트 http://tour.nonsan.go.kr
느낌여행충남 http://tour.chungnam.net
돈암서원 http://www.donamseowon.com
디지털논산문화대전 http://nonsan.grandculture.net
한국역대인물 종합정보시스템 http://people.aks.ac.kr
한국효문화원 http://www.filialpiety.org

32. 우암사적 공원과 송시열

　조선의 성리학은 조선 후기에 들어와 붕당이라는 폐단을 일으키기도 했다. 그러나 그 학문의 완숙도는 점점 깊어져 갔다. 이 시기에 조선 유학을 한 단계 발전시킨 대학자가 우리 고장에서 나왔으니 그가 곧 우암 (尤庵) 송시열(宋時烈, 1607~1689) 선생이었다.

　송시열은 1607년(선조 40) 11월에 충북 옥천군 이원면 구룡촌에서 은진 송씨 송갑조(宋甲祚)의 셋째 아들로 태어났다. 그는 어려서부터 총명하여 세 살에 스스로 문자를 알았고, 7세에 형들의 글 읽는 소리를 듣고 이를 받아썼다 한다. 아버지는 항상 주자는 공자의 후계자요, 율곡은 주자의 계승자임을 강조하면서 송시열에게 주자를 열심히 배우라 권하였다. 그리하여 8세가 된 송시열은 이종인 송이창(宋爾昌)의 문하에서 그의 아들 송준길(宋浚吉)과 함께 학문을 닦기 시작했다. 두 사람이 후일 평생 뜻을 같이한 계기가 이때 마련된 것이다.

　송시열은 19세에 이덕사(李德泗)의 딸과 결혼했고, 22세 때에 아버지를 여의었다. 삼년상을 마친 뒤, 충남 연산에 은거하던 사계(沙溪) 김장

| 송시열 영정 |

생(金長生)의 문하에 들어가 수학했
다. 그러나 수학한 지 일 년 만에 스승
이 죽자 그 아들 신독재(愼獨齋) 김집
(金集)에게서 사사했다. 그와 같이 동
문수학한 이들은 동춘당(同春堂) 송준
길, 초려(草廬) 이유태(李惟泰), 미촌
(美村) 윤선거(尹宣擧), 시남(市南) 유
계(兪棨) 등이었다. 이들이 이른바 충
남 5현(忠南五賢)이라 일컬어지는 인
물들이었다.

1633년(인조 11)에 27세의 송시열은
대제학(大提學) 최명길(崔鳴吉)이 주
관한 생원시(生員試)에 장원급제하면
서 벼슬길에 올랐다. 그리고 2년 뒤 왕자 봉림대군(鳳林大君)의 스승이
되었다. 후일 효종(孝宗)과의 두터운 의리는 이때 시작된 것이었다.
1636년(인조 14)에 병자호란이 일어나자 대군(大君)과 비빈(妃嬪)들은
강화로 피난하고 송시열은 인조를 모시고 남한산성(南漢山城)으로 들
어갔다. 그러나 성이 함락되고 대군들이 볼모로 잡혀가자 그는 벼슬을
버리고 속리산으로 내려와 피난해 있던 어머니를 모셨다. 난이 끝난 뒤
에는 영동 황간으로 들어가 독서와 학문에 정진했다. 이 소식을 들은
조정이 그에게 용담현령(龍潭縣令)을 제수했으나 사양하고 나가지 않
았다.

1649년, 인조가 죽고 봉림대군이 효종으로 즉위하자 그는 왕의 부름
을 받고 다시 조정으로 갔다. 그리고 당시 총애를 받던 무관 이완(李浣)
과 함께 효종의 북벌계획에 적극 참여했다. 그러나 당시 세도를 부리던
김자점(金自點)이 귀양을 가자 그의 아들 김식(金鈇)이 부제학(副提學)

신면(申冕)과 공모해 북벌계획을 청나라에 밀고하는 사건이 일어났다. 이에 청은 군사를 동원하여 국경을 압박하고 특사를 보내 협박과 공갈을 했다. 이로써 북벌은 잠시 중단되고, 송시열도 책임을 느껴 벼슬을 버리고 낙향했다.

한편 낙향해 있던 송시열은 효종의 부름을 사양하다가 1658년(효종 9)에 상경해 그해 9월에 이조판서(吏曹判書) 자리에 올랐다. 이때부터 북벌계획은 재개되었다. 당시 그의 나이는 52세로 평생 배운 바를 다해 국사에 힘을 기울였다. 그러나 이듬해 효종이 죽으면서 북벌은 중단되고 효종의 계모 조대비(趙大妃)의 복제(服制) 문제로 윤휴(尹鑴)·허목(許穆) 등과 대립했다.

그 뒤 그는 회덕(懷德)으로 내려가 학문에 몰두했다. 그는 현종(顯宗)의 부름에도 사양하고 다만 글을 올려 정사의 옳고 그름을 논했다. 혹 국가의 중대사가 있을 때만 올라가 입조했다가 내려왔다. 1662년(현종 3)에는 금강산 유람을 떠났다가 강릉 오죽헌(烏竹軒)에 들러 이율곡(李栗谷)의 유적을 돌아보았고, 4년 뒤 속리산 서쪽의 화양동에 정사(精舍)를 짓고 저술과 주자 연구에 힘썼다. 화양동에는 훗날 그의 유명으로 명(明)의 신종(神宗)·의종(毅宗)을 제사하기 위한 만동묘(萬東廟)가 건립되기도 했다. 임진왜란 때 원병을 보내 준 것에 대한 감사의 표시였다.

그러다가 1674년(현종 15), 효종의 왕비 인선왕후가 죽으면서 벌어진 복제 문제로 다시 윤휴 등과 논쟁하여 패배함으로써 송시열은 귀양살이를 하게 되었다. 약 6년간의 귀양살이 중에도 그는 학문을 게을리 하지 않았다. 이때 『주자대전차의(朱子大全箚疑)』, 『이정서분류(二程書分類)』 등과 같은 저서가 나왔다.

1680년(숙종 6), 허견(許堅)의 모반사건으로 송시열은 영중추부사(領中樞府事)의 관직에 복구되었으나 이미 그의 나이 74세였다. 그는 1년

만에 벼슬을 버리고 회덕으로 내려가 조용히 제자 양성에 힘을 기울였다. 그러나 그의 말년은 결코 조용하지 않았다. 1683년 경, 제자 윤증과의 사이가 극도로 악화되면서 그는 노론과 소론의 분열에 휩싸이게 되었다. 또 1688년(숙종 14)에는 장희빈(張禧嬪)의 소생을 원자로 삼은 데반대하다가 제주도로 귀양을 갔다. 이듬해 6월, 해남을 거쳐 정읍에 다다라 사약을 받고 생을 마쳤다. 이때 그의 나이 83세였다.

그는 주희(朱熹)의 학설을 신봉하고 실천하는 것을 평생의 업으로 삼았다. 그는 정치의 원리를 『대학(大學)』에서 구하였는데 그것은 바로 '수기치인(修己治人)'이었다. 자신을 먼저 수양한 다음에 남을 다스려야 한다는 것이었다. 따라서 임금의 학문 수양과 도덕성 확립을 강조하였다. 실제 정책면에서는 민생의 안정과 국력 회복에 역점을 두었다. 따라서 그는 특산물을 미곡으로 대신 납부하게 한 대동법의 확대, 시행과 양반들에게도 군포를 부담케 하는 호포제(戶布制)를 실시하여 양민들의 군역 부담을 줄여줄 것을 주장하였다. 그 자신이 빈민 구제를 위해 사창(社倉)을 설치하기도 하였다.

그는 많은 저술을 남기기도 하였는데, 그의 자취는 지금 대전 가양동의 우암사적공원에 고스란히 남아 있다. 이곳은 예전의 회덕으로 그를 기리기 위해 공원을 조성한 것이다. 여기에는 대전시 유형문화재 1호로 지정된 남간정사(南澗精舍)와 기국정(杞菊亭), 송자대전판(宋子大全板)이 보관된 장경각(藏經閣)이

| 우암사적공원 전경 |

| 남간정사 |

| 기국정 |

있다. 남간정사는 송시열
이 전국의 유림(儒林)과
제자들을 모아 학문을 익
히던 곳으로 선생이 돌아
가신 후에는 유림들이 목
판을 새겨 송자대전(宋子
大典)을 펴내던 장소이기
도 하다. 남간(南澗)이란
양지 바른 곳에 졸졸 흐

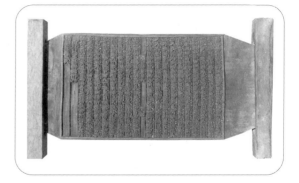

| 송자대전 |

르는 개울을 가리키는 말로, 주희의 시 '운곡남간(雲谷南澗)'에서 따온
이름으로 주자주희를 사모한다는 뜻이다. 남간정사 옆에는 소제동에
서 옮긴 기국정(杞菊亭)이 있다. 그 앞에는 조그만 연못이 있는데 남간
정사 대청마루 밑으로 개울물을 흐르게 하여 연못으로 합쳐지게 되어
있다. 그 뒤편의 높은 곳에는 남간사(南澗祠)란 사당도 있다.

　장경각에는 송자대전목판(宋子大全木板)이 보관되어 있다. 이 목판
은 송시열 선생의 문집과 연보 등을 모아 만든 것으로 총 11,023개이다.

『우암문집』의 초판은 1717년(숙종 43)에 민진후(閔鎭厚)가 임금의 명을 받아 교서관(校書館)에서 금속활자로 간행하였다. 그 후 정조 즉위 초에 전서 간행의 어명이 떨어져 글을 수집하였고, 옛 책과 합쳐 그 목판본이 1787년(정조 11)에 평안감영에서 책으로 만들어졌다. 하지만 그 첫 권과 연보는 서울의 교정소(校典所)에서 별도로 간행되었으며, 총 102책 215권의 전서(全書)를 완성하여 『송자대전』이라 이름 하였다. 이후 전쟁으로 인하여 소실되어 1929년, 선생의 후손과 유림들이 다시 간행하였다. 이 때 『송서습유』 4책과 『속습유』 2책을 함께 간행함으로써 『송자대전』은 총 108책이 되었다. 그의 업적과 방대한 저술은 지금도 우리의 게으름을 일깨우고 있는 듯하다.

참고문헌 ─────────────────────────────

최근묵, 「우암 송시열의 문묘 및 서원종사」, 『백제연구』15, 1984.
전용우, 「화양서원과 만동묘에 대한 일연구」, 『호서사학』18, 1990.
최근묵, 「17세기 대전지방의 사림의 동향」, 『대전문화』2, 대전광역시, 1993.
이연숙, 「17~18세기 우암학파의 형성」, 『호서사학』31, 2004.
최근묵, 「호서의 산림과 호서학맥」, 『충청남도지』7, 충남도지편찬위원회, 2008.

참고 사이트

논산관광포털사이트 http://tour.nonsan.go.kr
느낌여행충남 http://tour.chungnam.net
대전광역시 동구문화축제관광 http://tour.donggu.go.kr/html/tour
대전동구문화원 http://www.dgcc.or.kr
돈암서원 http://www.donamseowon.com
디지털논산문화대전 http://nonsan.grandculture.net
옥천문화원 http://www.okcc.or.kr
한국역대인물 종합정보시스템 http://people.aks.ac.kr
한국효문화원 http://www.filialpiety.org

33. 소론의 영수 윤증과 회니시비

  윤증(尹拯)은 1629년(인조 7)에 파평 윤씨 윤선거(尹宣擧)의 아들로 태어났다. 송시열보다 22년 아래였다. 자는 자인(子仁)이고 호는 명재(明齋)로, 어려서부터 아버지 윤선거에게 주자학을 배웠다. 윤증은 9세에 병자호란(丙子胡亂)이 발발하여 그해에 강화도로 피신했는데, 이때 어머니가 자결하는 슬픔을 겪었다. 어린 나이에 어머니를 잃은 아픔을 딛고, 그는 아버지 윤선거를 비롯해 유계(兪棨)와 송준길(宋浚吉), 그리고 송시열에게서 수학하기 시작했다. 동시에 윤휴·윤선도 등 남인계의 당시 석학들과도 폭넓게 교유했다. 그의 아버지는 평생 그의 스승이었으며, 유계·송준길·송시열 3인의 스승은 그에게 정통적인 주자학을 가르쳐주었다.

  그러나 그는 주자를 절대시하지는 않았다. 이 점은 스승 송시열과 결별한 원인이 되기도 했다. 그는 양명학(陽明學)에도 큰 관심을 기울였는데, 이는 64세 때부터 83세까지 약 20년간에 걸쳐 양명학의 대가로 일컬어지는 정제두(鄭齊斗)와 주고받은 서신이 이를 뒷받침 해 준다.

| 명재 윤증 초상 |

| 충남 논산시 노성면 교촌리 소재 윤증 고택 |

17세에 권시(權諰)의 딸과 혼인한
그는 일찍이 과거의 뜻을 버리고 학
문에 전념한 터라 등과(登科)한 일도
없었다. 다만 36세 되던 해, 그의 학문이 사림들 가운데 뛰어나다 하여
천거되어 내시교관(內侍敎官)에 발탁되었으나 사양했다. 이때부터 말
년까지 그에게는 여러 관직이 제수되었고, 81세인 숙종 35년(1709)에는
우의정에도 발탁되었다. 그러나 그는 실제 관직에 나간 적은 한 번도
없었다.

그러면서도 그는 정계에서 중요한 일이 발생하면 상소나 정치 당국
자, 또는 학자들과의 서신 교류를 통해 의견을 피력했다. 윤증은 재야
에서 활동했으나 정계에 중요한 영향을 미치는 인사였으며 여러 고관
대작을 제치고 소론(少論)의 영수로 추대되었다.

노론(老論)의 영수는 송시열로 그의 스승이며 아버지의 친구였다. 스
승과 제자 사이였던 송시열과 윤증, 이 양자 사이에는 당시의 정치·사
회·학문적 시각의 차이가 내재되어 있었는데, 이를 흔히 '회니시비(懷
尼是非)'라 한다. 이 용어는 송시열이 현재의 대전 시내 동쪽에 있는 회
덕현(懷德縣)에 살았고, 윤증은 현재의 논산시 노성면에 해당하는 니성

현(尼城縣)에 살았다는 데서 유래한다.

회니시비의 시원은 1653년(효종 4), 황산서원(黃山書院)에서 윤증의 아버지 윤선거와 송시열이 윤휴의 학문적 태도를 두고 의견 대립을 보인 데서 찾을 수 있다. 윤휴는 여러 경서에 대한 독자적인 해석을 시도했다. 송시열은 이러한 윤휴를 못마땅하게 여겼다. 특히 1652년(효종 3)에 윤휴가 『중용』에 대해 새로운 장을 나누고 집주(集註)를 달자 그를 '사문난적(斯文亂賊)'으로 몰아붙였다. 그러나 윤선거는 학문과 사상에서 비판의 자유를 주장하여 윤휴를 두둔했으며, 1659년(현종 즉위)의 예송논쟁(禮訟論爭)에서도 윤선거 부자는 송시열에게 동조하지 않고 윤휴를 될 수 있는 대로 옹호했다.

그러자 송시열은 윤선거의 강도(江都) 수난과 탈출 사건을 들고 나와 윤선거와 윤증을 공격했다. 이는 병자호란 당시 강화도로 피신해 있던 윤선거가 성이 함락 당하자 평민으로 가장해 탈출한 사건을 말한다. 송시열은 이것이 구차하고 비겁한 행동이라 비난하였다. 그러나 윤증은 아버지 윤선거가 미복(微服)으로 강도를 탈출한 것은 성중이 이미 적과의 교전을 면했으므로 남한산성에 포위된 아버지 윤황(尹煌)을 만나러 가기 위한 것이었다고 주장했다.

회니시비가 절정에 이른 것은 송시열의 윤선거 비문찬술과 윤증의 배사론(背師論) 명분이었다. 윤선거가 1669년(현종 10)에 죽자, 윤증은 송시열에게 가서 아버지 윤선거의 묘지명(墓誌銘)을 지어달라고 부탁했다. 그런데 평소 윤선거 부자를 탐탁지 않게 여긴 송시열은 윤선거를 칭찬하는 비명을 짓지 않았다. 이에 윤증은 여러 번 묘지명을 고쳐 줄 것을 청했다. 그러나 송시열은 요지는 한 군데도 고치지 않고 글자 몇 개만 고쳐주었을 뿐이었다.

송시열과 윤증의 사제관계를 더욱 악화시키고 배사론의 시비가 된 것은 바로 「신유의서(辛酉疑書)」였다. 이것은 1687년(숙종 13)의 경신

환국(庚申換局) 다음 해에 윤증이 송시열에게 보내려고 쓴 것이다. 그 내용은 송시열의 학문은 그 근본이 주자학이라 하나 그 기질이 편벽되어 주자가 말하는 실학을 배우지 못했으며, 그가 내세우는 존명벌청(尊明伐淸)의 의리도 실익이 없다는 것이었다. 그러나 윤증은 박세채(朴世采)의 권유에 따라 이를 보내지는 않았다. 그런데 박세채의 사위이자 송시열의 손자인 송순석(宋淳錫)이 이 글을 몰래 가져다가 송시열에게 보여주었다. 송시열은 크게 노했으며, 이때부터 양인은 의절(義絶)한 것 같다. 또 노소 분당도 분명해졌다.

윤증의 배사론은 또한 『가례원류(家禮源流)』라는 책의 찬자 시비와 그 간행 문제에서도 발생했다. 이 책은 윤증의 스승인 유계(兪棨)가 김장생에게서 배운 예학을 발전시켜 지은 것으로 윤선거의 도움도 받았다. 그러나 유계 생전에는 이를 완성치 못하고 초고본만 남긴 채 제자인 윤증에게 교정과 간행을 부탁했다. 그런데 윤증은 이 책이 윤선거와의 공동 저작이며 김장생의 『가례집람(家禮輯覽)』과 큰 차이가 없다 하여 간행하지 않았다. 결국 이 책은 윤증 사후에 간행되었지만 송시열의 제자인 권상하(權尙夏)는 윤증이 스승의 유언을 저버리고 윤선거와의 공편이라는 간사한 말을 했다고 공격한 것이다.

이상과 같은 회니시비의 논점과 명분론을 더욱 격화해 노소당론으로 끌고 간 것은 송시열이 제기한 삼전도(三田渡) 비문의 시비와 효종의 세실(世室) 건립 문제 및 태조 존호가상(尊號加上) 문제였다. 첫째, 삼전도 비문은 송시열을 조정에 천거해 출세케 한 이경석(李景奭)이 지은 것인데 송시열은 숭명의리(崇明義理)에 입각해 이경석을 비판했다. 이에 윤증을 중심으로 한 소론들은 어차피 군신이 청에 항복한 이상 그 비문은 누구든 지을 수밖에 없었다는 논리로 송시열을 공격했다.

둘째, 태조의 존호가상 문제는 송시열이 태조의 개국 300년을 즈음하여 위화도 회군의 의의를 찬양하면서 의를 밝히고 윤리를 바르게 했다는 뜻의 '소의정륜(昭義正倫)'이라는 존호를 가상하자고 주장한 데서 비롯되었다. 윤증과 가까운 당인들은 이에 반대하면서 위화도 회군은 태조가 '화가위국(化家爲國)'하기 위해 단행한 것이지 숭명의리 때문에 단행한 것은 아니라고 주장했다.

셋째, 효종의 세실 건립 문제는 효종이 북벌의 대의를 세웠다 하여 그를 종묘에 불천주(不遷主)로 모시자는 주장이었다. 원래 이 불천주는 공덕이 특출한 사람을 4대가 지난 후에 논의하여 정하는 것이었지만, 2대가 지나지 않은 숙종대에 효종을 세우자는 것이었다. 조정에서는 효종을 들고 나온 것이므로 감히 반대하는 이가 없었으나, 윤증 일파였던 박세채는 곤란하다고 반대했다. 하지만 대신들은 합의를 보아 이를 실천에 옮겼고, 소론은 이를 불만스럽게 여겼다.

이렇듯 송시열을 영수로 한 노론과 윤증을 영수로 한 소론은 여러 면에서 의견을 달리하여 대립했다. 송시열은 학문적으로는 주자 절대주의자였으며 정치적으로는 숭명반청(崇明反淸) 의리를 고집했다. 반면 윤증은 학문과 사상의 자유를 허용했으며 현실에 입각한 정치를 주장했다. 이러한 견해 차이가 결국 스승과 제자 사이를 갈라놓았으니 안타까운 일임에 틀림없다.

참고문헌 ─────────────────────────────────

이희환, 「노소론의 대립과 숙종」, 『송준호교수정년기념논총』, 1987.
지두환, 「조선 후기 예송연구」, 『부대사학』11, 1987.
이은순, 『조선후기 당쟁사연구』, 일조각, 1988.
이정우, 「17~18세기 재지 노소론의 분쟁과 서원건립의 성격」, 『민족문화』22, 민족문화추진
　　　회, 1999.
고수연, 「18세기 초 호서지역 서원의 당파적 성격」, 『호서사학』29, 2000.
이성무, 『조선시대 당쟁사』, 동방미디어, 2002.

참고 사이트

논산관광포털사이트 http://tour.nonsan.go.kr
느낌여행충남 http://tour.chungnam.net
디지털논산문화대전 http://nonsan.grandculture.net
옥천문화원 http://www.okcc.or.kr
윤증선생고택 http://www.yunjeung.com
한국역대인물 종합정보시스템 http://people.aks.ac.kr
한국효문화원 http://www.filialpiety.org

34. 한원진·이간과 호락논쟁(湖洛論爭)

조선 후기 호서 지역의 유학은 율곡을 비롯한 기호학파의 학맥을 이어받았다. 특히 인조 반정으로 서인이 집권하면서 율곡 이이의 학맥은 사계 김장생으로 이어졌고, 그 뒤를 이어 우암 송시열이 학맥을 이었다. 송시열의 학통은 권상하로 이어졌다. 이처럼 노론 학통에서 대다수의 산림이 배출되었다. 그러나 18세기에 접어들면서 호서 학맥은 권상하의 문인인 남당(南塘) 한원진(韓元震, 1682~1751)과 외암(巍巖) 이간(李柬, 1677~1727)에 의해 호론(湖論)과 낙론(洛論)으로 분리되었다.

한원진은 청주 한씨로 권상하의 제자 중 뛰어난 강문팔학사(江門八學士) 중의 1인이었다. 강문 팔학사는 한원진, 이간과 더불어 병계(屏溪) 윤봉구(尹鳳九), 봉암(鳳巖) 채지홍(蔡之洪), 화암(華巖) 이이근(李頤根), 관봉(冠峰) 현상벽(玄尙璧), 매봉(梅峰) 최징후(崔徵厚), 추담(秋潭) 성만징(成晚徵) 등을 말한다. 권상하가 청풍(淸風)의 황강(黃江, 충북 제천군 한수면)에서 가르쳤기 때문에 강문(江門)이란 말이 붙게 되었다.

| 외암선생 문집판각 |

그는 다른 산림들과 마찬가지로 과거에 뜻을 두지 않고 학문에 전념하였다. 1717년(숙종 43)에 학행(學行)으로 천거되어 영릉참봉(寧陵參奉)으로 관직에 나갔다가 경종 때에 노론이 축출되자 그도 사직하였다. 1725년(영조 1)에는 경연관(經筵官)으로 출사하였으나 영조에게 소론을 배척하다 삭탈관직(削奪官職)되었다. 그 후로 장령(掌令)·집의(執義) 벼슬에 임명되었지만 응하지 않았으며, 죽은 후 이조판서(吏曹判書)에 추증되었다. 문집으로 『남당집』이 있으며, 송시열과 스승 권상하의 유업을 이어받아 『주자언론동이고(朱子言論同異攷)』(1741)를 완성하였다. 그는 충남 홍성군 서부면 양곡리의 양곡사(暘谷祠)에 배향되었다.

이간은 예안 이씨로 권상하의 뛰어난 제자 중 하나였다. 그 역시 학문에만 전념하다 1710년(숙종 36)에 학행(學行)으로 천거되어 장릉(莊陵) 참봉에 임명되었으나 나아가지 않았다. 1716년에는 산림직(山林職)인 세자시강원 자의(諮議)에 임명되어 조정에서 학문적 권위를 인정받았다. 이후로는 종부시정(宗簿寺正)·회덕현감 등에 임명되었으나 관직에 나가지는 않았다. 1777년(정조 1)에 이조참판(吏曹參判)·성균관좨주(成均館祭酒), 순조(純祖) 때에는 이조판서가 추증되었다. 그는 아산의 외암서원(巍巖書院)에 제향 되었고, 문집으로 『외암유고(畏庵遺稿)』가 있다.

호락논쟁의 주요 주제는 인물성동이론(人物性同異論)이었다. 권상하의 문인 중 쌍벽을 이루었던 두 사람은 1709년에 보령의 한산사(寒山寺)에 모여 이기심성론(理氣心性論), 즉 인물성동이론 문제에 대해 강론하였다. 인성과 물성이 같은가 다른가 하는 문제였다. 한원진은 인성과 물성은 다르다 하였으나 이간은 인성과 물성은 같은 것이라 하였다. 두 사람은 모두 호서 출신이지만 호서의 학자들은 한원진의 주장에 동조하여 이를 호론이라 하였고 낙하(洛下), 즉 한강 유역의 학자들은 이간의 주장에 동조하여 이를 낙론이라 하였다.

한원진은 사람[人]이 오상(五常 : 仁, 義, 禮, 智, 信)을 모두 갖추었음에 비해 초목, 금수와 같은 물(物)에는 그것이 치우치게 존재하여, 인성과 물성이 근본적으로 다르다는 것이었다. 전통적인 입장에 서 있는 이러한 주장은 사람과 금수의 근본적 차이를 강조하여 인간의 존엄성을 높이는 데 기여한다는 인식에서 나온 것이었다.

그는 만물의 생성을 3층의 구조로 파악하고 이를 심성설(心性說)에 적용하였다. 즉 우주에는 양건(陽健)한 기(氣)로서 남성적인 것이 되고 음순(陰順)한 기로써 여성적인 것이 되는 기화(氣化)의 단계가 있고, 음양의 기가 모여 만물의 형체를 이루는 형화(形化)의 단계가 있으며, 형화를 통해 형성된 형체의 내부에도 기화가 계속되고 있는 단계가 있다고 파악하였다. 이에 입각하여 그는 성을 인간과 사물이 같은 초형기(超形期)의 성, 인간과 사물이 다른 인기질(因氣質)의 성, 인간과 인간이 서로 다른 잡기질(雜氣質)의 성으로 구분하여 파악하였다. 이를 성삼층설(性三層說)이라 한다. 그런데 그는 인기질의 차원에서 인성과 물성을 비교하여 차이를 명백히 드러내고, 선악의 근원을 밝힘으로써 인간의 도덕적 성취를 당위적으로 강조했다. 이는 곧 인간·사회관계가 상하·존비·귀천이라는 사회·도덕적 차등관계임을 주장하는 것이었다.

당시에는 '실사구시(實事求是)'를 표방하는 실학자들의 사회개혁론이 제기되고 있었고, 양명학·노장학(老莊學)·고증학·서학(西學)에 대한 학문적 관심이 싹트고 있었다. 이 시기 그를 비롯한 송시열계는 그들의 사회적·정치적 현실대응 방안에 대한 정당성을 정통 주자학에서 구하려고 했다. 사람과 생물은 본성이 다르다는 주장을 통해 인간과 세계에 대한 차등적 인식을 바탕으로 당시의 신분적 질서와 화이적(華夷的) 질서를 정당화한 것이었다. 즉 중화와 오랑캐는 엄격히 구별되어야 하므로 그들이 청을 오랑캐 여진족의 나라라 배척했던 논리는 정당하다고 주장하였다. 경제적으로는 신분제를 강화하고 화이적 세계관을 고수하는 바탕 위에서 지주제의 존속을 인정하고 부세제도의 개선을 주장하였다. 그의 이러한 보수개량 논리는 당시 실학자들이 자영소농 중심의 토지개혁을 통해 농민층의 균산화(均産化)를 꾀하고 이 토대 위에서 정치·사회를 개혁하려 했던 것과는 차이가 있는 것이었다.

그러나 이간의 주장은 달랐다. 사람은 물론, 초목·금수와 같은 물(物)에도 모두 오상(五常)이 갖추어져 있어 인·물의 근본적인 차이가 없다는 것이었다. 어떤 덕(德)이 외면적으로 편중되게 나타나는 것은 기질(氣質)의 차이[正偏通塞]에 기인할 뿐 본연이 그런 것은 아니라는 점이었다. 그도 율곡 이이(李珥)의 이통기국설(理通氣局說, 이는 만물에 공통적으로 있지만 기가 이를 국한함으로써 여러 차이가 난다는 학설)에 동조하였지만 이(理)를 강조하는 주리설(主理說)의 입장에 있었다. 그리하여 그는 이(理)는 모든 만물에 공통으로 있다는 이통(理通)과 근본적으로 이는 모두 같다는 이동(理同)을 주장하였다. 따라서 아직 발현되지 않은 마음의 본체는 본래부터 선하다는 미발심체본선설(未發心體本善說)을 주장하였다. 그러므로 인성과 물성도 근본적으로는 같은 것으로 똑같이 오상(五常)을 가질 수 있다는 것이었다.

그는 한원진이 말한 제2층의 성은 본연의 성이 아니라 기질의 성으로 당연히 다른 것이지만 본연의 성이란 제1층의 성을 말하는 것으로 근본적으로 같다는 논리였다. 이러한 주장은 홍대용(洪大容) 등 북학파에게 이어져 전통적 화이론(華夷論)의 극복과 신분제 철폐 등의 사상적 기반이 되었다.

이처럼 그들의 주장은 달랐지만 호락논쟁은 우주와 만물에 대한 철학의 폭을 넓게 해주었다. 뿐만 아니라 당시 사회를 어떻게 유지하고 발전시켜야 하는가에 대한 정책의 기본 사상이 되었다. 현재 사회에 대한 이념과 정책의 차이도 이들의 주장과 밀접한 관련이 있음을 부인할 수 없다.

| 외암민속마을 |

| 남당리의 갯벌 |

그런 측면에서 이들 대학자의 고향이 충남 지역임은 큰 자부심을 갖게 한다. 한원진은 홍성 결성 지역에, 이간은 현 아산 지역에 살고 있었던 것이다. 이들 지역은 지금도 유명세를 타고 있다. 외암리 민속마을은 관광객들이 많이 찾는 곳이고, 남당리는 대하축제로 유명한 곳이다. 그러나 이들 지역이 이처럼 유명한 유학자를 배출한 지역이라는 것을 아는 사람은 많지 않아 안타까울 뿐이다.

참고문헌

이은순, 『조선후기 당쟁사연구』, 일조각, 1988.

전용우, 「수암 권상하와 호서사림」, 『호서사학』16, 1988.

한국정신문화연구원, 『한국민족문화대백과사전』, 웅진출판사, 1991.

이성무, 『조선시대 당쟁사』, 동방미디어, 2002.

황의동, 「충남 유학의 학맥과 특성」, 『충청남도지』7, 충남도지편찬위원회, 2008.

참고 사이트

느낌여행충남 http://tour.chungnam.net

아산 문화관광 http://www.asan.go.kr/culture

온양문화원 http://onyang.cult21.or.kr

한국역대인물 종합정보시스템 http://people.aks.ac.kr

한국역사정보통합시스템 http://yoksa.aks.ac.kr

홍성문화관광 http://tour.hongseong.go.kr

홍성문화원 http://hongseong.cult21.or.kr

35. 조선 후기 실학과 추사 김정희

　임진왜란과 병자호란으로 인한 수취체제의 모순, 국토의 황폐화, 붕당 정치의 폐해 등은 기존의 조선성리학에 대한 비판을 가져왔다. 대외 교역에 따른 상인층의 성장, 천주교의 전래와 양명학의 등장은 새로운 사회변화에 대응하는 개혁지향적 성리학을 요구하게 되었고 전문기술학에 대한 필요성도 제기되었다. 여기에서 나온 것이 이른바 '실학(實學)'이었다. 특히 실학은 영·정조 시대 학문의 개방적 분위기 속에서 발달하였다.

　유형원(柳馨遠)과 이익(李瀷) 등은 주로 농촌 경제와 농촌 질서에 대한 개혁론을 주장하였다. 그들이 쓴 『반계수록』과 『성호사설』은 그러한 주장을 담은 책이었다. 박지원(朴趾源)은 『열하일기』에서, 박제가(朴齊家)는 『북학의』에서 청의 문물과 문화를 받아들여야 한다고 주장하였는데 이들을 '북학파(北學派)'라 하였다. 이들은 주로 상공업의 진흥을 역설하였다. 국사와 지리에 대한 연구도 활발히 진행되었다. 안정복(安鼎福)의 『동사강목』, 유득공(柳得恭)의 『발해고』, 이긍익(李

| 추사 고택 |

肯翊)의 『연려실 기술』, 신경준(申景濬)의 『여지고』, 이중환(李重煥)의 『택리지』 등이 대표작이라 할 수 있다.

이 외에 금석학이나 서예 등도 발달하였는데 그 대표자가

바로 충남 예산 출신의 추사(秋史) 김정희(金正喜)였다. 그는 1786년 (정조 10) 충남 예산군 신암면 용궁리에서 태어났다. 아버지는 이조판서를 지낸 김노경(金魯敬), 어머니는 기계 유씨 유준주(兪駿柱)의 딸이었다. 그의 집안은 대대로 고위직을 역임한 명문가의 집안이었다. 그의 고조부인 김흥경은 영조 때 영의정을 지냈는데 그의 아들 한신은 13세 때에 영조의 딸 화순옹주와 결혼하였다. 한신은 이때 영조로부터 별사전(別賜田)을 받았는데 김정희가 태어난 집은 바로 별사전 위에 지은 것이었다. 그 땅 안에는 화암사라는 절도 있었다. 후일 김정희가 불교와 깊은 인연을 맺게 되는 것은 이러한 인연 때문이었다.

그의 부친은 서울에서 벼슬을 하고 있었기 때문에 김정희는 어렸을 때 서울 장동에 있는 저택에 올라와 살면서 경서를 공부하고 글씨를 익혔다. 그의 어린 시절에 대해서는 기록이 없어 자세히 알 수 없으나 학문적 자질이 뛰어났음은 부인할 수 없을 것 같다. 그가 여섯 살 무렵 입춘을 맞아 쓴 글인 「입춘첩(立春帖)」을 보고 아버지도 그 재능을 인정하고 박제가에게 부탁하여 지도받도록 하였다 한다. 일설에는 박제가가 직접 그 글을 보고 지도를 자청했다고도 한다. 박제가는 청나라를 세 번이나 다녀온 인물로 당시 중국의 문화와 문물에 대해 깊은 조예를

갖고 있었다. 김정희가 중국에 대해 깊은 관심을 가지고 중국 지식인들과 교류한 것은 그러한 스승의 영향이 컸다.

그러나 16살 되던 무렵, 그는 어머니의 죽음을 맞게 되었다. 당시 어머니의 나이는 겨우 35세였다. 감수성이 예민했던 나이에 그는 충격을 받고 고향에 내려와 화암사를 찾아가 승려들과 인생에 대해 담론하면서 허무함을 달래기도 하였다. 이 또한 만년에 그가 불교에 심취한 한 이유가 되기도 했다.

24세 되던 해인 1808년(순조 9)에 이르러 그는 생원시에 무난히 급제하였다. 그 무렵 그는 중국의 학자들과 교류하기를 희망하고 있었다. 다음 시는 그 심정을 잘 표현하고 있다.

> 탄식한 후 새로운 생각이 나니(慨然起別想)
> 해외에 나가 지기를 맺고 싶구나(四海結知己)
> 만약 마음 통할 사람을 얻는다면(如得契心人)
> 가히 한 목숨 바치겠구나(可以爲一死)
> 천하에는 명사가 많다는데(日下多名士)
> 부러움을 감추지 못하겠구나(艷羨不自己)

이러한 그의 열망은 마침내 이루어졌다. 생원시에 합격한 그 해 10월, 동지사(冬至使) 일행이 청에 가게 되었는데 김정희도 동행하게 되었다. 부사(副使)를 맡게 된 부친 김노경이 아들을 데리고 간 것이었다.

연경(燕京, 현재의 북경)에 도착한 그는 중국의 많은 학자들을 찾아 배우고 교류하였다. 그 중 추사에게 가장 많은 영향을 끼친 이는 옹방강(翁方綱)과 완원(阮元)이었다. 옹방강은 『사고전서(四庫全書)』의 편찬에 참여한 바 있고, 과거의 고시관을 여러 차례 역임한 대학자였다. 그는 경학(經學) 뿐 아니라 금석학·서예·시에도 조예가 깊은 인물이었다.

추사가 1810년 1월, 그를 방문했을 때 그의 나이 78세였는데 추사 김정희는 겨우 25세였다. 그러나 옹방강은 그를 만나 담론을 한 후 그의 '경술문장(經術文章)'이 해동제일(海東第一)'이라 칭찬하였다 한다. 옹방강의 학식은 추사에게 깊은 영향을 주어 옹방강의 호인 보소재(寶蘇齋)와 담계(覃溪)에서 한자씩 따와 자신의 호를 '보담재(寶覃齋)'라 하였다. 옹방강의 아들인 옹수곤(翁樹崐)은 추사와 같은 나이였는데 추사와 깊이 사귀어 조선 금석문의 탁본을 보내줄 것을 추사에게 청하기도하였다. 이후에도 옹방강은 80세가 넘은 고령임에도 불구하고 추사가 경학에 대해 물을 때마다 수 천자에 달하는 답서를 보내고 경학과 서화를 논하였다. 그렇게 오고간 서신은 지금도 고스란히 간직되어 있다. 그 답서의 서체를 보면 중년기에 있던 추사의 서체와 많이 닮아 있음을 알 수 있다.

완원 역시 추사의 한학에 깊은 영향을 준 인물이다. 그 역시 당대의 거유(巨儒)로 옹방강과 쌍벽을 이루던 경학의 대가였다. 추사의 『실사구시설(實事求是說)』을 비롯하여 그의 문집인 『완당선생전집』에 보이는 경학과 서예에 관한 논문은 완원의 저술에서 따온 것이 많았다. 완원은 자신이 편찬한 『황청경해(皇淸經解)』를 추사에게 보내주기도 하였다. 이 책은 경학에 관한 청대 학자들의 연구를 총망라한 것으로 1,400권, 약 500책에 달하는 방대한 저술이었다. 이를 보면 두 사람의 관계가 어떠했는 지를 미루어 알 수 있다. 김정희의 호 '완당(阮堂)'은 완원의 첫 글자를 따온 것이었다. 김정희의 또 다른 아호인 '승설학인(勝雪學人)'도 중국에서 그를 만났을 때 내온 승설차에서 따온 것이었으니 두 사람의 깊은 인연을 엿볼 수 있다. 이처럼 옹방강과 완원은 추사에게 깊은 영향을 주었으니 옹방강의 호 '담계'와 완원의 또 다른 호인 '연경재(研經齋)'에서 한 글자씩 따 '담연재(覃研齋)'로 자신의 호를 삼은 것에서도 잘 알 수 있다.

추사는 이들 외에도 중국의 많은 학자들과 교류하여 서화나 탁본을 주고 받았다. 특히 청의 유희해(劉喜海)는 추사 형제와 그 친척 조인영 등이 보낸 금석문 탁본을 모아 『해동금석원(海東金石苑)』을 편찬하였다. 이 책은 우리의 금석문 연구에 중요한 자료일 뿐 아니라 당시 중국과 조선간에 있었던 문화교류의 일면을 보여주는 저작이다.

| 추사의 글씨와 세한도 |

| 추사 김정희 글씨 |

이러한 배경속에서 추사는 한국 금석학에 대해 지대한 관심을 갖고 연구하였다. 특히 그는 함흥 황초령에 있었던 진흥왕순수비에 대한 기록을 조사하여 이를 고증, 해석하였다. 그리고 북한산에 여러 번 올라 그곳에 있는 비문을 탐독하여 그것이 진흥왕순수비임을 밝혔다. 그때까지는 그 비가 조선 초기 무학대사의 비문이라 알고 있었는데 그 실체를 규명하였던 것이다. 그의 금석학 연구는 『금석과안록(金石過眼錄)』이라는 책 속에 집대성되어 있다.

또한 그의 『실사구시설(實事求是說)』 요지는 근거 없는 지식이나 선입견으로 학문을 하여서는 안되고, 치밀한 고증을 통해 성인(聖人)의 도에 이르는 것이었다. 그리하여 특정 학파에 구애받지 말고, 마음을 조용히 가지고 넓게 배우고 독실하게 행동하여 실사구시를 실천해야 한다는 것이었다.

그는 학자로서의 길을 가기도 했지만 관료로서도 출세가도를 달렸

| 제주도의 김정희 유적 |

다. 41세 때에는 충청좌도[공주 일대] 암행어사를 지내기도 하였고, 승지를 거쳐 성균관의 총책임자인 성균관대사성의 지위에 올랐다. 이어 51세 때에는 병조참판, 54세 때에는 형조참판으로 승진하였다. 그러나 그가 55세 되던 1840년(헌종 6), 뜻하지 않은 중상 모략으로 윤상도(尹尙度) 사건에 연루되어 제주도로 유배를 가게 되었다. 일찍이 윤상도란 자가 호조판서 박종훈과 어영대장 유상량 등을 탐관오리로 탄핵하다가 군신 사이를 이간질한다는 죄목으로 추자도에 귀양갔는데 1840년에 의금부에 압송되어 국문을 받았다. 이때 김정희의 이름이 거론되었던 것이다. 그러나 사실은 당시의 세도가였던 안동 김씨와 풍양 조씨와의 권력 쟁탈전에 희생양이 된 것이었다.

그는 유배지에서 9년간 생활하였는데 그 와중에도 학문에 몰두하였으며, 찾아오는 많은 사람들에게 가르침을 주기도 했다. 그러나 좋은 일만 있는 것은 아니었다. 열병에 걸려 앉아 있을 수 없을 정도로 고생한 적도 있었다. 58세 때에는 부인 예안 이씨의 사망 소식을 듣고 시름에 빠지기도 하였다. 다음 시는 당시의 슬픈 마음을 잘 표현하고 있다.

어찌하리오, 달빛 아래의 노인이 명부(冥府)에 부탁하여(那呼月老訟冥司)
내세에 부부의 처지가 바뀌게 하여(來世夫妻易地爲)
내가 죽고 그대가 천리 밖에서 산다면(我死君生千里外)

그대로 하여금 내 이 슬픈 마음을 알게 하리오(使君知我此心悲)

이러한 슬픔에도 불구하고 그의 학문과 예술에 대한 열정은 시들지 않았다. 유배지에서 그가 남긴 「세한도(歲寒圖)」는 그의 기개와 절개를 잘 보여주고 있다. 이 작품은 여러 모로 도와 준 제자이며 역관인 이상적(李尙迪)에게 1844년(헌종 10)에 제주도 유배지에서 답례로 그려준 것이다. 이상적의 변함없는 의리를 날씨가 추운 겨울에도 푸르름을 간직하고 있는 소나무와 잣나무의 지조에 비유하여 그린 것이다. 공자가 "추운 겨울을 당한 후에야 소나무와 잣나무가 뒤에 시든다는 것을 안다[歲寒然後 知松栢之後凋]"라는 말을 그림으로 표현한 것이다. 그것은 또한 자신의 처지와 마음이기도 했다. 두 그루의 젊은 소나무 옆에 있는 늙은 노송이 바로 추사 자신이었다. 늙고 병들었지만 아직도 지조와 정절을 지키고 있음을 표현한 것이다. 이상적은 이 세한도를 가지고 중국에 가서 문인들에게 보여주자 16인의 명가들이 이를 주제로 한 시를 써서 주었다. 귀국 후 이상적은 이 시들을 추사에게 주었고 추사는 감격의 눈물을 흘렸다 한다.

63세 때에 유배지에서 돌아왔으나 3년 후인 1851년(철종 2), 친구였던 영의정 권돈인의 예론(禮論)에 연루되어 다시 함경도 북청으로 유배되었다. 그해 철종의 증조인 경의군(敬義君)을 진종(眞宗)으로 추존(追尊)하고 그 위패를 종묘의 본전(本殿)에서 영녕전(永寧殿)으로 옮길 때, 권돈인은 먼저 헌종을 묘사(廟社)에 모시도록 주장하다가 파직당하였는데 김정희도 여기에 동조했다는 것이었다. 그러나 이듬해 혐의에서 벗어나 유배지에서 돌아왔다.

한편 추사는 불교에도 관심이 많았다. 어렸을 때의 인연과 어머니의 죽음 등이 이러한 경향을 심화시켰다고도 할 수 있다. 그리하여 그는 연경에서 많은 불경과 불구(佛具)를 가져와 그 일부를 승려들에게 나누어주기도 했으며, 마곡사에 불경과 불상을 기증했다고도 한다. 그의 문집에도 인도에 관한 글인 「천축고(天竺考)」를 비롯하여 사원의 상량문, 그리고 당시의 고승이었던 백파(白坡)와 초의(草衣)에게 보낸 서신 등 불교와 관련된 글이 많이 있다. 그가 난(蘭)을 즐겨 그린 것도 선불교의 영향 때문이었다고도 한다.

북청에서 돌아온 그는 과천의 관악산 기슭에서 보냈다. 거기에는 부친의 묘소가 있었을 뿐 아니라 가까운 데에 봉은사가 있어 스님들과 불법을 논하기에 좋은 곳이었다. 여기에서 3년 여 동안 유유자적한 생활을 즐기던 그는 1856년(철종 7), 71세의 나이로 생을 마감하였다.

그는 학문에도 뛰어났으나 서법에도 밝아 추사체(秋史體)라는 독특한 서체를 창시하기도 했다. 그는 평소에 가슴 속에 품은 뜻이 맑고 높으며 청아(淸雅)하지 않으면 결코 예서(隷書)를 쓸 수 없다고 하여 예서를 서법의 최고로 생각하였다. 그의 작품에 예서가 대부분인 것은 그 때문이었다.

초기 그의 서체는 옹방강의 서체를 본받아 기골이 지나쳤다 할 수 있다. 그러나 그 후 그의 서체는 송나라의 소식(蘇軾)과 미불(米芾)로 옮아갔다. 이들은 서예에 있어 송의 4대가(四大家)에 속하는 인물이었고, 특히 소식은 옹방강이 추앙하는 인물이었기 때문이었다. 이후 그의 서체는 당 나라의 이옹(李邕)을 본받았다. 이러한 편력과 발전을 거친 후, 추사의 서체는 당나라 초기의 구양순(歐陽詢)의 서풍을 본받아 대성하기에 이르렀다.

또한 그는 매화를 좋아하여 자신이 그린 매화 병풍을 둘러치고 매화차를 마시며 매화에 관한 시를 읊기도 했다. 자신의 호를 '매화구주(梅花舊主)' 라 한 것도 이러한 맥락에서 이해할 수 있다.

이처럼 그는 명문 가문에서 태어나 고관대작에까지 이르렀으나 그의 학문에 대한 열정은 누구보다 뜨거웠다. 특정 학파에 얽매이지 않았고 유학이나 불교도 두루 공부하였다. 특히 그는 서법에서 추사체라는 그만의 독자적인 서체를 창안하여 예술사의 한 획을 그었다. 그는 갔으나, 그의 정열과 예술혼은 후학들에게 많은 가르침을 주고 있다.

| 김정희 묘 |

참고문헌 ─────────

최완수, 「金秋史의 金石學」, 『澗松文華』3, 한국민족미술연구소, 1972.
오성찬, 『추사 김정희』, 큰산, 2002.
유홍준, 『완당평전』, 학고재, 2002.
박명용 외, 『예술가의 혼을 찾아서』, 형설, 2003.
국립박물관, 『추사 김정희』, 2006.
이해준, 『서해와 금강이 만나 이룬 문화』2, 충남역사문화연구원, 2009.

참고 사이트

느낌여행충남 http://tour.chungnam.net
문화재청(완당세한도) http://www.cha.go.kr/unisearch
예산군문화관광 http://www.yesan.go.kr/culture
예산문화원 http://yesan.cult21.or.kr/
추사 김정희 http://www.chusa.or.kr
추사문화 http://www.chusatotal.or.kr
한국역대인물 종합정보시스템 http://people.aks.ac.kr

36. 서원의 설치와 그 기능

　　조선시대의 지방사회를 논함에 있어 서원은 중요한 한 부분을 차지하고 있다. 원래 지방에는 관에서 세운 교육 기관으로 향교가 있었다. 그러나 16세기에 들어와 사림 세력이 향촌 사회의 재정립을 위해 서원(書院)을 건립하기 시작하면서 향교(鄕校)의 위상은 미약하게 되었다. 특히 국가로부터 편액(扁額, 간판)을 하사받은 사액서원(賜額書院)의 위상은 향교에 비할 바가 아니었다. 사액서원은 면세·면역의 특권을 누렸을 뿐 아니라 노비와 토지·서적도 하사 받았던 것이다.

　　최초의 서원은 1543년(중종 38)에 풍기군수 주세붕(周世鵬)이 세운 백운동서원(白雲洞書院)이었다. 이 서원은 후에 이 지방에 군수로 부임했던 퇴계 이황(李滉)의 청에 의해 명종이 소수서원(紹修書院)이란 편액을 하사함으로써 사액서원의 효시가 되었다.

　　서원의 본래 목적은 지방의 양반 자제들을 교육하고 선현(先賢)을 봉사하는 것이었다. 이를 위해 서재(書齋)와 사묘(祠廟)를 갖추고 있었다. 최초의 서원인 백운동 서원도 원래는 고려의 유학자 안향(安珦)을 모시

기 위한 것이었다. 그러나 붕당정치의 전개와 함께 서원의 본래 기능도
변질되어 자기 당파의 세력을 온존하기 위한 근거지가 되었다. 대원군
의 서원철폐는 이러한 배경에서 나온 것이었다.

충청 지역에도 많은 서원이 건립되었는데 조선시대 전 기간에 걸쳐
118개에 달하였다. 충남 지역만 해도 44개의 서원이 건립되었다. 충남
지역에서 최초로 건립된 서원은 공주의 충현서원(忠賢書院)이었다. 이
서원은 선조 14년(1581)에 건립되었다. 이 지역에서 학문적 성과를 이
루었던 서기(徐起)와 그의 제자들이 주도하고 공주목사로 와 있던 권문

해(權文海)가 재정적 지
원을 하여 공주 공암에
세운 것이었다. 창건 당
시 이 서원에는 주자를
비롯한 이존오(李存吾)
·성제원(成悌元)·이목
(李穆) 등이 제향 되었
다. 주자와 함께 모셔진
이들 3인은 모두 공주와
인연이 있는 인물이었다.
이존오는 고려 후기의 문
신으로 1366년(공민왕 15)
에 우정언(右正言)의 관
직에 있으면서 신돈(辛
旽)의 황포를 탄핵하다
쫓겨나 공주 석탄에서 은
둔 생활을 하다 죽었다.
이목은 김종직(金宗直)

| 충현서원 건물 |

| 충현서원비 |

| 충현서원 하마비 |

의 문하에서 공부하였는데 재상 윤필상(尹弼商)의 전횡을 탄핵하다 공
주의 씨악섬[현 공주시 소학동]에 유배된 바 있었으며, 무오사화(戊午士
禍) 때 사형 당하였다. 성제원은 공주 출신으로 공주에 은거하며 성리
학 공부에 매진한 인물이었다.

이후 이 서원은 임진왜란으로 폐허가 되었다가 1610년(광해군 2)에
중수되었다. 그로부터 14년 만인 1624년(인조 2)에 국가로부터 '충현'
이라는 액호를 사여 받음으로써 충남 최초의 사액서원이 되었다. 그에
따라 토지 3결에 대한 면세권 및 경제적 후원이 뒤따랐다. 이후 충현서
원은 1660년(현종 원년)에 논산 연산의 돈암서원(遯巖書院)이 사액받
기까지 이 지역의 사액서원으로 군림하였다. 돈암서원은 사계 김장생
을 제향한 서원이었다. 이처럼 16~17세기에는 공주의 충현서원이나 논
산의 돈암서원이 호서사림을 이끌었다고 할 수 있다.

다음으로 세워진 서원이 서천군 한산면에 있는 문헌서원(文獻書院)
이었다. 이 서원은 1594년(선조 27)에 창건된 것으로 전해진다. 한산 이
씨인 이성중(李誠中)이 한산군수로 부임해오면서 기린산에 있는 목은
이색의 묘소 아래 사우(祠宇)를 짓고 '효정사(孝靖祠)'라 하였다 한다.
효정사는 정유재란으로 소실되었는데, 1610년(광해군 2)에 관찰사 정
엽(鄭曄)과 정언 이경탁(李慶倬) 등이 이를 중건하여 이듬해인 1611년,
'문헌'으로 사액을 받았다.

이 서원의 제향인물은 가정 이곡(李穀)과 목은 이색(李穡) 부자를 비
롯해 이종학(李種學)·이종덕(李鍾德)·이개(李塏)·이자 등이었다.
이곡은 일찍이 원의 과거에 합격하여 원의 학자들과 교류하였고 고려
에 돌아와 실록 편찬 작업에 참여한 인물이다. 이색 역시 원나라 문과
에 급제하고 돌아온 후 고려의 성리학 발전에 지대한 공을 세운 인물이
다. 나머지 인물들도 다 한산 이씨 가문에서 존경받는 인물들이었다.

17세기에 이르면 더욱 많은 서원이 건립되었다. 특히 17세기 후반 노

론과 소론의 대립이 격화
되면서 서인 노론계의 서
원 건립 활동이 두드러지
게 되었다. 숙종대만 하
더라도 노론의 영수였던
송시열을 제향한 서원과
사우가 33개소나 되었고,
충남 지역에만도 7개나
되었다. 1696년(숙종 22)
에는 송시열(宋時烈)을 제
향한 화양동 서원이 사액
(賜額)을 받기도 하였다.
   이렇듯 서원의 남설이
행해지자 1714년(숙종
40)에 조정에서는 첩설금
령(疊設禁令)을 내려 이
미 제향 된 인물들을 다
시 중첩 제향 하는 것을
금하였다. 그러나 문묘

| 돈암서원 입구 |

| 김장생, 김집, 송시열, 송준길을 제사하는
돈암서원 숭례사 |

(文廟)에 배향하는 유학자들의 중첩 제향은 가능하여 송시열과 합향 하
는 경우가 많았다. 예컨대 주자와 합향 된 곳이 10개소, 송준길과 합향
된 곳이 8개소, 김장생과 합향 된 곳이 7곳, 권상하·조헌과 합향 된 곳
이 6개소, 조광조와 합향 된 곳이 4개소 등이었다. 이처럼 18세기에 들
어오면서 노론의 중심이 사계 김장생에서 우암 송시열로 옮겨졌고 호
서 지역 서원 활동의 중심도 돈암서원에서 청주의 화양동 서원으로 넘
어가게 되었다.

1741년(영조 17)에는 첩설금령 이후에 건립된 서원을 모두 철폐하고 관련 지방관을 문책하며 서원 건립을 주창한 유생을 처벌하는 억제책을 실시하였다. 그러자 지방 사족들은 문중 서원을 건립하거나 기존의 서원에 자신들의 선조를 추가로 배향하여 문중의 권위와 지위를 유지하고자 하였다. 그 후 대원군 때에 이르러 서원철폐령이 내려져 전국에 47개소의 서원만 남겨두고 600여 개의 서원을 철폐하였다. 이때 충남 지역의 서원도 대부분 철폐되고 논산의 돈암서원과 노강서원, 부여 홍산의 창열사(이전의 彰烈書院) 만이 남게 되었다. 금산의 용강서원은 강당만 남게 되었다.

이러한 서원은 선현의 영정을 모시고 봄, 가을로 제사를 지내는 사우(祠宇)와 교육 장소인 강당, 숙소인 동·서재, 선현들의 저서를 판각하여 펴내는 장판각, 유생들의 휴식 공간인 루(樓) 등으로 구성되어 있었다.

이 서원은 지방사회에서 여러 기능과 역할을 수행하였다. 먼저 들 수 있는 것이 교육 기능이었다. 교육은 서원의 자체 규정인 원규(院規)에 의해 수행되었다. 서원 학생의 정원은 처음엔 자유였으나 서원이 남설되면서 1710년(숙종 36)에는 사액서원의 정원은 20인, 기타 사원은 15인으로 정하였다. 그러나 얼마 안가 이 원칙도 무너지게 되었다. 서원의 중요 재원은 서원촌(書院村)에서 조달하였다. 서원촌은 특정 서원이 점유하고 지배하는 촌락으로 잡다한 서원의 경제적 기반을 제공하였다.

또 서원은 지역 인재들의 집합소 역할을 하였다. 젊은 인재들이 여기 모여 교육 뿐 아니라 강론과 토론의 장이 되기도 하였고 여론과 공론을 조성하기도 하였다. 연산의 돈암서원은 호서 사림의 구심체로서 수 많은 인사들이 방문했음을 증명하는 도기(到記)가 남아 있다.

서적을 간행하고 보관하는 기능도 수행하였다. 제향 인물에 대한 문집이나 실기의 판각이 이루어지기도 하고 향약(鄕約)이나 시회(詩會)에 관한 자료들이 발간되기도 하였다. 강학에 필요한 교과서나 참고서,

각종 사전류, 같은 학맥을 이은 사람들의 문집이나 자료들이 보관되기도 하였다. 지방의 도서관과 같은 기능도 수행하였다.

또한 선현들을 제사하며 그들의 언행과 사상을 이어받아 사회교육의 일익을 담당하기도 하였다. 향약의 실시와 향음주례(鄉飮酒禮, 마을의 유생들이 연로한 분을 모시고 술 마시고 잔치하며 예절을 배우는 의식)와 같은 유교문화의 확산이 서원을 중심으로 행해졌던 것이다.

도덕과 예절이 실종되어 가고 있는 요즈음 서원과 같은 지방문화의 중심지가 절실히 필요한 때다. 때로 부작용이 있었지만 지방과 중앙의 격차가 심해지고 있는 것은 이러한 서원 문화가 쇠퇴했기 때문은 아닐까 생각해 본다.

참고문헌 ────────────────────

전용우, 「호서 사림의 형성에 관한 연구」, 충남대 박사학위논문, 1994.
충청남도, 『충남의 서원 사우』, 1999.
경기대 소성학술원, 『한국의 서원과 학맥 연구』, 2000.
이해준, 「호서지역 서원의 지역적 특성과 정치적 성격·사우」, 『국학연구』, 안동국학연구원, 2007.
이해준, 「충남의 서원과 사우」, 『충남도지』7, 충남도지편찬의원회, 2008.

참고 사이트

공주시문화관광 http://tour.gongju.go.kr
공주문화원 http://www.culturegj.or.kr
논산관광포털사이트 http://tour.nonsan.go.kr
느낌여행충남 http://tour.chungnam.net
디지털공주문화대전 http://gongju.grandculture.net
디지털논산문화대전 http://nonsan.grandculture.net
서천군문화관광 http://tour.seocheon.go.kr
한국역대인물 종합정보시스템 http://people.aks.ac.kr

V. 근·현대

37. 천주교 박해와 남연군묘

조선이 양난을 겪고 난 후 유학이 제 기능을 잃어가고 비판을 받을 때 새롭게 등장한 것이 서학(西學), 즉 천주교였다. 천주교가 조선에 처음 소개된 것은 16세기 말에서 17세기 초, 명에 다녀온 사신에 의해서였다. 그들은 서양의 서적과 더불어 천주교에 대한 중국어서적을 들여오기 시작했다. 그 후 17세기에 들어와 주로 북인 계열의 학자들이 관심을 가졌다. 특히 이수광은 그의 저서 『지봉유설(芝峰類說)』에서 이탈리아 신부 마테오 리치(Matteo Ricci)가 지은 『천주실의(天主實義)』를 소개하면서 불교와의 차이점을 논하기도 하였다.

18세기 후반 정조 때에 이르러서는 주로 권철신(權哲身)·권일신(權日身)·이벽(李蘗)·정약종(丁若鍾)·정약용(丁若鏞)과 같은 남인 학자들에 의해 받아들여졌다. 특히 이벽의 제자인 이승훈(李承薰)이 1784년(정조 8)에 북경에서 세례를 받고 귀국하면서 신앙열이 고조되었다.

이러한 분위기는 충남 지역에도 예외가 될 수 없었다. 충남 지역의 천주교회는 1784년 직후 내포 지역에 이존창(李存昌)에 의해 설립되었다고 보는 것이 일반적인 견해이다. 지금의 예산군 신암면 출신이었던 이존창은 이벽·이승훈·정약용 형제와 교유하면서 기존의 신분질서를 부정하는 천주교에 깊이 빠져 들었다. 그는 양인 출신이었기 때문이었다. 이존창의 전교에 따라 내포 지역에도 천주교가 빠르게 전파되었다.

그러나 유교식 제사를 무시하는 천주교는 1785년(정조 9), 사교(邪教)로 규정되어 탄압을 받기 시작하였다. 특히 정조의 뒤를 이어 순조가 즉위하면서 노론 벽파가 득세하자 탄압은 더욱 심화되었다. 1801년(순조 1)의 '신유사옥(辛酉邪獄)'이 그것이다. 이때 권철신·이승훈·이가환(李家煥) 등 300여 명과 청나라 신부 주문모(周文謨)가 처형되고, 정약전(丁若銓)·정약용 형제가 유배되었다. 이존창도 공주에서 처형당하였다.

한편 황사영(黃嗣永)은 북경에 있는 프랑스인 주교에게 군대를 동원하여 포교의 자유를 허락받게 해달라는 백서(帛書)를 보내려다 발각되기도 하였다. 이에 정부에서는 더욱 심한 탄압을 계속하였다. 그러나 1831년(순조 31)에 교황청에 의해 조선 교구가 성립되고, 1836년(헌종 2)에는 모방, 사스탕, 앙베르 등 3명의 프랑스 신부가 입국하여 포교를 계속하였다. 이 중 모방 신부가 내포 지역에 내려와 전교활동을 하였다. 이에 정부에서는 1839년(헌종 5)에 프랑스 신부 3인과 수 십명의 신도를 처형하였다. 이를 '기해사옥(己亥邪獄)'이라 한다.

이후 1845년(헌종 11)에는 마카오에서 신학교를 졸업하고 최초의 신부가 된 김대건(金大建)이 귀국하였다. 그는 충청남도 내포(內浦) 솔뫼 [지금의 당진] 출신으로 그의 집안은 증조할아버지 때부터 천주교 신자였다. 즉 증조할아버지 김진후(金震厚)가 천주교에 입교하여 신앙생활을 하다 1814년에 충청남도 해미(海美) 옥중에서 순교했다. 할아버지 때 잠시 경기도 안성으로 이사했다가 아버지 때 다시 내포로 내려왔다. 그러나 아버지 김제준(金濟俊)도 신앙생활을 하다가 1839년의 기해박해(己亥迫害) 때 한양 서소문 밖에서 순교했다. 김대건은 이같은 순교자의 집안에서 자라나 신부가 된 것이었다.

| 천주교 박해의 현장인 해미읍성 옥사 |

조선에 귀국한 그는 자신의 고향인 당진 솔뫼를 근거로 포교활동을 하다 1846년 처형되었다. 프랑스 함대가 충청도 홍주 앞바다에 출몰하여 기해박해 때 죽은 프랑스인 신부 3명의 처형을 따지기 위한 문책서(問責書)를 조선에 전달하자 이에 크게 놀란 조선정부가 그를 처형하였던 것이다.

철종 이후 정치 기강이 해이해지고 법망이 허술해지자 천주교는 더욱 성행하게 되었다. 그러다가 고종이 즉위하고 대원군이 집권하면서 박해는 다시 시작되었다. 중국이 1842

| 천주교도를 처형했던 해미읍성의 회화나무 |

년(헌종 8)에 남경조약으로 서양에 강제 개방되고, 1860년(철종 11)에는 영불연합군에 의한 북경이 함락되었다는 소식이 전해지면서 조선에도 위기의식이 팽배해 있었기 때문이었다. 또 내부적으로는 러시아인의 국경침략과 통상 요구를 프랑스의 힘을 빌려 물리치고자 하였으나, 베르뇌(Berneux, 張敬一) 주교가 이를 거절한 것도 한 원인이었다.

대원군은 1866년(고종 3)부터 강력한 탄압을 하기 시작하였는데, 이를 '병인사옥(丙寅邪獄)'이라 한다. 충남 지역에도 천주교도 체포령에 따라 포교들이 내려와 신자들을 체포하여 처형하였다. 대부분 교수형이나 옥에 가두어 굶겨 죽이거나, 매질로 죽이는 방법을 택하였다. 이미 대원군은 먼저 참수하고 후에 보고해도 좋다는 '선참후계령(先斬後啓令)'을 내린 후였다.

충남 지역에서 천주교도들이 더욱 탄압을 받게 된 것은 1868년(고종 5)에 일어난 '오페르트(Oppert, E.J.) 도굴사건' 때문이기도 하였다. 이는 독일 상인 오페르트가 대원군의 아버지 남연군(南延君)의 묘를 도굴한 사건을 말한다. 남연군의 묘는 원래 경기도 연천에 있었는데 1846년에 예산군 덕산면 가야산 자락으로 이전하였다.

여기에는 일화가 전한다. 대원군은 몰락한 왕족이었지만 마음속으로는 나름의 야망을 키우고 있었다. 18세 때 충청도를 여행하다 덕산 가야사에 들렀을 때였다. 웅장한 절을 구경하던 그는 "탑을 세운 자리가 천하 명당이어서 그 자리에 무덤을 쓰면 집안에서 반드시 왕이 나올 것이다"라는 이야기를 들었다. 이에 그는 서울로 돌아와 전 재산을 처분

| 남연군묘 |

| 남연군 비 |

해 1만여 냥을 만들고 이 돈으로 그 주변의 임야를 사 가야사를 옮기게 한 뒤 아버지 남연군의 묘를 본래의 가야사 자리로 비밀리에 이장했다 는 것이다. 이런 연원이 있는 남연군 묘를 오페르트가 도굴한 것이다.

오페르트는 1854년부터 중국과 일본을 오가던 중 조선에 관심을 갖기 시작하였다. 중개 무역의 기지로 적격이었기 때문이었다. 그는 조선에 대해 통상을 요구하기 위해 충남 해미현 조금진(調琴津)에 정박했으나 해미현감에게 거절당하여 상륙하지 못하였다. 이후에도 그는 한강 입구의 교동도와 강화도 인근에 이르러 통상과 개방을 요구했으나 거절당하여 상해로 돌아갔다.

당시 조선은 이양선(異樣船)의 출몰에 대해 경계심을 늦추지 않고 있던 상황이었다. 1866년 7월에 미국 상선 제너럴 셔먼(General Sherman)호가 평양 지역에 들어와 약탈을 자행하다 불탄 적이 있었고, 그 해 9월에는 프랑스 함대가 강화도를 점령하여 금은보화와 귀중 도서를 약탈해가기도 하였다. 이에 대원군 정권은 서양 세력에 대한 불신이 팽배해 있었다.

이러한 가운데 몇 번에 걸친 통상요구에 실패한 오페르트는 중국에 피신해 있던 조선 신자들로부터 남연군 묘를 도굴하여 그 부장품을 가지고 협상한다면 대원군이 이에 응할 것이라는 말을 들었다. 그는 이를 실행에 옮겼다. 우선 일본 나가사끼에 들러 소총 등의 무기와 도굴 장비를 구입한 후 아산만 입구를 거쳐 구만포(九萬浦)로 상륙하였다. 이어 덕산 관아를 습격하고 덕산 가야동까지 행군하여 도굴을 시작하였다. 그러나 밤늦게 도굴을 시작한 데다 일행이 행군에 지쳐 있었고 석회로 밀봉한 묘광이 단단하여 실패하고 말았다. 날이 밝자 이들은 퇴각하여 북상하였다. 이 소식을 접한 충청도 관찰사 민치상(閔致庠)은 이를 중앙에 알렸고, 고종은 이와 관련된 천주교 신자들을 모조리 색출하도록 명령하였다. 이에 따라 덕산 관할의 해미는 물론 이웃 홍주

| 아산시 신창면의 척화비 |

진영에서도 많은 천주교도들이 처형 당하였다.

한편 오페르트 일행은 인천 영종도 부근에 정박하여 통상 교섭 서한을 영종첨사(永宗僉使) 신효철(申孝哲)을 통해 대원군에게 전달하였다. 그러나 대원군은 통상 거부를 분명히 하고 신효철로 하여금 이들을 퇴각시키도록 했다. 신효철은 명을 받아 이들을 공격하여 2명을 사로잡아 효수하였다. 오페르트 일행은 도망하여 상해로 돌아갔다.

1871년(고종 8)에는 소위 '신미양요(辛未洋擾)' 가 일어났다. 미국의 로저스(Rodgers, J) 사령관이 이끄는 아시아 함대가 강화도에 들어와 무력시위를 벌이면서 통상을 요구하고 강화도를 공격하였던 것이다. 그러나 광성보(廣城堡)의 어재연(魚在淵) 부대가 결사 항전하여 이들은 20여 일 만에 퇴각하였다.

이 사건으로 인해 서울·경기 지역에서는 다시 한 번 천주교 박해가 일어났고, 대원군은 척화비(斥和碑)를 세워 쇄국의 의지를 분명히 하였다. "서양 오랑캐가 침범해 오는데 싸우지 않으면 화친을 하자는 것이요, 화친을 주장하는 것은 나라를 팔아먹는 것이다[洋夷侵犯 非戰則和 主和賣國]"라는 것이 그 내용이었다. 지금도 홍성군 구항면 오봉리와 아산시 신창면 읍내리에는 척화비가 남아 있다. 개국과 근대화의 고통과 흔적을 보여주는 기념물이라 하겠다.

참고문헌

성대경, 「대원군의 내정 개혁과 대외정책」, 『한국사』, 국사편찬위원회, 2000.
원재연, 「오페르트의 조선항해와 내포일대의 천주교 박해」, 『내포지역과 한국천주교회사』, 공주대학교 백제문화연구소, 2000.
차기진, 「내포 지역의 복음 전파와 사목중심지 조사」, 『내포 천주교회와 성 안드레아 김대건 신부』, 천주교 대전교구 솔뫼성지, 2002.
차기진, 「충남 지역의 천주교 수용과 박해」, 『충청남도지』8, 충남도지편찬위원회, 2008.
한영우, 『다시 찾는 우리역사』, 경세원, 2009.

참고 사이트

느낌여행충남 http://tour.chungnam.net
대전교구 솔뫼성지 http://solmoe.or.kr
서산문화관광 http://www.seosantour.net
아산문화관광 http://www.asan.go.kr/culture
한국역대인물 종합정보시스템 http://people.aks.ac.kr
해미읍성 http://haemieupseong.com
홍성문화관광 http://tour.hongseong.go.kr

38. 을사보호 조약과 송병선 형제

　쇄국정책을 추구하던 대원군이 1873년에 하야하고 명성황후 민비가 집권하면서 조선은 결국 일본과 1876년(고종 13)에 병자수호조약(丙子修好條約, 강화도 조약)을 맺어 국제사회에 개방되었다. 그러나 이후 조선은 내우외환에 시달려야 했다. 1882년(고종 19)에 임오군란(壬午軍亂)으로 포도청과 일본 공사관이 습격당하고 대원군이 청에 잡혀가는 사태가 벌어졌다. 이로써 청의 내정 간섭이 심화되자 1884년(고종 21)에 급진파 개혁인사 김옥균(金玉均)·박영효(朴泳孝)·홍영식(洪英植) 등이 일본의 지원을 받아 갑신정변(甲申政變)을 일으켰으나 3일 만에 실패하였다. 이러한 청·일 간의 조선에 대한 각축은 1894년, 청·일전쟁으로 비화되었다.

　여기서 청이 패하면서 일본이 조선에 대한 주도권을 행사하였다. 1895년에 일본이 명성황후를 시해하자 조선 정부는 러시아 쪽으로 기울어져 1896년에는 '아관파천(俄館播遷)'이 일어나기도 하였다. 파천 1년 만에 환궁한 고종은 대한제국(大韓帝國)을 선포하였다.

이처럼 1890년대 후반은 러시아와 일본이 대립한 시기로 나름의 세력균형이 이루어지기도 했다. 1894년 청·일전쟁에서 승리한 일본이 청에게 대만과 요동반도를 할양받자 러시아는 일본의 세력 팽창을 염려해 독일·프랑스와 함께 요동반도의 반환을 요구했다. 이에 요동반도를 청에 돌려준 일본은 러시아의 남진을 저지하기 위해 3차에 걸쳐 러시아와 협상을 진행했다. 이 협상에 의해 일본은 조선에 대한 러시아의 영향력을 어느 정도 인정하는 대신 자국은 한반도에서 경제적 우위권을 확보할 수 있었다.

이 무렵 조선 국내에서는 독립협회(獨立協會) 등이, 국제적으로는 영국이 러시아의 조선 침투를 반대했다. 러시아의 극동정책은 한반도를 완충지대로 하여 요동 지역을 점령하려는 쪽으로 전개되었다. 이 정책에 따라 러시아는 1897년에 요동반도의 여순(旅順)과 대련(大連)을 조차하고, 조선에서는 마산포를 조차하여 극동함대의 기지로 삼으려다 일본의 방해로 실패했다. 청에서는 외세의 침략에 대항하는 의화단사건이 일어났고, 열강은 이를 구실로 북경을 점령했는데 이때 출병한 러시아는 사태가 끝난 뒤에도 청국에 남아 만주 침략의 의도를 드러냈다. 청과 밀약을 맺어 실질적으로 만주를 점령하고 보호령으로 만들 조짐을 보인 것이다. 이 밀약은 영국·미국·일본 등 여러 나라의 항의로 폐기되었지만 러시아의 만주 점령 정책은 계속되었고, 독일과 프랑스가 이를 양해하는 쪽으로 나갔다.

불안을 느낀 일본은 1902년에 영·일동맹을 맺어 청이 영국의 이권을 인정해주는 대신 러시아의 남방 진출을 견제하는 한편 조선에서 일본의 우위권을 인정받았다. 그러자 러시아는 프랑스와 동맹을 맺고 남진정책을 계속하여 1903년에는 압록강 하류의 용암포를 점령하고 군사시설을 설치한 뒤 정식으로 조차를 요구해왔다.

이에 대해 일본은 러시아의 군대 철수를 요구하는 한편 한국에서의

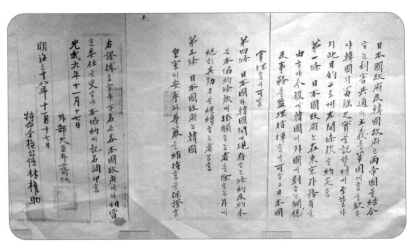

| 을사늑약 전문 |

일본 이권을 용인할 것도 제의했다. 그러나 러시아는 철군을 거부하고 일본이 한국을 군략상의 목적으로 이용하지 않는다는 전제하에 일본의 정치·경제적 우월권을 인정하겠다는 의견을 제시했다. 그리고 39도선 이북의 한반도를 러시아와 일본의 중립지대로 할 것도 요구했다. 이러한 양국의 요구는 몇 차례의 협상에도 불구하고 타결점을 찾지 못해 결국은 양국의 무력대결로 치달았다. 이것이 1904년의 러·일전쟁이었다.

러·일전쟁은 예상을 뒤엎고 일본이 승리하였다. 이에 일본은 1905년 11월, 고종 황제와 대신들을 위협하여 강제로 제2차 한일협약(을사보호조약)을 체결했다. 일본은 당시 수상격인 참정(參政) 한규설(韓圭卨)이 조약 체결을 반대하자 헌병에게 끌어내게 하고 외부대신의 인(印)을 가져다가 조약에 날인했다. 이때 조약 체결에 직·간접적으로 협조한 이들도 있었는데 내부대신 이지용(李址鎔), 군부대신 이근택(李根澤), 법부대신 이하영(李夏榮), 학부대신 이완용(李完用), 농상공부대신 권중현(權重顯)으로, 이들을 을사오적(乙巳五賊)이라 한다. 이로써 일본인 통감(統監)이 외교권을 장악하여 한국의 외교권은 박탈당하였다.

이 소식이 알려지자 뜻있는 인사들이 항거의 표시로 자결을 하는 사태가 벌어졌다. 명성황후의 조

| 을사늑약 체결 장면 |

카뻘인 민영환(閔泳煥)이 자결하자 의정대신 조병세(趙秉世)·전 참판 홍만식(洪萬植)·학부주사 이상철(李相哲) 등이 그 뒤를 따라 자결하였다. 이는 지방에도 큰 영향을 미쳐 송병선(宋秉璿)이 자살의 길을 택하였다.

송병선은 우암 송시열 선생의 9대 손으로 1836년에 현 대전직할시 동구 성남동에서 태어났다. 그는 성리학과 예학에 힘써 1876년, 『근사속록(近思續錄)』을 편찬하였다. 이 책은 정암 조광조·퇴계 이황·율곡

| 송병선 간찰 |

| 송병선 영정 |

이이 · 사계 김장생 · 우암 송시열 등 5현(賢)의 문집에서 좋은 글귀를 뽑아 『근사록』과 같은 형식으로 출간한 것이다.

그의 학문을 전해들은 조정에서는 그에게 여러 차례 관직을 내렸으나 받지 않았다. 그러나 여러 차례 상소를 올려 시정을 논의하였다. 1895년에는 조정 신하들의 의복을 양복으로 바꾸는 것에 대한 반대 상소를 올렸고, 이후 천주교를 사교(邪敎)로 간주하여 엄금할 것을 상소하기도 하였다.

1905년에 을사조약이 체결되자 고종을 알현하고 을사 5적을 처단할 것과 현명하고 어진 이를 뽑아 쓸 것, 기강을 세울 것 등을 주장하는 10조봉사(十條封事)를 올렸다. 계속하여 그는 을사조약 반대운동을 전개하려 하였으나 경무사 윤철규(尹喆圭)에게 속아 일본 헌병에게 납치당하여 강제로 향리에 호송되었다. 그러자 음력 12월 30일 국권침탈에 분통해 하면서 황제와 유생, 국민들에게 유서를 남겨 놓고 음독자살하였다.

그가 고종 황제에게 남긴 유소(遺疏)의 일부를 보자.

　아! 슬픕니다. 친일의 제적(諸賊)을 처형하지 못하고 강제조약을 파기하지 못한다면 500년 종묘사직이 오늘에 망해버리고 삼천리 강토가 오늘에 없어지며 수백만의 백성이 오늘에 멸망하고 오천년의 도맥(道脈)이 오늘에 끊겼으니 신이 오늘날에 있어 또한 살아서 무엇하오리까? 차라리 죽어서 역대의 선옹(先翁)과 선성현(先聖賢)을 지하에서 모심으로써 춘추대의를 저버리지 않으려 하나이다. 그러하오니 엎드려 빌건대 성상께서는 국사를 통찰하고 백성을 불쌍히 여겨서 죽음으로써 종묘사직을 지키겠다는 정대(正大)한 의리를 확립시키고 모든 간적(奸賊)을 처형하여 왕정의 권위를 펴시며, 강제조약을 폐기하여 국가주권을 회복하시고, 인재를 가려 직무를 맡기시어 우리 백성을 잘 보호함으로써 종묘사직을 영원히 지키시고 도맥을 단절된 상태에서 다시 붙들어 이으신다면 신이 죽은 오늘이 바로 신이 다시 태어나는 생일이 될 것입니다.

그의 애국충정을 잘 표현하고 있는 글이다.

이 같은 유서를 받았던 그의 아우 송병순(宋秉珣)은 1888년(고종 25)에 의금부도사를 지내기도 했으나, 사퇴하고 학문 연구에만 몰두하였다. 불법적인 을사조약이 체결되자 "보통 우리의 신서(臣庶)들은 불공대천(不共戴天)의 왜적과는 같은 하늘을 할 수 없다"고 하면서 마침내 일본을 성토하는 글을 지어 전국에 배포하였다. 1910년 한일합방의 슬픈 소식을 듣고 두문불출하다가 끝내 형의 뒤를 이어 음독 자결하였다.

그가 써놓은 자서명(自誓銘)에는 다음과 같이 쓰여 있었다.

소중화의 전통있는 나라요 대명(大明)의 유민인데 넓고 넓은 우주 내에 이 한 몸 용납할 곳 없구나. 서산 꼭대기를 우러르고 동해 바닷가를 바라보니 스스로 나의 스승이 있도다. 죽음으로써 이를 따르리라.

지금도 대전광역시 동구 용운동에는 이들 두 형제의 위패와 영정을 모신 문충사(文忠祠)가 자리하고 있다. 원래 이 사당은 1908년에 충북 영동에 있던 것인데, 1966년에 송병선 선생의 추모 60주년을 맞아 선생

| 문충사 전경 |

| 문충사 |

| 용동서원 |　　　　　　　　　　　　 | 용동서원 현판 |

　이 태어나고 순국한 이곳으로 옮겼다. 그 옆에는 용동서원이 자리하고
있다. 두 선생의 위대한 충의(忠義) 정신이 바로 우리 고장은 물론 우리
나라를 지탱해 온 원동력이라 하겠다.

참고문헌 ───────────────────────

대전직할시, 『한밭인물지』, 대전직할시사편찬위원회, 1993.
박경목, 「연재 송병선의 학맥과 민족운동」, 『대동문화연구』39, 대동문화연구소, 2001.
김상기, 「한말 일제하 충남지역 성리학의 학맥과 민족운동」, 『도산학보』9, 2003.
박경목, 「일제의 국권침탈과 의열투쟁」, 『충남도지』8, 충남도지편찬위원회, 2008.

참고 사이트

국가보훈처 http://www.mpva.go.kr
느낌여행충남 http://tour.chungnam.net
대전광역시 향토사료관 http://museum.daejeon.go.kr/history
대전동구문화원 http://www.dgcc.or.kr
한국역대인물 종합정보시스템 http://people.aks.ac.kr

39. 일제의 침략과 홍주 의병

을사보호조약이 체결되자 고종은 이 조약이 한국의 의사와 관계없이 강제로 체결된 것임을 세계에 알리기 위하여 이준(李儁)·이위종(李瑋鍾)·이상설(李相卨) 3인을 네덜란드 헤이그에서 열린 만국평화회의(萬國平和會議)에 파견하였다. 그러나 영국과 일본의 방해로 회의에 참석하지도 못했고, 오히려 이것이 문제가 되어 고종은 1907년 7월 강제로 퇴위 당했다.

고종을 퇴위시키고 병약한 순종을 즉위시킨 일본은 같은 달 곧 한일신협약(韓日新協約 : 丁未七條約)을 체결하였다. 이 조약에 따라 각 부의 차관에 일본인이 임명되어 이른바 차관정치(次官政治)가 시작되었다.

이 조약을 맺은 직후 일본은 재정부족을 이유로 한국군대를 해산시켰다. 또 기유각서(己酉覺書)를 교환함으로써 한국의 사법권까지 박탈하였다. 나아가 일본은 1910년 8월 22일 한국정부의 내각총리대신 이완용과 당시의 통감 데라우치(寺內正毅) 사이에 8개 조항의 '한국병합에 관한 조약 을 체결하여 한국을 일본의 완전한 식민지로 만들어 버렸다.

그러나 이러한 일제의 침략에 대하여 한국국민이 방관한 것은 아니었다. 언론을 통해 조약의 부당성을 지적하였는가 하면 열사들에 의한 항일의거가 속출하였다. 즉 장지연(張志淵)은 『황성신문』에 「시일야방성대곡(是日也放聲大哭)」이라는 논설을 게재하였고, 안중근(安重根)은 1909년 10월 26일, 조선 침략의 원흉인 이토 히로부미(伊藤博文)를 만주 하얼빈(哈爾濱)에서 저격하기도 하였다.

그러나 일제의 침략에 대한 가장 적극적인 저항은 의병운동(義兵運動)이었다. 항일의병은 1895년에 민비시해와 단발령에 자극받아 일어난 을미의병(乙未義兵)에서 비롯되었다. 그리고 한일합방조약이 체결될 때까지 일제에 저항하여 무력투쟁을 불사했다. 이 의병운동은 대체로 그 시기와 성격에 따라 3기로 나누어 볼 수 있다.

1기는 1895년의 을미의병에서부터 을사보호조약 체결 전인 1905년까지로 이 시기의 의병은 동학농민혁명군에 참여하였던 농민들이 많이 가담하였고, 그 지휘자는 대부분 지방의 유생들이었다. 대표적인 것으로는 제천에서 일어난 유인석(柳麟錫) 부대와 춘천의 이소응(李昭應) 부대, 그리고 선산에서 일어난 허위(許蔿) 부대 등이었다. 존왕양이(尊王攘夷)를 기치로 내걸었던 이들 의병부대는 곳곳에서 정부군과 일본군에 맞서 싸우다가 아관파천으로 친일정권이 무너진 후 국왕의 회유조칙에 따라 대부분 해산했다. 그러나 그 하부조직 가운데 동학농민군의 잔여세력으로 생각되는 무리들은 활빈당(活貧黨)을 조직하여 활동하기도 하였다.

2기는 을사조약 이후부터 1907년의 군대해산 이전까지 일어난 의병을 말한다. 이 시기에도 의병의 지도자는 주로 유생이었으나, 평민의병장도 출현한 것이 특징이다. 을사조약이 체결되어 독립국가의 면모가 없어지고 국권상실의 위기가 도래하자 의병운동은 더욱 격렬히 전개되었다. 강원도 원주에서 원용팔(元容八) 부대가 제일 먼저 의병 운동을 전개하였다. 당시 유림의 거두였던 최익현(崔益鉉)은 제자 임병찬(林炳瓚) 등과 함께 전북 태인에서 일어나 정읍·곡성을 거치면서 세력을 증가시켜 순창으로 진출하였으나, 황제의 명을 받은 정부군과는 싸울 수 없다고 하여 스스로 군대를 해산하고 체포당하였다. 그는 일본군에 의하여 대마도에 유배되었다가 순국하였다. 이외에도 경북 영천의 정용기(鄭鏞基) 부대, 영해의 신돌석(申乭石) 부대 등이 있었다. 특히 신돌석은 평민출신으로 약 3천여 명에 달하는 의병을 거느리고 평해·울진·영해 등지에서 많은 활약을 하였다.

3기는 1907년의 군대해산 후부터 한일합방 때까지로 의병운동이 최고조에 달했던 시기이다. 이때에는 강제해산 된 군인들이 근대식 무기를 가지고 의병에 가담했으므로 그 규모나 성격면에서 이전과는 상당히 달랐다. 군대해산을 반대하면서 제일 먼저 항일전선에 나선 것은 원주진위대와 강화분견대의 장병들이었다. 이어 수원진위대와 홍주분견대·진주진위대의 장병들이 주변의 의병에 합류함으로써 의병운동은 큰 활기를 띄었다.

각지에서 의병부대와 일본군과의 전투가 계속되는 가운데 의병들 사이에는 연합전선이 형성되어 1907년 12월에 서울 진공작전(進攻作戰)이 전개되기에 이르렀다. 이에 따라 전국적인 창의군(倡義軍)이 조직되고 13도 총대장에 이인영(李麟榮), 군사장에 허위 등이 임명되었다. 이들은 선발대를 인솔하여 서울 30리 밖까지 진출했으나 일본군의 완강한 저항으로 일단 후퇴하였다. 이 때 이인영은 부친의 사망소식을 듣고 불효는 불충이라 하여 지휘권을 허위에게 맡기고 낙향하였다. 총대장이 없는 상태에서 서울 진공작전을 감행했으나 실패하고 잔여의병은 전국으로 흩어졌다. 이후 일본군은 '남한 대토벌작전' 을 감행하여 의병은 약 5만 명의 사상자를 내었고, 나머지는 간도나 연해주지방으로

| 홍주읍성 성벽 |

탈출하여 독립군이 되었다.

　이 같은 의병 운동은 충절의 고장이었던 충남에서도 분연히 전개되었다. 그중 대표적인 것이 충남 홍성의 을사의병이었다. 민종식(閔宗植)·이세영(李世永)·안병찬(安秉瓚) 등이 부대를 조직하여 홍주성을 공격하였던 것이다.

　안병찬은 이미 을미사변과 단발령이 있었던 1895년에 의병을 일으켰다가 징역 3년을 선고받은 바 있었다. 이세영도 홍주의병에 참여한 경력이 있었다. 또 1905년에 을사조약이 체결되자 안병찬·이세영·채광묵·박창로 등은 다시 의병 항쟁을 전개할 것을 결의하였다. 안병찬은 1906년에 동지들과 함께 을미사변 후 관직을 버리고, 청양 정산에 은거해 있던 전 참판 민종식을 찾아가 거사의 총수를 맡아줄 것을 청하였다. 민종식은 이를 받아들여 의병장에 올랐으며 땅을 팔아 군자금으로 내놓기도 하였다. 이들은 뜻을 같이 하고 각국의 공사에게 보내는 청원문과 더불어 의병 참여를 호소하는 통문을 작성하였다. 거기에는 이렇게 쓰여 있다.

　　천지가 개벽한 이래로 나라가 망하고 땅을 잃은 일이 한없이 많지만 일찍이 군사는 있으되 한번도 피를 흘리지 않고 활 한번 쏘아보지 않고서 담소하는 사이에 온 나라를 빼앗기는 오늘과 같은 일은 없었다. … 원컨대 눈앞의 안일에만 끌리지 말고 바싹 다가온 큰 화를 맹렬히 반성하여 하나하나가 사기를 진작하고 한 목소리로 서로 호응하자. 단체를 만들어 충신의 갑옷을 입고 인의의 창을 잡아 먼저 적신의 머리를 베어 저자에 걸어, 조금이라도 신하된 자의 분함을 씻자. 만국의 공사와 화합하여 일차 담판하되 우리의 자주적 국권을 잃지 말자. 장차 무너질 종묘사직을 붙들며 죽게 될 백성을 구하여 후세에 할 말이 있도록 한다면 천만 다행이리라.

이어 이들은 의병의 편제를 조직하였다. 이를 보면 창의대장에 민종식, 창의대장 종사관 홍순대(洪淳大), 참모관에 박창로(朴昌魯), 유회장에 유준근(柳濬根), 중군사마에 박윤식(朴潤植), 행군사마에 안병찬(安炳瓚), 운량관에 성재풍이 임명되었다. 이들은 곧바로 홍주성을 향해 진격하였다. 그러나 관군의 저항으로 일차 퇴각하였다. 이어 이세영의 의병이 합류하였다. 이들은 현 청양군 화성면 합천에 진을 쳤으나 일본 헌병대의 공격을 받아 안병찬과 박창로 등이 체포되어 의병은 해산되고 말았다.

한편 의병장 민종식은 합천에서 탈출하여 친척 집에서 은신하던 중 이용규(李容珪)와 재기를 다짐하였다. 얼마 후 이용규가 모아 온 의병을 기반으로 여산에서 다시 진용을 갖추었다. 민종식은 다시 대장이 되고 선봉장에 박영두(朴永斗), 중군장에 정재호(鄭在浩), 후군장에 정해두가 임명되었다. 이들은 서천으로 진격하여 서천, 비인, 남포를 함락하고 홍주성으로 진격하였다. 이어 홍주성도 점령하여 다시 진용을 정비하였다. 그리고 상주문을 작성하여 고종에게 올렸다. 거기에서는 을사오적과 이토 히로부미를 도륙해야 한다고 주장하였다. 거병의 이유와 목적이 담겨져 있었다. 고종은 이 소식을 듣고 의병이 의로움을 지켰다며 강제 진압을 하지 못하게 하였다.

그러나 일본군의 무력 진압이 개시되었다. 처음에는 경찰과 헌병부대가 동원되어 홍주성을 공격하였다. 일본의 사주를 받은 공주와 청주 진위대의 정부군도 합류하였다. 이들의 공격에도 전세를 뒤집지 못하자 통감이었던 이토는 군대 파견을 명령하였다. 주차군 사령관 하세가

| 홍주 의사총 |

| 홍주 의사총 조성기 |

와(長谷川好道)는 대대장의 지휘 아래 보병 2개 중대와 기병 반개 소대, 그리고 전주수비대 1개 소대가 합세하여 홍주성을 포위 공격하게 하였다. 우세한 화력과 정규병에 밀려 의병들은 처참하게 죽어갔고, 홍주성은 함락 당했다. 대략 300여 명 이상이 전사한 것으로 보인다. 이세영, 민종식을 비롯한 지휘부는 간신히 성을 빠져나갔다. 그러나 이세영은 1906년 6월에 체포되어 종신유배형을 받아 황주의 철도에 안치되었다. 민종식도 공주 탑곡리에 은신해 있다가 1906년 11월 20일에 체포되어 진도에 종신유배되었다. 이로써 홍주의병은 최후를 맞이하였다.

지금도 홍성에는 이들의 유해를 모신 홍주의사총(洪州義士塚)과 사당인 창의사(彰義祠)가 자리하고 있다. 그들의 육신은 갔으나 나라를 위해 목숨을 초개같이 버린 충신·열사들의 호국정신은 아직도 우리의 핏속에 면면히 흐르고 있다.

참고문헌

김상기, 「조선말 홍주의병의 봉기 원인과 전개」, 『한민족독립운동사론총』, 1992.

김상기, 『한말 의병연구』, 일조각, 1997.

이은숙, 「1905~10년 홍주의병운동의 연구」, 숙명여자대학교 박사학위논문, 2004.

김상기, 「1906년 홍주의병의 홍주성 전투」, 『한국 근현대사연구』37, 2006.

김갑동, 『라이벌 한국사』, 애플북스, 2008.

김상기, 「항일의병전쟁」, 『충청남도지』8, 충남도지편찬위원회, 2008.

참고 사이트

국가보훈처 http://www.mpva.go.kr

느낌여행충남 http://tour.chungnam.net

한국역대인물 종합정보시스템 http://people.aks.ac.kr

홍성문화관광 http://tour.hongseong.go.kr

40. 3.1운동과 유관순

한일 합방으로 일제는 헌병, 경찰을 동원하여 무단 정치를 실시하였다. 관리나 교사들까지 제복을 입고 칼을 차고 다니게 하였다. 1907년 제정된 '신문지법'을 통하여『황성신문』,『대한매일신보』등을 폐간시켰고, 계몽 단체들을 해산시키고 집회·결사의 자유를 철저히 억압하였다. 경제적으로는 토지 조사 사업을 실시하여 미신고된 토지나 국·공유지를 차지하고 지세를 증대시켰다. 회사령을 공포하여 기업을 세울 때 총독의 허가를 맡도록 하였다.

이에 우리 민족은 국내외에서 저항하였다. 임병찬이 주도한 독립의군부는 대한제국의 회복을 위해 노력하였으며 박상진·김좌진 등은 대한광복단을 조직하여 공화국 건설 운동을 벌이면서 투쟁을 하였다. 교사들이 비밀 결사를 조직하여 활동하기도 하였고, 사립학교나 서당에서도 독립정신을 고취하는 교육 문화운동이 전개되었다.

이러한 역량이 결집되어 일어난 것이 바로 1919년의 3.1운동이었다. 3.1운동이 전개된 배경은 여러 가지였다. 1918년 제1차 세계대전이 끝난 후 제국주의가 비판을 받으면서 국제연맹이 결성되고 월슨의 민족자결주의가 제창되었다. 우리 독립운동가들도 이에 자극되어 거족적인 만세운동을 벌인 것이었다. 또 1919

| 2.8독립선언서 |

년 1월 21일날 밤 덕수궁에서 식혜를 먹고 급사한 고종이 일제에 의해 독살되었다는 소문이 퍼지기 시작하였다. 이는 일반 민중들의 분노를 사기에 충분한 것이었다. 해외의 독립운동가들이 1차 세계대전의 뒤처리를 위해 열리고 있었던 파리강화회의에 독립 외교를 펼친 것도 그 배경의 하나였다. 1919년 2월 신한청년단은 김규식을 파리 강화회의에 파견하여 「독립청원서」를 제출함으로써 한국 독립의 절실함을 외국인들에게 알렸던 것이다.

이러한 영향으로 먼저 일본 동경에서 한국 유학생들이 2.8독립선언을 하였고 국내에서도 종교계 인사들을 중심으로 「독립선언서」가 작성되어 거사를 도모하게 되었다. 이것이 바로 3.1운동이었다.

서울의 민족 대표들은 중국음식점인 태화관에서 독립선언서를 낭독하였고 탑골공원에서는 학생들이 독립선언서를 낭독한 후 군중 시위를 주도하였다. 지방에서는 이미 배포된 「독립선언서」에 따라 전국 곳곳에서 비폭력 저항 운동이 들불처럼 일어났다. 5월 말까지 지속된 이 운동에는 전국 2백여 만의 주민이 만세 운동에 참여하였다.

우리 대전 · 충남 지역도 예외는 아니었다. 그 중에서도 천안 지역에서는 나이 어린 소녀가 이 운동을 주도하였으니 이가 곧 유관순(柳寬

| 유관순 동상 |

順, 1902~1920)이었다. 유관순은 고흥 유씨로 그의 선조는 1695년경 충남 천원군 목천면 지령리에 옮겨와 살게 되었다. 그의 가문은 전통적으로 충효와 문장에 뛰어난 가문이었다. 순암 안정복은 목천현감으로 있을 때 '객사가 푸르르니 버드나무 색깔이 새롭네[客舍靑靑柳色新]'라는 제목을 주어 고을 선비들에게 글을 짓도록 한 적이 있었다. 이는 유씨 가문의 사람됨과 출중한 문장을 칭찬하고자 함이었다.

이러한 가문적 배경 속에서 그는 1902년에 태어났다. 아버지는 유중권(柳重權)이며, 어머니는 이씨(李氏) 부인이었다. 오빠 관옥(寬玉, 후에 愚錫으로 개명)과 남동생 2명이 더 있었다. 유중권은 집안에서 뿐 아니라 그 지방에서도 가장 먼저 개화 사상을 받아들였다. 그는 우선 뜻을 같이하는 동지들과 더불어 흥호(興湖)학교를 세워 신교육에 힘썼다. '흥호(興湖)'라는 교명은 호서 지역을 새롭게 흥하게 한다는 뜻이었다. 그러나 일인 고리대금업자인 고마도[瓜田]의 행패와 학교 부채로 실패하였다. 이에 유중권은 구국의 방법과 신념이 기독교에 있다고 생각하고 기독교인이 되어 조인원(趙仁元, 조병옥의 아버지)과 더불어 교회 일에 열중하였다.

유관순은 이러한 어른들의 영향을 받아 착실한 기독교인이 되었고 협동과 봉사 정신을 배우게 되었다. 교회의 주일 학교에서는 어릴 때부터 반장 노릇을 하였다. 보통학교를 졸업한 그녀는 우연한 기회에 서울 이화학당에 입학할 수 있는 기회를 얻었다. 공주 교회에서 지령리 교회로 순회 전도차 온 미국인 여자 선교사의 눈에 띄어 서울로 가게 되었던 것이다. 똑똑하고 유망한 소녀라고 생각하였기 때문이었다.

이렇게 하여 1918년에 이화학당(梨花學堂) 교비생으로 입학하게 되었다. 그에게는 학비가 면제되었으나 봉사를 게을리 하지 않았다. 당번이 아닌데도 자진하여 기숙사 청소를 열심히 하였고 심지어는 선후배들의 옷도 대신 세탁해 주었다 한다.

1919년 유관순이 3학기 째 들어갔을 때였다. 고종이 일제에 의해 독살당했다는 소문이 돌자 이화 학생들도 소복을 입고 조의를 표했다. 그후 얼마 안 되어 3.1운동이 전개되었다. 이화학당의 박인덕, 김애리스 등의 교사도 상급반 학생들과 모의하여 이 민족적 거사에 참여하였다. 그러자 일제는 강제 휴교령을 내렸다. 이에 따라 이화 학당도 문을 닫게 되었다.

유관순은 서울에서 3.1운동을 목격하고 뜻한 바 있어 4촌 언니인 에더와 함께 고향으로 내려 왔다. 그녀는 교회와 청신학교(青新學校)를 찾아다니며 서울에서의 독립시위운동 상황을 설명하고, 이곳에서도 만세시위운동을 전개할 것을 권유하였다. 조인원(趙仁元) · 김구응(金球應) 등의 마을 지도자를 규합한 뒤 연기 · 청주 · 진천 등지의 교회와 유림계의 뜻을 합쳐, 이 해 음력 3월 1일[양력 4월 2일] 병천의 아오내[橙川] 장날에 만세시위를 벌일 것을 추진하였다. 조인원을 비롯한 유관순 등은 군중에게 나누어 줄 태극기를 만들고 선언문을 준비하였다.

이 날 수천 명의 군중이 모이자 조인원은 독립선언문을 낭독하였고, 유관순은 쌀 가마니 위에 올라가 한국 독립의 필요성을 역설하였다. "우리에게도 반 만 년의 역사가 있다. 일본은 총칼로 한일 합방을 하여 한민족에게 갖은 학대와 굴욕을 강요하고 있다. 우리는 10년 동안 나라 없는 백성으로써 왜놈에게 온갖 압박과 서러움을 당해왔지만 이젠 더 참을 수 없다. 우리는 나라를 찾고 일인을 몰아내어 독립을 성취하기 위하여 독립 만세를 불러야 한다"는 내용이었다. 이어 그는 맨 앞에서 "대한독립만세"를 선창하며 격렬하게 독립만세시위를 전개하였다. 시위 대열이 헌병대로 향하자 헌병들은 사격을 가하기 시작했다. 그러자 앞장 서 있던 아버지, 어머니가 헌병의 총칼에 쓰러져 순국하였다. 김상헌, 김치관, 유중오, 박유복 등 19명도 현장에서 사망하였다.

유관순은 체포되었고 그의 집은 불살라졌다. 천안헌병대에 송치된 그는 온갖 구타와 고문을 견뎌내야 했다. 그러나 그녀는 끝까지 모든 책임은 자신에게 있다고 항변하였다. 공주검사국으로 넘겨진 그녀는 거기서 영명학교 대표로 독립운동을 하다 잡혀 온 오빠 관옥을 만나게 되었다. 관옥은 그녀를 통해 부모의 죽음을 알게 되었으니 그들의 마음이 어떠했을 지는 짐작하고도 남는다.

공주재판소에서 징역 3년형을 언도받았으나 이에 불복, 항소하여 경성복심법원으로 이송되었다. 여기서도 그녀는 재판을 받을 때 소리높여 독립만세를 부르며 일제의 한국 침략을 규탄, 항의하였다. 그리고 일제의 법률에 의해 일제 법관에게 재판을 받는 것은 부당하다고 강력하게 주장하다 법정모욕죄까지 가산되어 징역 7년형을 언도받았다. 조인원을 비롯한 다른 사람들은 공주형무소로 이송되었으나 유관순은 서대문 형무소에 갇히게 되었다. 여기서 그녀는 이화학당 은사인 박인덕·어윤희 선생을 만나게 되었다. 어느 날 유관순은 박인덕 선생에게 "선생님 저는 나라를 위하여 목숨을

| 유관순 수형기록표 |

바치기로 작정하였습니다. 2천만 동포의 10분의 1만 목숨을 내어놓는 다면 독립은 곧 될 것입니다"라고 말하였다 한다. 또 틈만 있으면 큰소리로 독립만세를 불렀고, 그때마다 형무관에게 끌려가 모진 악형을 받았다. 그렇듯 불굴의 투혼으로 옥중 항쟁을 계속하다 1920년, 19세의 나이로 끝내 서대문형무소에서 옥사하였다.

유관순이 참살된 지 이틀 뒤에 이 소식을 들은 이화학당 교장 푸라이와 월터 선생은 형무소 당국에 유관순의 시체 인도를 요구하였으나 일제는 이를 거부하였다. 유관순의 학살을 국제 여론에 호소하겠다고 위협하고 강력하게 항의하자 석유상자 속에 든 시체를 내주었는데, 열어보니 토막으로 참살된 비참한 모습이었다. 그는 은사와 몇몇 학우들이 안겨준 성경책과 꽃다발을 안고 이태원 공동묘지에 안장되었다. 이러한 공로를 인정받아 1962년 그녀에게 건국훈장 독립장이 추서되었다.

그는 갔지만 그의 애국심과 독립 정신은 지금도 우리의 가슴 속에 뜨겁게 전해 내려오고 있다. 그가 독립만세를 외쳤던 그곳에 독립기념관이 건립된 것은 결코 우연한 일이 아니었다. 그녀의 혼과 정신의 결집이 이룩해 낸 결과가 아닌가 한다.

참고문헌 ———————————————————————

東亞日報社, 『韓國近代人物百選』, 1970.
金厚卿, 『大韓民國獨立運動功勳史』, 韓國民族運動硏究所, 1971.
독립운동사편찬위원회, 『독립운동사』 3, 1971.
김진봉, 『三一運動』, 민족문화협회, 1980.
한영우, 『다시 찾는 우리 역사』, 경세원, 2006.

참고 사이트

국가보훈처 http://www.mpva.go.kr
느낌여행충남 http://tour.chungnam.net
독립기념관 http://www.i815.or.kr
한국역대인물 종합정보시스템 http://people.aks.ac.kr

41. 청산리 대첩과 김좌진

의병들의 항거에도 불구하고 우리 민족은 1910년 일제에 의해 합방되었다. 합방 이후 일제는 헌병 경찰 제도를 실시하여 무단통치(武斷統治)를 감행하였다. 그리하여 항일 구국 인사들을 체포, 구금하는 일에 혈안이 되었다. 그 결과 데라우치(寺內正毅) 총독 암살을 모의했다는 혐의를 뒤집어 씌워 신민회(新民會) 회원을 검거하고, 그 중 105인을 기소하는 사건을 일으키기도 하였다. 모든 정치 결사를 해체시키고, 민족 언론지들을 폐간시켰다.

그러나 조선총독부의 압제 속에서도 우리 민족은 끊임없이 항거했다. 1910년대에 국내에서는 민족 부르주아지들을 중심으로 한 애국계몽 운동이 벌어졌고, 비밀결사들이 조직되어 활약하였다. 독립의군부(1913), 대한광복단(1913), 조선국권회복단(1915), 조선국민회(1917) 등이 그것이다. 이러한 민족운동의 저력이 1919년 비폭력 저항운동인 3.1 운동의 배경이 되었다.

국외에서는 일부 의병들과 신민회 회원들을 중심으로 한 무장 항일

단체가 생겨났다. 예컨대 이범윤(李範允)이 중심이 된 권업회(1912), 이상설(李相卨)·이동휘(李東輝)가 중심이 된 대한광복군정부(1914), 홍범도(洪範圖)가 이끌었던 대한독립군(1919) 등이 그것이다. 국내 진공작전을 위한 독립군운동도 활발하게 전개되었다. 그리하여 1920년 6월, 홍범도가 이끄는 대한독립군이 봉오동에서 일본군을 크게 무찔렀으며, 그 해 10월에는 홍범도·김좌진(金佐鎭)·최진동(崔振東) 등이 이끄는 독립군 연합부대가 청산리에서 대승을 거두기도 하였다. 특히 청산리 전투에서는 일본군 1,200여 명을 사살하고 2천여 명을 부상시키는 전과를 거두기도 하였다.

그런데 청산리 대첩의 주역인 백야(白冶) 김좌진 장군이 바로 충남 출신이었다. 그는 1989년 충남 홍성군 갈산면 행산리에서 김형규(金衡奎)의 둘째 아들로 태어났다. 그의 집안은 비교적 부유한 편에 속하였다. 어렸을 때부터 한문을 배웠으나 한문엔 흥미가 없었고『삼국지』나『수호지』등을 즐겨 읽었다. 말타기나 활쏘기, 병정놀이 등도 즐겨 하였다. 물론 항상 그는 대장 노릇을 하였다고 하니 그의 상무정신은 이때부터 발휘된 것이 아닌가 한다. 홍주의병장 김복한(金福漢)으로부터 가르침을 받기도 하였다.

이처럼 그는 무인의 기질이 있었으니 의협심이 강하였고 담대하였으며 인정도 있었다. 이는 그가 15세에 벌인 사건에서 엿볼 수 있다. 3살 때 아버지가 돌아가시고 형님이 가

| 김좌진 장군 생가 근경 |

산을 돌보고 있었는데, 그의 형이 서울로 이사하자 집안 살림을 맡게 된 김좌진은 어느 날 가족들과 종들을 불러 모았다. 그리고는 노비 문서를 불살라 버리고 재산을 나누어 주었다. 그리고 얼마 후 자신의 땅도 소작인들에게 나누어 주었다. 노비해방과 토지개혁을 스스로 단행한 것이었다. 그의 대담하고 혁명적인 태도를 잘 알 수 있는 사건이다.

17세 되던 1905년에 그는 견문을 넓히기 위해 서울로 이사했다. 우선 그는 교육사업에 관심을 기울였다. 고향의 자기 집을 비워 호명학교(湖明學校)를 세워 인재를 양성하고 기호흥학회(畿湖興學會)를 조직하여 뛰어난 인재는 서울 유학을 주선하기도 하였다. 1908년에는 도산(島山) 안창호(安昌浩)가 주관하는 청년학우회(靑年學友會)에 가입하여 활동하였다. 1910년을 전후해서는 이창양행과 염직회사를 설립하여 독립운동의 근거지로 삼음과 동시에 해외독립운동 단체와의 연락 거점으로 활용하였다. 1913년에는 경북 풍기에서 조직된 대한광복단에서 활동하기도 했다. 이 단체는 친일파 갑부들에게서 돈을 탈취하여 군자금을 모집하는 일을 주로 하였다. 김좌진도 서울 돈의동의 김종근(金宗根) 집에 들어갔다 체포되어 서대문 형무소에서 3년간 옥살이를 하였다.

출옥 후 그는 1915년에 대구 달성공원에서 조직된 광복회에 가입하여 활동하였다. 만주와 국내를 오가며 군자금 모집에 전념하였다. 또 1917년 경 군자금 마련을 위해 화폐위조를 시도했으나 발각되어 만주 부사령 이진룡(李鎭龍)이 체포되자 김좌진이 대신 만주부사령으로 파견되었다. 이 무렵 그는 뜻하지 않은 아들을 보게 되었다. 그가 바로 김두한(金斗漢)이었다. 김좌진이 서울 근교 야산에서 동지들과 회합하고 있는데 이를 눈치 챈 일경이 포위하여 잡힐 뻔 했으나 정신없이 도망하여 어느 집안의 규수 방으로 숨어들었다. 자초지종을 들은 이 규수는 김좌진을 숨겨주었는데, 이 여인이 다름 아닌 박상궁의 딸 박주숙(朴桂淑, 朴桂月이라는 설도 있음)이었다. 김좌진은 그 집에서 며칠 더 머물렸는데, 이때 아들 김두한이 생긴 것이었다. 김두한은 1918년 5월생이기 때문이다. 물론 이는 믿을 수 없는 사실이라는 설도 있다.

어쨌든 그 후 그의 주 활동무대는 만주가 되었다. 그 때 남긴 한편의 한시가 그의 심정을 잘 말해주고 있다.

남아가 실수하면 용납할 땅이 없으나(男兒失手難客地)
지사가 구차하게 살려 함은 다시 때를 기다리려 함이네(志士偸生更待時)

만주로 가서 활동하던 그는 길성성 왕청현에서 조직된 중광단(重光團)을 기반으로 하여 확대 개편된 무장독립단체인 정의단(正義團)에 가입하였다. 이 단체는 대종교도들을 중심으로 한 단체였다. 여기에 가입한 후 1919년에 이를 개편하여 군정부(軍政府)라는 군사조직체를 결성하였다. 여기에는 현천묵(玄天默)·이범석(李範奭) 같은 인물도 포함되어 있었다. 무기 없는 단체는 이름에 불과함을 깨닫고, 그는 1차 대전 때 시베리아에 출동했던 체코슬로바키아(Czechoslovakia) 군의 도움을 얻어 블라디보스토크(Vladivostok)에서 무기를 구입하였다. 무장을 마친 이 단체는 북로군정서(北路軍政署)라 개칭하였다. 인근에 사관연성소(士官鍊成所)를 설립하여 독립군 양성에 힘을 기울였다. 1920년에는 다시 다량의 무기를 블라디보스토크에서 구입함으로써 명실상부한 독립군 단체가 되었다.

이처럼 날로 왕성해가고 있는 독립군 단체들을 무력화시키기 위해 일제는 만주의 군벌이었던 장작림(張作霖)에게 압력을 가하여 독립군 단체는 백두산 지역으로 옮겨야 하는 운명에 처하게 되었다. 이때를 이용해 일제는 군대를 동원하여 독립군 단체를 토벌하려는 심산이었다. 이 정보를 얻은 북로군정서 군은 매복 작전을 감행하여 일본군을 대패시키고 포위망을 뚫었다. 그는 일본군 19사단 본부를 직접 공격하기로

| 청산리전투 모형도 |

하고, 청산리 일대에서 이틀 낮, 이틀 밤을 싸웠다. 여기에서 대승을 거둔 것이 바로 청산리 대첩이었다.

독립군 부대에 패배를 당한 일본군은 1920년 7월, 중국 마적단을 시켜 일본영사관을 습격케 하고는 이것이 한국인의 소행이라고 하여 간도지방의 교포들을 마구 학살하는 만행을 저질렀다. 이를 '경신참변(庚申慘變)' 또는 '간도학살사건'이라 한다.

그러자 독립군은 이동로를 바꾸어 흑룡강변의 밀산(密山)으로 향하였다. 이후 군소 독립군들이 속속 밀산에 모여들었고, 결국은 1920년 12월에 대한독립군단을 조직하였다. 이 단체의 총재에는 서일(徐一), 부총재에 김좌진·홍범도·조성환, 총사령에 김규식(金奎植), 참모총장에 이장녕(李章寧), 여단장에 지청천(池靑天)이 임명되었다. 이들은 일제의 압박이 계속되자 러시아령 자유시(自由市)로 근거지를 옮겼다. 그러나 1921년에 러시아는 일본의 항의를 받고 독립군에 대해 무장해제를 명하였다. 이를 거부하던 많은 독립군들이 죽음을 당했으니 이를 '자유시참변(自由市慘變)'이라 한다. 그리하여 독립군은 다시 만주로 돌아올 수밖에 없었다.

그 무렵 독립군 부대들의 세력은 약화되었다. 1919년 7월, 상해에 조직된 대한민국 임시정부도 독립전쟁파와 외교독립파의 분열, 1923년 창조파와 개조파의 대립 등으로 큰 효과를 거두지 못했다. 만주에서 잔여 독립군부대들이 참의부(1923)·정의부(1924)·신민부(1925) 등으로 재편되었다. 이 중 신민부(新民府)는 바로 김좌진이 조직한 것이었다. 즉 그는 1925년 북만주 영안(寧安)에서 흩어진 동지들을 규합하여 북로군정서 정신에 입각한 신민부를 조직했던 것이다. 이때 김좌진은 군사부위원장 겸 총사령관으로써 독립군을 지휘하였다. 그는 1927년에 새로운 작업에 착수하였다. 왕청현에서 활동하면서 대일항전을 벌이고 있던 국민당 인사들과 협력하여 한·중합작회의를 통하여 연합전선을 구축하였다. 그러나 국민당 인사들이 장작림에게 체포됨으로써 이도 수포로 돌아가고 말았다.

당시 독립군단은 내분으로 인해 그 기능이 거의 마비되고 있었다. 신민부는 무인파와 문인파로 갈라져 있었고 정의부는 촉성회파와 협의회파로 갈라져 있었다. 김좌진은 우선 신민부의 무인파와 참의부의 촉성회파, 그리고 정의부를 결속하여 재만민족유일당책진회(在滿民族唯一黨策進會)를 조직하였다. 그리고 자신은 독립군을 거느리고 민족반역자를 처단하기도 하였고 국내에 진입하여 일군에게 타격을 주기도 하였다.

북만주로 돌아온 그는 신민부의 기반 위에 한족연합회(韓族聯合會)를 조직하고 주석으로 취임하였다. 그는 무장 항일운동에 한계가 있음을 깨닫고 민족자치 능력을 기르기 위해 부근에 정미소를 차렸다.

그 날도 정미소에 들렀다 나오는 길이었다. 뒤돌아 나오는 순간 그는 어느 괴한이 쏜 두 발의 총탄을 맞고 숨을 거두었다. 저격범은 그가 아끼던 옛 부하 김일성(金一星)의 사주를 받은 박상현이었다. 1930년 1월 24일, 그의 나이 41세 때였다.

이렇게 그는 짧은 생을 마쳤지만 그의 정신과 담대함은 지금도 인구에 회자되고 있다. 그는 물건을 살 때나 인력거를 탈 때도 돈을 세지 않고 주머니에 있는 것을 몽땅 털어주었으며, 커다란 대접으로 폭음을 하

| 김좌진 영정 |

였고 갈비 한 짝을 한꺼번에 먹어치우는 대식가였다고 한다. 또 광복단 사건으로 체포되어 포승줄에 묶였는데 한번 힘을 쓰자 포승줄이 끊어져 버렸다는 이야기도 전한다. 그러한 힘과 대담성도 부하의 배신 앞에 무용지물이 되고 말았으니 안타깝기 그지없다. 그는 갔지만, 청산리 대첩에서 포효했던 그의 외침소리는 지금도 들리는 듯하다.

참고문헌

『한국인물사』7, 양우당, 1985.
신용하, 『한국민족운동사연구』, 일조각, 1988.
윤병석, 『국외 한인사회와 민족운동』, 일조각, 1990.
한시준, 『한국광복군』, 일조각, 1993.
한국독립유공자협회, 『중국동북지역 한국독립운동사』, 집문당, 1997.
이성우, 「백야 김좌진의 국내민족운동」, 『호서사학』44, 2006.
한영우, 『다시찾는 우리역사』, 경세원, 2009.

참고 사이트

국가보훈처 http://www.mpva.go.kr
느낌여행충남 http://tour.chungnam.net
독립기념관 http://www.i815.or.kr
역사스페셜 http://www.kbs.co.kr/history
한국역대인물 종합정보시스템 http://people.aks.ac.kr
홍성문화관광 http://tour.hongseong.go.kr

42. 독립운동과 윤봉길

　1930년대에 들어오면서 국내에서의 항일 운동은 일제의 탄압으로 위축될 수밖에 없었다. 그러나 국내에 비해 탄압이 덜했던 중국 지역에서는 1920년대의 파벌적 분열이 극복되고 민족통일전선 운동이 활발하게 전개되었다. 군대를 조직하여 무장투쟁을 전개해 나가기도 하였다.

　국외의 민족운동 진영은 1931년에 일본의 만주 침략이 개시되자 크게 자극을 받았다. 분열된 체제로서는 도저히 일본에 대항할 수 없을 것이란 위기의식을 느꼈다. 그리하여 1932년에는 중국 내의 독립운동 단체들이 모여 '한국대일전선통일동맹(韓國對日戰線統一同盟)'을 결성하고 민족유일당 건설을 제창하였다. 이에 따라 임시정부 고수파를 제외한 인사들이 결집하여 1935년 7월에 '민족혁명당(民族革命黨)'을 창건하였다. 우리 민족이 함께 뭉친 단일 정당을 창건한 것이다.

　대한민국 임시정부 진영에서도 새로운 기운이 일어났다. 1920년대의 분열을 극복하고 김구(金九)의 지도아래 '한인애국단(韓人愛國團)'이 창설되어 적극적인 투쟁에 나서게 되었다. 한인애국단 단원들은 일제의 간담을 서늘하게 하였다. 1932년에 있었던 이봉창(李奉昌)의 일왕 히로히토(裕仁) 공격과 윤봉길(尹奉吉)의 상해 홍커우(虹口) 공원 의거 등이 그것이다. 또 1930년에 '한국독립당(韓人獨立黨)'을 조직했다가 1935년에는 민족혁명당이 창건되자, 김구 등은 이를 거부하고 '한국국민당(韓國國民黨)'을 창건하였다. 그러나 중·일전쟁이 일어나자 임시정부 측은 1939년 좌익계열의 조선민족전선연맹과 제휴하여 '전국연합진선협회(全國聯合陣線協會)'를 결성하였다. 그리고 1940년에 중경의 임시정부는 '광복군(光復軍)'을 창설하여 독립운동을 펼쳤다.

홍커우공원 의거의 주인공인 윤봉길은 충남 출신이었다. 그는 1908년 5월 충남 예산군 덕산면 시량리에서 윤황(尹璜)의 장남으로 태어났다. 본래 이름은 우의(禹儀)였으며 아호는 매헌(梅軒)이었다. 집안은 끼니를 굶을 정도는 아닌 자작농이었다. 11세 되던 1918년, 덕산공립보통학교에 입학하였으나 이듬해 전국에서 3.1운동이 일어나자 학교를 자퇴하였다. 어린 나이이기는 했으나 조국의 암울한 상황에 대해 큰 충격을 받은 것이 아닌가 한다. 일제의 식민지 교육은 거부했으나 학업을 포기한 것은 아니었다. 오치서숙(烏峙書塾)에 들어가 성주록(成周錄)으로부터 한학을 배웠다. 특히 그는 시 짓는 분야에 뛰어난 재주를 보였다고 한다. 이후 그는 박학하다는 인사들을 쫓아다니며 공부를 계속하였다.

그러던 어느 날 한 젊은이가 찾아와 자기 아버지 묘를 찾아 달라며 여러 개의 묘표를 들고 왔다. 글

| 윤봉길 생가 전경 |

을 몰라 어느 것이 선친의 묘인지를 모른다며 묘표를 들고 온 것이었다. 윤봉길이 묘표를 찾아주었으나 그 묘표를 어느 묘에서 뽑아온 것인지를 몰라 결국 선친의 묘를 찾지 못하였다. 이 사건으로 그는 학문이 바로 구국의 길임을 더욱 깨달았으리라 짐작된다. 이처럼 민족의식에 눈을 뜬 그는 1927년에 구매조합을 조직하여 농민들의 경제 자립을 도와줌과 함께 농촌계몽운동에 나서게 되었다. 1928년에는 부흥야학원(富興夜學院)을 설립하여 농민들을 교육하였는데, 그 교재로 자신이 직접 만든 『농민독본』을 사용하였다. 이듬해에는 월진회(月進會)를 조직하여 농민의 단결과 애국사상의 고취에 힘썼다.

그의 이러한 활동은 당연히 일제의 주목을 받지 않을 수 없었다. 신변의 위협을 느낀 그는 1930년 2월 경 중국으로 망명하였다. 그는 중국의 청도(靑島)에 도착하여 한인들의 동태를 살피는 한편 세탁소에 들어가 생활을 연명하였다. 이후 1931년 5월, 상해로 가서 공장에서 일도 했고 홍커우공원에서 야채 장사를 하기도 하였다. 이때 동포실업가 박진의 소개로 김구 선생을 만나게 되었다. 그리고 1932년 4월 26일, 김구 주석이 이끄는 한인애국단에 입단하게 되었다. 거기서 그는 "나는 적성(赤誠)으로서 조국의 독립과 자유를 위하여 한인애국단의 일원이 되어 적의 장교를 도륙하기로 맹세 하나이다"라는 선서문에 서명하였다.

이 무렵 일제는 1931년에 만주사변을 일으켰고, 1932년 1월에는 소위 상해사변(上海事變)을 일으켜 승리하였다. 의기양양해진 일제는 상해에서의 승리를 축하하고 기념하기 위해 4월 29일, '천장절(天長節)'을 이용해 대대적인 행사를 계획하고 있었다. 김구와 그는 이 날을 이용해 거사를 진행하기로 결정하였다.

그는 다시 야채상으로 가장하여 홍커우공원을 배회하며 그곳의 지리를 면밀히 답사하고 만반의 준비를 하였다. 그리고 물통 폭탄과 벤또도시락 폭탄을 준비하였다. 이 폭탄은 당시 중국군 장교로 활동하고 있던 김홍일(金弘壹)에게 의뢰하여 상해병공창에서 제조한 것이었다. 몇 일전 일본인이 발행하는 상해 일일신문에 "천장절 축하식에 참여하는 사람은 점심 벤또와 물통 1개, 그리고 일장기를 휴대하라"는 기사를 보았기 때문이었다. 김구로부터 경비를 받아 거사에 필요한 옷과 시계를 사는 등 만반의 준비를 하였다.

| 김구와 윤봉길 의사 |

이 무렵 그는 자식들에게 유서도 남겼다.

> 너희도 만일 피가 있고 뼈가 있다면 반드시 조선을 위해서 용감한 투사가 되어라. 태극의 깃발을 높이 드날리고 나의 빈 무덤 앞에서 한 잔 술을 부어 놓으라.

그의 불타는 애국심을 잘 보여주는 글이다.

드디어 거사의 날 아침이 다가왔다. 그는 김구와 함께 아침 식탁에 마주 앉았다. 마지막이 될 지도 모르는 순간이었지만 그는 태연자약하였다. 마치 농부가 일터에 나가려고 넉넉히 밥을 먹는 모습과 같았다. 식사를 마치고, 이별의 순간이 다가 왔다. 이때의 광경에 대해 김구는 『백범일지』에서 다음과 같이 묘사하고 있다.

> 식사도 끝나고 시계도 7시를 치는 종소리가 들린다. 윤군은 자기의 시계를 꺼내어 나에게 주며 "이 시계는 어제 선서식 후에 선생님 말씀대로 6원을 주

고 산 시계인데 선생님 시계는 2원짜리이니 제 것하고 바꿉시다. 제 시계는 앞으로 한 시간 밖에 쓸 수가 없으니까요" 하기로 나도 기념으로 윤군의 시계를 받고 내 시계를 윤군에게 주었다. 식장을 향하여 떠나는 길에 윤군은 자동차에 앉아서 그가 가졌던 돈을 꺼내어 나에게 준다. "왜 돈을 좀 가지면 어떻소" 하고 묻는 내말에 윤군이 "자동차 값을 주고도 5, 6원은 남습니다" 할 즈음에 자동차가 움직였다. 나는 목이 메인 소리로 "후일 지하에서 만납시다" 하였더니 윤군이 차창으로 고개를 내밀어 나를 향하여 숙였다. 자동차는 크게 소리를 지르며 천하 영웅 윤봉길을 싣고 홍구 공원을 향하여 달렸다.

예정대로 기념식이 열렸다. 식장에는 일본 거물급들이 많이 모여 있었다. 상해파견군 사령관이었던 시라가와(白川義則) 대장을 비롯해 제3함대 사령관 노무라(野村) 중장, 일본군 9사단장 우에다(植田) 중장, 주중공사 시게미쓰(重光), 거류민단장 가와바타(河端), 주중총영사 무라이(村井), 민단간부 토모노(友野) 등 침략의 원흉들이 총집결해 있었다. 이윽고 식이 시작되고 일본국가가 제창되는 순간 윤봉길은 도시락 폭탄을 식장 가운데로 힘껏 던졌다. 커다란 폭음과 함께 침략의 원흉들이 쓰러졌다. 시라카와 대장은 중상을 입고 치료 중 죽었고, 가와바타는 현장에서 즉사하였으며 나머지 인사들도 중상을 입었다.

거사 직후 윤봉길은 "대한독립만세"를 외치며 현장에서 일본군에게 체포되었다. 그 후 일본 헌병대에 끌려가 가혹한 취조를 받고 5월 25일, 일본 상해 파견군 군법회의에서

| 윤봉길 의사 거사장면 모형 |

| 윤봉길 의사 사당 |

| 윤봉길 의사 영정 |

사형 언도를 받았다. 이후 오사카(大阪)에 호송되어 육군위수형무소에 수감되었다가 다시 12월 18일에 가나자와(金澤) 육군형무소에 이송되었고 다음 날 총살형에 처해졌다.

형장으로 떠나기 직전 남길 말이 없느냐는 형무소장의 질문에 "남아로써 당연히 할 일을 다 했으니 만족하게 느낄 따름이다. 아무런 미련도 없다"라고 의연하게 답했다 한다. 이로써 윤봉길은 25세의 짧은 생을 민족의 제단 위에 바치게 되었다.

이 거사 후 일제는 프랑스 조계에 있었던 임시정부 청사를 난입하여 도산 안창호를 검거하는 한편 한국인이 거주하는 주택들을 기습하기도 하였다. 그러나 이 사건은 임시정부가 중국 국민당으로부터 적극적인 지원을 받는 계기가 되기도 하였다.

해방 후인 1946년, 그의 유해는 고국으로 옮겨져 국민장(國民葬)으로 효창공원에 안장되었으며, 예산군 덕산면에는 그의 사당인 충의사(忠義祠)가 건립되어 그의 넋을 기리고 있다. 그의 지조와 애국정신은 아직도 충청인의 핏속에 면면히 흐르고 있다.

참고문헌 ────────────────────────────────

신용하, 『한국민족운동사연구』, 일조각, 1988.
윤병석, 『국외 한인사회와 민족운동』, 일조각, 1990.
임중빈, 『윤봉길 의사 일대기』, 범우사, 1993.
김희곤, 『대한민국임시정부연구』, 지식산업사, 2004.
박걸순, 「충남인의 국외독립운동」, 『충남도지』9, 충남도지편찬위원회, 2008.

참고 사이트

국가보훈처 http://www.mpva.go.kr
느낌여행충남 http://tour.chungnam.net
독립기념관 http://www.i815.or.kr
(사)매헌 윤봉길의사 기념사업회 http://www.yunbonggil.or.kr
역사스페셜 http://www.kbs.co.kr/history
예산군문화관광 http://www.yesan.go.kr/culture
한국역대인물 종합정보시스템 http://people.aks.ac.kr

43. 대한민국 임시정부와 이동녕

한일합방 후 일제는 통감부 대신 총독부를 설치하여 통치하였다. 총독에는 민간인이 아닌 군인을 임명하였다. 즉 일본군 대장 중 1명이 여기에 임명되었다. 초대 총독으로는 데라우치 마사타케(寺內正毅)가 임명되었는데 그는 일본 헌병으로 하여금 경찰업무를 맡도록 하였다. 이른바 헌병경찰제도가 실시된 것이다. 일본군 2개 사단을 조선에 주둔시켜 용산과 남산에 본부를 두고 전국 중요 도시에 연대병력 또는 대대병력을 배치하였다. 형식상 총독의 자문기관으로 중추원을 두었는데 여기에는 이완용·송병준 등 친일파 인사들을 임명하였다.

『황성신문』, 『대한매일신보』 등 민족언론지를 폐간시키고 어용신문과 잡지만 발행토록 하였다. '사립학교령(1908)', '서당에 관한 훈령(1918)' 등을 만들어 사립학교까지 인가를 받도록 하여 통제하였다. 애국계몽운동도 탄압을 가하여 '안악사건' 과 '105인사건' 을 일으켰다. '안악사건(安岳事件)' 은 안중근의 동생 안명근(安明根)의 독립운동자금모금사건을 계기로 여기에 연루된 황해도 안악 인근의 지방 유력인사 160여 명을 검거한 사건이고, '105인사건(百五人事件)'은 데라우치 총독 암살을 모의했다는 혐의를 뒤집어 씌워 신민회 회원 105인을 검거한 사건을 말한다.

그러나 우리 민족은 이에 굴하지 않고 끊임없이 민족 운동을 전개해 나갔으며, 결국 1919년에 3.1운동을 일으키게 되었다. 민족대표 33인이 종로의 태화관(泰和館)에서 「독립선언서(獨立宣言書)」를 낭독한 것을 기화로 하여 탑골 공원을 중심으로 만세시위운동이 일어났고, 이것이 전국으로 확산되었던 것이다. 3.1운동의 도화선이 된 것은 동경유학생들이 중심이 되어 일으킨 2.8독립선언이었다. 이는 1차 세계대전 종결 후 미국 대통령 윌슨이 주창한 민족자결주의와 러시아의 '10월 혁명' 성공이 그 자극제가 되었다고 할 수 있다.

거족적인 3.1운동에 놀란 일제는 헌병, 경찰을 동원하여 발포, 검거, 고문 등의 만행을 저질러 탄압하였다. 그리하여 3.1운동은 비록 실패하였지만, 중국의 5.4운동에 영향을 주었을 뿐 아니라 대한민국 임시정부가 탄생하는 계기가 되기도 하였다. 임시정부는 세 곳에서 추진되었다. 연해주의 블라디보스톡에서는 3.1운동 이전에 이미 한족중앙총회가 대한국민의회로 개편되어 정부형태를 갖추고 있었고, 3.1운동 후에는 상해와 한성에서도 임시정부가 조직되었다. 이 3곳의 정부는 서로 협상을 통하여 한성정부의 정통성을 인정한 상해임시정부가 성립되었다. 이후 이 임시정부는 많은 역경을 겪기도 했지만, 1945년 해방될 때까지 그 명맥을 유지하였고 그 이후 정국에도 많은 영향을 미쳤다.

이 임시정부를 논할 때 빼놓을 수 없는 인물 중의 하나가 바로 충남 천안 출신의 이동녕(李東寧)이다. 그는 1869년에 충남 천원군 목천면 동리에서 출생하였다. 자는 봉소, 호는 석오(石吾)였다. 아버지 이병옥은 군수로 여러 곳을 전전하였기 때문에 외로운 어린 시절을 보내야 했다. 5세 때부터 한문공부를 시작하였는데 재주가 뛰어났다고 한다. 10

| 목천의 이동녕 생가 |

살 때에는 이미 사서 삼경을 읽을 수 있었다. 그의 어린 시절, 조국은 고난의 연속이었다. 1876년의 강화도 조약 이후 임오군란(1882), 갑신정변(1884) 등의 정치적 격변을 겪었다. 16살이 되던 무렵, 이동녕은 한성에 올라가 조국의 상황을 볼 수 있는 기회가 있었다. 한성의 번화한 거리에 놀라기도 했지만, 1883년에 발간된 『한성순보』를 통해 세상의 움직임을 파악하고 신문의 위력을 실감하였다. 그가 독립운동을 하는 동안 신문과 각별한 인연을 맺은 것은 이때의 영향이 아닌가 한다.

그 후 그는 아버지를 따라 경북 영해로 가서 고을 사람들과 어울리면서 민심을 파악하게 되었고 아버지의 행정을 보좌하기도 하였다. 아버지가 평양으로 발령이 나자 그의 가족은 드디어 한성으로 올라와 지금의 종로구 봉익동에 자리를 잡게 되었다. 24세 때인 1892년에 그는 응제진사 시험에 합격하여 사회진출의 첫발을 내딛었다. 26세 때인 1894년에는 풍산 김씨 김경선과 결혼하였다. 그러나 그해 동학혁명과 청·일전쟁이 일어났고 다음 해에는 명성왕후가 시해된 을미사변이 일어났다. 이에 자극을 받은 이동녕은 벼슬길을 단념하고 민중운동에 나서기로 결심하였다. 그는 관직에서 물러난 아버지와 같이 원산에 광성학교(후에 광명학교로 개칭)를 세웠다. 민중의 계몽이 나라 발전을 위한 초석이라 생각하였기 때문이었다.

얼마 후 그는 한성으로 올라와 독립협회에 가담하였다. 독립협회에서 주관한 만민공동회 운영위원으로 활동하다가 경찰에 연행되어 옥살

이를 하기도 했다. 출옥한 후 그는 천도교도인 이종일(李鍾一), 월남 이상재(李商在) 등과 교류를 하다 기독교에 입교하면서 김홍집의 사위였던 이시영(李始榮)과 가깝게 지내게 되었다.

1904년에 일제는 조선과 제1차 한일협약을 체결하여 일본이 추천하는 외국인고문을 두게 하였다. 당시 친일단체인 일진회는 매국행위에 앞장섰다. 이에 분격한 그는 우선 상동교회청년회에 가입하여 민족운동을 전개하였다. 그의 나이 벌써 36세였다. 이시영의 형인 이회영(李會榮), 안창호 등도 알게 되었다. 김구와의 인연도 이 때 시작되었다. 어느 날 그는 자신을 찾아온 김구를 만나게 되었다. 김구는 이동녕보다 나이가 7살 아래였다. 그러나 그는 김구의 인품에 감동하여 상동교회청년회에 가입시켰고 평생의 동지가 되었다. 1905년에 을사보호조약이 체결되자 청년회 회원들과 함께 연좌시위를 벌이며 조약철회를 주장하다 체포되어 옥살이를 하였다.

국내에서의 민족운동이 여의치 않자, 그는 1906년에 북간도로 향했다. 그는 우선 이상설 등과 함께 용정(龍井)에 서전의숙(瑞甸義塾)을 세웠다. 북간도 최초의 한인학교였다. 그는 교사가 되어 한국의 역사와 지리, 국제공법 등을 가르쳤다. 교육은 무상이었는데 이로 말미암아 학교경영이 날로 어려워져갔다. 게다가 이사장이었던 이상설이 1907년에 고종의 밀서를 받고 네덜란드 헤이그(Hague)로 떠나게 되자 학교는 문을 닫게 되었다.

그는 다시 한성으로 돌아와 안창호 등과 같이 비밀결사조직인 신민회에 가담하였다. 그러나 1907년, 정미7조약이 체결되어 통감정치가 시작되자, 이듬해 다시 북간도로 향하였다. 이곳의 명동서숙에서 잠시 교사로 있다 다시 귀국하였다. 1910년, 한일합방 조약이 체결되자 그는 가산을 정리하여 다시 서간도로 망명길에 올랐다. 그가 만주 땅 안동현에 있다 환인으로 떠날 즈음, 국내에서 '105인사건'의 소식을 전해 들었다. 곧바로 그는 만주군벌 장작림(張作霖)과 접촉하고 함께 왔던 이회영은 북경의 원세개(袁世凱)를 만나 도움을 청하였다. 그들의 도움으로 그는 이회영과 함께 경학사(耕學社)를 조직하였다. 경학사는 말 그대로 낮에는 밭을 갈고 밤에는 공부하는 자활기관이었다. 그 부속기관으로 신흥강습소(新興講習所)를 차렸는데 이것이 신흥무관학교(新興武官學校)의 전신이었다.

1913년 봄, 일본의 형사대가 이동녕·이회영·이시영 등을 체포하기 위해 출발했다는 정보가 입수되자 이동녕은 이상설이 있는 러시아 블라디보스토크로 떠났다. 여기서 그는 이상설과 함께 군관학교 설립을 계획하였으나 자금이 문제가 되어 러시아 경찰에 의해 체포, 투옥되었다가 풀려났다. 1915년 3월에 풀려나온 그는 권업회(勸業會)를 조직하였다. 교포들의 생활터전을 만들기 위한 조직이었다. 1917년에는 동지 이상설이 죽음을 맞는 슬픔을 겪기도 하였다.

이에 그는 1913년에 입교했던 대종교의 총본산이 있는 동만주 영안으로 건너갔다. 거기서 선교활동을 하는 한편 독립선언서를 작성 배포하다가 레닌(Lenin)을 보고 오던 여운형(呂運亨)과 만나게 되었다. 그는 상의 끝에 상해로 향해 1919년 4월 11일, 각 도 대표로 구성된 임시의정원을 구성하고 의장에 취임하였다. 상해임시정부가 출범하자 그는 내무총장에 임명되었는데, 이 무렵 김구가 찾아와 동지가 되었다. 그러나 얼마 안 가 임시정부 내에서 이승만 계열의 문치파와 이동휘 계열의 무단파가 대립하였고, 러시아 레닌 정부로부터 받은 60만 루블의 사용 문제가 불거지자 이동휘가 이 돈을 가지고 임정을 탈퇴하여 공산주의 운동으로 전향하는 사태가 벌어졌다. 임시대통령 이승만의 전횡도 문제가 되었다. 그러자 임시정부를 개조하자는 개조파와 해체하고 새로 조직하자는 창조파가 분열하였다.

이러한 가운데 1924년 4월에 이동녕은 임정의 국무총리가 되고 김구는 내무총장에 임명되었다. 6월에는 군무총장직을 겸임하고, 9월에는 이승만의 오랜 공석으로 대통령의 직권까지 대행하는 권한을 갖게 되었다. 이 무렵 임정은 심각한 재정난에 봉착하여 유명무실한 상태가 되었다. 그러다가 1926년에 그는 국무위원이 되었다가 국무령에 피임되었고, 다음 해에는 법무총장이 되었다. 그는 임정의 여러 직책을 맡으면서 공산주의자들과의 결별과 민족진영의 단결 필요성을 절감하였다. 그리하여 1928년에 한국독립당을 조직하였다. 김구·조소앙·이시영·안창호·엄항섭 등이 함께 참여하였다. 그 후 그는 한국독립당의 이사장으로 활동하다 1929년에는 다시 임시의정원 의장이 되었다. 이 때 그의 나이 환갑이었다.

1932년에 김구가 주도하는 한인애국단에 의해 이봉창·윤봉길 등의 의거가 일어나자 임시정부는 일제의 탄압을 피해 절강성 항주(杭州)로 옮겼다. 그의 생활은 은신의 연속이었다. 1935년 11월에는 다시 국무위원이 되었고 그 해 김구·이시영·조성환·송병조·엄항섭 등과 함께 한국국민당을 만들어 당수에 취임하였다. 1937년에 중·일전쟁이 일어나자 연합의 필요성을 느낀 민족운동 계열은 통합을 모색하였다. 그리하여 한국독립당, 조선혁명당, 한국국민당, 미국의 대한인독립단, 동지회, 국민회, 애국부인회, 단합회 등을 망라하여 '한국광복진선(韓國光復陣線)'을 결성하였다. 이때 그는 한국국민당 대표로 참여하였다.

당시 임시정부는 거처를 여러 번 옮겨야 했다. 강소성 진강(鎭江), 호남성 장사(長沙)를 거쳐 중경(重慶)으로 옮겨야 했다.

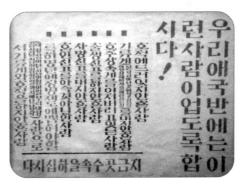

| 애국반 전단 |

| 이동녕 영정 |

이동영도 노구를 이끌고 여기저기를 전전하다 보니 심신이 지칠 대로 지쳐 있었다. 1939년 3월에는 사천성 기강(綦江)으로 옮겼는데 여기서 그는 급성폐렴으로 한 많은 생을 마감해야 했다. 그의 나이 72세였다.

실로 그의 전 생애는 임시정부와 함께 했다 해도 과언이 아니다. 많은 대립과 분열, 이념 차이에도 불구하고 끝까지 임시정부를 지킨 의지와 인내의 삶이었다. 해방 후 1948년 9월, 백범 김구는 중국 땅에 묻혀 있던 그의 유해를 고국으로 모셔와 효창공원에 안장하였다. 대한민국이 임시정부의 법통을 이었으니 그의 생애와 업적도 대한민국의 한 초석이 되었음에 틀림없다.

참고문헌

박영석, 『한민족독립운동사연구』, 일조각, 1982.
송건호, 『한국현대인물사론』, 한길사, 1984.
김석영, 『석오 이동녕연구』, 서문당, 1989.
강만길, 『고쳐 쓴 한국 현대사』, 창작과 비평사, 1994.
김희곤, 『대한민국임시정부연구』, 지식산업사, 2004.

참고 사이트

국가보훈처 http://www.mpva.go.kr
독립기념관 http://www.i815.or.kr
석오이동녕기념관 http://leedn.cheonan.go.kr
천안시문화관광 http://www.cheonan.go.kr/culture
한국역대인물 종합정보시스템 http://people.aks.ac.kr

44. 민족주의사학과 단재 신채호

의병항쟁이나 외교적인 노력에도 불구하고 한국은 1910년에 일본과 합방조약을 체결하여 강제 병합되었다. 이후 일제는 정치・경제적인 침략정책과 더불어 한국사를 타율적이고 정체된 것으로 간주하여 한국인 스스로 패배주의적 운명론에 빠지게 하였다. 동시에 그들의 식민지배와 한국침략을 정당화하려고 하였다. 그러나 이러한 식민사학에 대해 당시 양심 있는 한국의 지식인들은 이의 허구성을 타파・극복하려 하였다. 그 대표적 인물이 민족주의 사학자 단재(丹齋) 신채호(申采浩)였다.

신채호에 대해서는 모르는 이가 없겠지만 그가 대전 출신이라는 것에 대해 아는 사람은 의외로 많지 않다. 그는 1880년(고종 17)에 대전광역시 중구 어남동에서 고령 신씨 신광식(申光植)의 아들로 태어났다. 여기서 출생한 그는 집안이 너무 가난했기 때문에 7살 무렵 청주로 이사하였다. 그는 어려서부터 성격이 불과 같았으나 품성이 뛰어나고 머리가 총명하여 13세 때에는 벌써 사서삼경을 통달하여 천재로 불렸다

| 대전광역시 중구 어남동 소재 단재 신채호 생가 전경 |

고 한다.

　그는 18세에 서울의 성균관에 들어가 열심히 수학하여 20세에 벌써 성균관 박사가 되었다. 이후 신채호는 독립협회에도 간여하였으나, 1901년에 낙향하여 문동학원에서 후학을 가르치는 등 애국계몽 활동을 하였다.

　1905년 무렵에는 장지연을 따라 상경하여 『황성신문』의 논설위원으로 활약하였다. 이때부터 그의 본격적인 활동이 전개되었다. 이후 그의 사상이나 역사관은 시기에 따라 조금씩 변화하였다. 그것은 대략 3시기로 구분할 수 있는데, 우선 1기는 1905년부터 1910년 국외망명 전까지이다. 1905년 을사보호조약 체결에 반대하는 장지연의 논설 「시일야방성대곡(是日也放聲大哭)」이 발표된 것을 계기로 『황성신문』이 발간 정지되자 신채호도 직장을 그만두었다. 그러다가 1906년에는 『대한매일신보』에 들어가 주필로 활약했다. 그는 여기서 「독사신론(讀史新論)」이라는 논설을 발표하였다. 이 논문이 독자들로부터 많은 호응을 얻자 그는 계속하여 「대동(大東) 4천년사」·「을지문덕전」·「동국거걸최도통전(東國巨傑崔都統傳)」·「이순신전」 등의 논설을 발표하였다.

　신채호는 언론인으로서 활약하는 한편 1907년, 미국에서 귀국한 안창호를 위시하여 양기탁·이동녕·이동휘·이승훈·김구 등과 같이 신민회에 가담하여 활동하였다. 또 1907년에 국채보상운동(國債報償運動)이 일어났을 때에도 이에 적극 참여하여 협조하였고, 이승훈의 권

유에 따라 오산학교에 들어가 국사
와 서양사를 가르치기도 하였다.

이 시기에 그는 주로 언론에서
활약하면서 애국심을 고취하였는
데 민족사학의 발상이 형성된 시기
로 볼 수 있다. 그리고 초기에는 양
계초(梁啓超)의 자강사상(自强思
想)의 영향을 받아 영웅사관을 내
세웠다. 신채호에게 자강사상이 배
태된 것은 1906년에 양계초의 『이

| 양계초의 이태리 건국 3걸전 |

태리 건국 3걸전』을 번역하면서부터였다. 여기서 이태리 건국의 3걸은
마치니 · 카브르 · 가리발디를 말하는데 이 모형을 한국사에서 찾은 결
과 신채호는 을지문덕 · 최영 · 이순신이 민족사의 영웅이라 내세우게
되었다. 그리하여 그들의 전기를 신문에 연재하였던 것이다.

그리고 최치원이나 김부식 같은 학자들이 우리 역사를 소각하였거나
사대주의에 입각하여 잘못 기술하였다고 비판하였다. 또 삼한정통론
(三韓正統論)이나 신라중심 역사관을 거부하고, 우리 민족의 역사를 부
여족의 역사로 보면서 단군에서 부여→고구려→발해로 이어지는 역사
체계를 강조하였다.

일제의 탄압이 심해지자 1910년 8월에 신채호는 중국의 청도(靑島)
로 망명하였다. 그의 인생 2기가 시작된 것이다. 그런데 청도에 모인 애
국지사들은 그 노선과 방법을 둘러싸고 논쟁을 벌이게 되었다. 안창호
는 해외동포의 산업을 진흥시키고 교육을 보급시키면 독립의 기회가
올 것이라는 점진적 독립노선을 주장하였으나, 이동휘 등은 무력에 의
한 독립운동을 주장하였다. 그는 안창호의 독립노선을 지지하여 그와
함께 블라디보스토크로 떠났다. 거기서 그는 『해조신문(海潮新聞)』을

발행하여 독립사상의 고취와 계몽운동에 앞장섰다. 그러나 일제의 탄압으로 이 신문이 폐간되자, 상해로 건너가서 독립운동과 국사연구에 정열을 쏟았다. 그는 여기서 한·중 항일공동전선을 펼 것을 중국에 제의하고 '신아동제사(新亞同濟社)'를 조직하여 활동하였다. 또 그는 박은식·문일평·조소앙·홍명희·정인보 등과 같이 박달학원(博達學園)의 지도교수로 있으면서 청년학생들에게 독립정신을 고취시켰으며, 신규식·여운형 등과 같이 신한청년회를 만들기도 했다.

1919년에 본국에서 3.1운동이 일어난 이후 이 지역에 대한민국 임시정부가 창설되자 그는 의정원 위원장에 취임하였다. 그러나 임시정부 내에서 민족주의자와 공산주의자의 대립, 서북파와 기호파의 파벌싸움으로 분쟁이 끊임없이 일어나자 신채호는 북경으로 떠나버렸다. 1921년, 여기서 그는 김창숙·김정묵 등과 함께 순한문지『천고(天鼓)』를 발간하는 한편『중화일보』의 논설을 맡아 일제의 침략에 대항하는 조선민족의 모습을 알리는 데 주력하였다. 그리고 못 다한 역사연구도 계속하였다. 특히 중국의 현지를 답사하면서 고구려사 연구에 몰두하였다.

2기는 단재가 망명생활을 하면서 독립운동과 더불어 한국고대사에 대한 연구가 활발히 진행된 시기였다. 이 시기에 그는 고구려·발해의 유적을 적어도 2회 이상 답사하였으며, 대종교의 영향을 받기도 하였다. 그리하여 그는『단기고사(檀奇古史)』서문과「꿈하늘」·『조선상고문화사』등을 집필하였다.『단기고사』는 발해의 대야발(大野勃)이 저술한 것으로 단군·기자조선의 역대제왕에 관한 기록이라 전해지고 있다. 1912년 대종교 종단에서 이 책을 중간할 때 단재가 그 서문을 썼다. 단재는 일찍이 만주에서 대종교 3대종사인 윤세복(尹世復)과 그의 형을 접촉한 적이 있으며 망명지에서 만난 이상설·이동녕·신규식 등도 모두 대종교 신도들이었다.

『조선상고문화사』는 1931년에『조선일보』에 연재된 것이지만, 쓰여진 것은 이 시기일 것으로 추정된다. 그 내용은 제목대로 상고시대의 문화를 언급하고 있는데 만주·한반도는 물론 중국까지 부여족의 식민지로 보아 이를 우리 역사에 포함시키고 있다. 그리고 한사군(漢四郡)의 반도외 존재설, 전후삼한론 등이 주장되고 있다.

중국 망명 생활을 하면서 그는 점차 헐뜯고 다투기만 하는 정치운동에 혐오를 느끼기 시작하였다. 청도회의의 무산, 임시정부 내의 파벌싸움 등을 겪으면서 그는 그 원인이 주도권쟁탈에 있음을 깨닫고 권력 없는 사회만이 파쟁을 없애는 길이라 생각하였다. 그리하여 그는 1923년에 김원봉(金元鳳)으로부터 의열단(義烈團)의 독립운동 이념과 그 방법을 천명하는 「조선혁명선언」을 쓰고 '무정부주의 운동(無政府主義運動)'에도 가담하였다. 1923년부터 그의 인생 3기가 시작되었다.

1928년에 무정부주의자들은 북경에서 '동방연맹대회'를 개최하였는데, 그는 이 때 여기에 참가하여 「대회선언문」을 작성하였다. 이 무렵 상해시절 가까이 지냈던 안재홍(安在鴻)이 『조선일보』의 이사로 취임하면서 신채호에게 글을 부탁하였다. 이 때 그의 주요저서인 『조선상고문화사(朝鮮上古文化史)』와 『조선상고사(朝鮮上古史)』의 원고를 『조선일보』에 발표하였던 것이다.

그러다가 1929년에 무정부주의 운동의 혐의로 일제에 의해 체포되어 대련(大連) 지방법원에서 10년형의 언도를 받고 여순(旅順) 감옥에 수감되었다. 여기서 그는 원래 몸이 쇠약했던 데다가 모진 고문과 끊임없는 저술활동으로 결국은 1936년 2월 옥사하였다. 그의 나이 57세였다.

1923년부터 그의 말년까지의 3기에 그의 사상과 역사관은 민중적 민족주의, 나아가서는 무정부주의에 입각한 민중의 폭력혁명론으로까지 발전하였다. 이에 따라 낭가(郎家)사상이란 자주사상이 강조되고, 주자학적 가치관과 역사관은 철저히 비판되었다.

이러한 그의 사상은 1930년 무렵, 『조선일보』 이사였던 안재홍의 청

朝鮮歷史上一千年來第一大事件

| 신채호의 저서 『조선사연구초』 |

탁으로 그의 가족과 친구들이 대신 보내준 원고를 묶어 출간한 『조선사연구초(朝鮮史研究草)』와 1931년, 『조선일보』에 연재된 『조선상고사』를 통해 알 수 있다. 이들 저서에 의하면 먼저 그는 역사는 시(時)·지(地)·인(人) 3요소로 구성되어 있다고 보았다. 그러므로 세계 각 민족의 역사발전의 차이는 역사발전의 주체인 인종 즉 민족이 주위의 지리적 환경과 시대적 사정에 제약을 받으면서 발전하는 것이라 생각하였다. 때문에 민족 자체의 우열은 없으며 차이만 존재한다. 그런데 그 차이는 지리적 환경과 시대배경의 차이에서 발생하는 것이라 보았다.

그러면 역사란 무엇인가. 그것은 '아(我)와 비아(非我)와의 투쟁'이라 하였다. 즉 역사란 "인류사회의 아와 비아와의 투쟁이 시간에서 발전하여 공간으로 확대되는 심적 활동상태의 기록이다(『조선상고사』 총론)"라고 정의하고 있다. '아'는 무엇이고 '비아'는 무엇인가. 그것은 입장에 따라 여러 가지 일 수 있으나, 단재의 역사서술에 있어 '아'는 항상 한국민족이었고 '비아'는 이민족이었으니 한국사란 다름 아닌 한국민족과 이민족과의 투쟁사였던 것이다. 그의 저술 중에 이민족과의 투쟁에서 큰 역할을 한 을지문덕·최영·이순신 등의 전기가 상당한 부분을 차지하고 있는 것도 이 때문일 것이다.

이제 당시의 현실에서 일제라는 이민족과 싸워 이기고 독립할 수 있는 길은 무엇인가. 그것은 우리의 전통적인 민족사상인 화랑도 사상 즉 '낭가사상(郎家思想)'으로 재무장하여야 한다고 보았다. 그는 민족의 성쇠는 매양 그 사상의 추향(趨向) 여부에 달린 것이라 보고 민족사상이 쇠하게 된 계기로 '묘청의 난'을 들고 있다. "조선역사상 일천년래 제일대사건(朝鮮歷史上 一千年來 第一大事件)"으로 명명된 이 사건은 낭불양가(郎佛兩家) 대 유가(儒家)의 싸움, 국풍파(國風派) 대 한학파(漢學派)의

| 단재 신채호 동상 |

싸움이며 독립당(獨立黨) 대 사대당(事大黨), 그리고 진취사상 대 보수사상의 싸움이라 정의하고 있다. 낭불양가라 하였으나 단재에게 더 중요한 것은 '낭가사상'이었으며, 이 민족고유의 사상이야말로 민족정신의 구현이요, 독립사상의 원천으로 생각되었다.

그리고 그는 유교적인 천명론과 민심은 곧 천심이라는 논리를 부정하였다. 그리고 강권이 곧 천명이라고 주장하였다. 단재는 또 정여립(鄭汝立)의 예를 들어 종래 유가들이 주장하던 정통론과 군신·부부의 강상설(綱常說)을 대담하게 부정하였다. 따라서 인민에게 해가 되는 임금은 시해해도 되며 의리가 부족한 지아비는 제거할 수 있다는 논리를 폈다.

그는 갔지만, 그의 올곧은 정신과 사상은 우리의 마음속에 그대로 녹아 있다. 처절하게 살았던 삶과 그의 시대정신은 우리에게 시사하는 바가 크다.

참고문헌

이우성 · 강만길 편, 『한국의 역사인식』, 창작과 비평사, 1976.
신일철, 『신채호의 역사사상연구』, 고려대학교 출판부, 1981.
최홍규, 『신채호의 민족주의 사상』, 형설출판사, 1983.
단재 신채호선생 기념사업회, 『신채호의 사상과 민족독립운동』, 형설출판사, 1986.
단재 신채호선생 기념사업회, 『단재 신채호전집』상 · 중 · 하, 형설출판사, 1987.
이만열, 『단재 신채호의 역사학연구』, 문학과 지성사, 1990.
김삼웅, 『단재 신채호 평전』, 시대의 창, 2005.

참고 사이트

국가보훈처 http://www.mpva.go.kr
느낌여행충남 http://tour.chungnam.net
독립기념관 http://www.i815.or.kr
대전광역시 향토사료관 http://museum.daejeon.go.kr/history
대전중구문화원 http://www.djcc.or.kr
한국역대인물 종합정보시스템 http://people.aks.ac.kr

45. 불교유신론과 한용운

일제 치하에서 독립을 향한 노력과 투쟁은 종교계에서도 크게 일어났다. 우선 기독교의 활약을 들 수 있다. 개항 직후부터 미국선교사들에 의하여 전파하던 기독교는 특히 서북 지방에서 큰 호응을 받았다. 이 지방은 유학의 뿌리가 약했을 뿐 아니라 상공인 세력이 강하여 자본주의 문명과 결합된 기독교를 쉽게 받아들일 수 있었다. 기독교계 개화파 인사들로는 서재필(徐載弼), 이상재(李商在), 윤치호(尹致昊) 등을 들 수 있다. 서울의 기독교 인사들은 1903년에 황성기독교 청년회(YMCA의 전신)를 조직하여 시민들의 애국심과 독립 사상을 고취하였는데, 여기에서 적지 않은 애국지사들이 배출되었다. 그 중 대표적인 인물이 이승훈이었다. 그는 3.1운동 당시 민족대표 33인의 하나로 활약하였다.

유교계에서도 유학의 약점을 버리고 민족주의와 민주주의 이념을 도입하여 민족종교로 탈바꿈하려 하였다. 박은식(朴殷植)은 1909년 『유교구신론(儒敎求新論)』을 써서 공자의 대동주의(大同主義)와 맹자의 민위중설(民爲重說)을 발전시켜 민주·평등적 종교로 바꾸고자 하였다. 서민적이고 실천성이 강한 양명학에도 치중하였는데 이들 가운데서 김택영·박은식·정인보 등의 애국지사가 배출되었다.

일제 초기에 가장 활약한 종교는 대종교(大倧敎)였다. 대종교의 모태는 1909년 창립된 단군교(檀君敎)였다. 나철(羅喆)·오기호(吳基鎬)·이기(李沂) 등이 예로부터 내려오던 단군신앙을 현대종교로 발전시킨 것이었다. 단군교는 일제의 탄압으로 이름을 대종교로 바꾸었고, 1910년대에 간도·연해주 등지에서 신규식(申圭植) 등 많은 애국지사들이 여기에 가담하여 활약하였다. 그러나 일제의 탄압으로 1915년 교주 나철이 구월산 삼성사에서 자결하였으며, 이후 점차 순수한 종교운동으로 전환하였다가 1930년대에는 거의 문을 닫고 말았다.

천도교(天道敎)도 한국의 독립에 많은 역할을 하였다. 천도교는 1906년 손병희(孫秉熙)에 의해 창설되었는데 민족 종교로 발전하였다. 「만세보(萬歲報)」라는 기관지를 발행하기도 하였으며 보성학교와 동덕여학교를 인수하여 민족 교육 사업을 벌이기도 하였다. 3.1운동 당시에는 민족 대표 33인으로 손병희·최린(崔麟) 등이 참여하기도 하였다.

불교계에서도 민족운동이 전개되었다. 불교계의 민족운동은 만해(萬海) 한용운(韓龍雲)이 주도하였는데, 그가 바로 충남 출신이었다. 그는 1879년에 충남 홍성군 서부면 용호리에서 그 지방의 아전이었던 청주 한씨 한응준(韓應俊)의 둘째

| 한용운 생가 전경 |

아들로 태어났다.

그의 유년시절에 대해서는 자세히 알려진 것이 없으나, 6세 때에 서당에 들어가 한학(漢學)을 배웠다고 한다. 그는 한번 들으면 잊어버리지 않았고, 재능이 뛰어나 그 집 택호가 '재동이집'이 되었다 한다. 14세 때에 결혼을 하였으며, 18세 때에는 동네 아이들을 가르치는 훈장 정도의 수준에 올랐다고 한다.

당시 조선은 난세의 연속이었다. 밖으로는 이양선이 출몰하였고, 안으로는 농민봉기가 거세게 일어나고 있었다. 1876년에 개항을 하게 되었고, 1894년에는 동학 혁명이 일어나 청나라와 일본이 전쟁을 하는 상황이 연출되었다. 그런 와중에 그의 아버지 한응준이 동학 잔당들에게 자금을 대어 주었다는 혐의로 관아에 끌려가 곤장을 맞아 죽고 부인과 큰 아들 내외도 함께 죽었다. 처가에 들어가 학문에 열중하던 그는 큰 충격을 받고 드디어 동학군의 대열에 참여하였다. 그러나 결국 동학혁명은 실패하였고, 그도 관군에 쫓기는 신세가 되었다. 그는 설악산으로 들어가 김시습(金時習)이 지었다는 오세암(五歲庵)에 들어가 몸을 숨겼다.

1년이 지난 후에 그는 다시 처가를 찾았다. 그리고 서울을 왕래하며 세상 돌아가는 정황을 지켜보면서 무엇을 할 것인가 궁리를 거듭하였다. 그러다가 그가 26세가 되던 1904년 12월 21일, 출가를 결심하고 백담사(百潭寺)로 들어가 중이 되었다. 그 날은 부인 전씨(全氏)가 아들을 출산한 날이었다. 따라서 그의 출가일이 바로 아들의 생일이 되었다. 그러나 부인은 얼마 안가 죽고, 그 아들 보국(保國 또는 輔國)은 후일 아버지를 찾아 절로 들어왔다고 한다.

그는 여기서 땔나무를 하고 밥을 짓는 등 머슴처럼 일하였다. 1년여가 지난 1906년 1월 26일에 백담사에서 김연곡(金連谷)에게 득도하고 정식 승려가 되었다. 이때의 법명이 '용운(龍雲)'이었다. 그러나 그는

'상구보리(上求菩提) 하화중생(下化衆生)'의 보살행을 실천하기 위해 절을 떠났다. 원산을 떠나 만주, 시베리아에 이르기까지 걸승(乞僧) 노릇을 하며 방랑하다 서울로 돌아왔다. 「서백리아(西伯利亞)에서 서울로」라는 글에는 당시 그의 참담한 심경이 잘 나타나 있다.

시베리아에서 돌아온 그는 석왕사에 머물다가 동경 유학을 결심하고 유학길에 올랐다. 1908년, 나이 30세 때였다. 그러나 유학 생활에 염증을 느껴 5개월 만에 돌아왔다. 얼마 후 조선은 일제에 강제 합병되었다. 비보를 들은 그는 만주로 건너가 독립군 군관학교와 한인학교를 방문하여 항일의식의 고취에 진력하였다.

그 뒤 돌아와 일제치하인 1913년에 『불교유신론(佛敎維新論)』을 저술하여 불교의 개혁에 힘썼다. 여기서 그는 염불당·산신각·칠성각 등은 필요 없는 시설이고, 예불도 간소히 해야 하며 승려의 결혼도 허용해야 한다고 주장하였다. 나아가 그는 '모든 중생은 불성을 가지고 있다[一切衆生 皆有佛性]'는 불경을 인용하여 현대적인 자유사상과 연관지어 생각하였다. 불교의 네 가지 폐단을 들기도 하였다. ① 절이 산중에 있으면 진보가 없다. ② 모험적인 사상이 없다. ③ 구세(救世)의 사상이 없다. ④ 경쟁하는 사상이 없다는 것이었다. 또 월간지 『유심(唯心)』을 발간하기도 하였다.

얼마 후 3.1운동이 일어나자 그는 민족대표 33인으로 참여하여 한국의 독립 운동에 앞장섰다. 당시 그는 최남선이 쓴 「독립선언서」에 불만을 품고 공약 3장을 추가하였다. 특히 2장에 "최후의 일인까지, 최후의 일각까지 민족의 정당한 의사를 특히 발표하라"는 내용은 그의 투쟁에 대한 의지를 잘 볼 수 있는 부분이다. 그는 일경에 검거되었으나 세 가지 투쟁 원칙을 내세웠다. ① 변호사를 대지 않는다. ② 사식을 취하지 않는다. ③ 보석을 요구하지 않는다는 것이었다. 일인 검사의 요구에 답하는 「3.1독립선언이유서」를 쓰기도 하였다. 그 후 3년 형을 언도받고 복역한 후 1922년 출감했다.

출옥 후 그는 시작 (詩作) 활동에 전념하여 1926년에는 시집 『님의 침묵』을 출간하기도 하였다. 그의 대표시 「님의 침묵」은 당시 그의 심경과 현실 인식을 잘 보여주고 있다.

| 한용운 수형기록표 |

님은 갔습니다. 아아 사랑하는 나의 님은 갔습니다.
푸른 산빛을 제치고 단풍나무 숲을 향하여 난 작은 길을 걸어서 차마 떨치고 갔습니다.
황금의 꽃같이 굳고 빛나던 옛 맹세는 차디찬 티끌이 되어서 한숨의 미풍에 날아갔습니다.
날카로운 첫 키스의 추억은 나의 운명의 지침을 돌려놓고 뒷걸음쳐서 사라졌습니다.
나는 향기로운 님의 말소리에 귀먹고 꽃다운 님의 얼굴에 눈멀었습니다.
사랑도 사람의 일이라, 만날 때는 미리 떠날 것을 염려하고 경계하지 아니한 것은 아니지만,
이별은 뜻밖의 일이 되고, 놀란 가슴은 새로운 슬픔에 터집니다.
그러나 이별이 쓸데없는 눈물의 원천을 만들고 마는 것은 스스로 사랑을 깨치는 것인 줄
아는 까닭에, 걷잡을 수 없는 슬픔의 힘을 옮겨서 새 희망의 정수박이에 들어 부었습니다.
우리는 만날 때에 떠날 것을 염려하는 것과 같이, 떠날 때에 다시 만날 것을 믿습니다.
아아, 님은 갔지마는 나는 님을 보내지 아니하였습니다.

제 곡조를 못 이기는 사랑의 노래는 님의 침묵을 휩싸고 돕니다.

그에게 절대적인 님과 같은 존재였던 조국을 잃은 슬픔과 다시 광복이 올 것이라는 믿음이 흠뻑 배어나는 시이다.

그 후 1927년에 좌·우익 민족주의 세력 집합체인 신간회(新幹會) 조직에 참여하여 중앙집행위원과 서울지회장을 역임하였다. 또 일제가 조선불교중앙교무원(朝鮮佛敎中央敎務院)을 설립하여 불교계를 장악하자, 1930년에 '卍당'을 결성하여 투쟁하였다. 이 사건으로 그는 제자들과 함께 다시 투옥되어 고초를 겪기도 하였다. 1931년에는 잡지『불교』를 인수하여 사장으로 취임했다. 1933년에 오랜 독신생활을 마감하고 유씨(兪氏)와 재혼했다. 그 후 4, 5년간 소설 집필에 힘을 기울였고, 1939년에 회갑을 맞아 경남 다솔사에서 조촐한 잔치를 베풀기도 하였다. 1940년에는 창씨개명 반대운동을 벌였고 1943년에 조선인 학병출정 반대운동을 전개하기도 했다. 그러다가 1944년 5월 9일에 서울 성북동 심우장(尋牛莊)에서 66세를 끝으로 세상을 떠났다.

| 한용운 영정 |

그의 생애가 철저한 투사적 생애라고는 할 수 없다. 그러나 독립운동가로서, 승려로서, 그리고 시인으로서 치열한 삶을 살다 간 것은 인정해야 할 것이다. 그의 올곧은 정신과 일제에 대한 저항은 평소의 생활태도에서도 알 수 있다. 즉 그는 조선총독부와 마주보기 싫다며 성북동 집[심우장]을 북향으로 지었다 한다. 또 친일로 변절한 최남선(崔南善)이 자기와 가까운 사이임을 자처하자, 한용

운은 "최남선이라는 사람은 (마음속으로) 이미 장례를 치러서 당신은 모르는 사람입니다"라고 했다고 한다. 그는 갔지만, 지금도 그의 정신과 비장한 시의 곡조는 아직도 들리는 듯하다.

참고문헌 ───────────────────────────────

김재홍, 『한용운 문학연구』, 일지사, 1982.
송건호, 『한국현대인물사론』, 한길사, 1984.
『한국인물사』8, 양우당, 1985.
조동일, 『한국문학통사』5, 지식산업사, 1990.
한영우, 『다시 찾는 우리 역사』, 경세원, 2009.

참고 사이트

국가보훈처 http://www.mpva.go.kr
느낌여행충남 http://tour.chungnam.net
독립기념관 http://www.i815.or.kr
만해기념관 http://www.manhae.or.kr
한국역대인물 종합정보시스템 http://people.aks.ac.kr
홍성문화관광 http://tour.hongseong.go.kr

46. 3.8민주의거와 4.19혁명

독립을 향한 열렬한 투쟁과 일본의 2차 세계대전 패배로 우리 민족은 1945년 8월 15일, 해방을 맞이하게 되었다. 그러나 뒤늦게 참전한 러시아가 한반도의 북쪽에 먼저 진주하자 미국은 러시아에게 38도선을 경계로 분할 점령할 것을 제의하여 분단의 씨앗을 잉태하였다. 이후 국내에서도 이념 대립과 정치적 야욕으로 남북 협상이 실패하고 남한과 북한에는 단독 정부가 수립되었다. 1948년 8월 15일, 남한에는 '대한민국' 이 수립되고 9월 9일에는 '조선민주주의 인민공화국' 이 서게 되어 분단 체제가 고착화되었다.

한편 남한 단독정부 수립에 앞장섰던 이승만(李承晩)은 정부 수립과 함께 국회에서 대통령으로 선출되어 국정을 이끌게 되었다. 그러나 그는 정치적 야욕으로 한국 민주화의 발전을 저해하였다. 그는 친일 관료들을 대거 등용하는 한편 '반민족행위자특별조사위원회(약칭 반민특위)' 를 탄압하였다. 한국전쟁 중인 1952년에 그는 계엄령을 선포한 가운데 대통령직선제 개헌안을 통과시키고, 대통령에 재선되었다. 1954

년 11월에는 장기집권을 위해 이른바 사사오입(四捨五入) 논리로 대통령 중임제한을 철폐하고 개헌안을 통과시켰다. 이리하여 1956년의 5.15선거에서 세 번째 대통령에 당선되었다. 그는 이후에도 야당 탄압에 앞장섰다. 평화통일과 혁신노선을 내세운 진보당의 조봉암(曺奉巖)을 간첩혐의로 사형시키고, 민주당 장면(張勉)을 지지하던 경향신문도 폐간시켰다. 1960년 3월 15일에 실시된 선거에서는 각종 부정선거를 획책하다 4.19혁명으로 하야를 하게 되었다. 따라서 4.19혁명이야말로 이승만 정권의 독재를 종식시켰을 뿐 아니라 한국민주화의 발전에 초석을 마련한 의거이며 혁명이었다.

그런데 4.19혁명의 배경에는 대전에서 일어난 3.8민주의거가 있었다는 것을 아는 사람은 많지 않다. 그것은 대전고 학생들의 민주화 항쟁이었다. 이처럼 고교생들의 민주화 항쟁으로 시작하여 고대생들의 시위로 확대되었고, 결국 4.19혁명이 있게 되었던 것이다.

사실 4.19혁명의 단초는 그해 대구에서 있었던 2.28의거에 있었다. 1960년 2월 28일은 일요일로 대구에서 야당인 민주당의 후보유세가 있던 날이었다. 그러나 자유당 정권은 대구 시내 모든 초·중·고교 학생들의 등교를 지시하였다. 유세장에 참석하지 못하게 하기 위함이었다. 그러나 그 의도를 간파하였던 경북고·대구고 학생들은 '학생들의 인권보장', '학생 도구화 반대' 등을 외치며 데모를 시작하였다. 경북여고와 경북 사대부고 등의 학생들도 이에 동참하였다.

이에 대한 보도를 접한 대전고의 학생들은 서로 의견을 나누며 젊은 혈기를 불태우고 있었다. 여당기관지 역할을 하던 서울신문의 강제구독과 교장 선생님의 공공연한 야당 비판은 정의감을 불태우던 학생들의 감수성을 자극하였다. 게다가 수업을 중단하고 이승만 대통령의 미국망명시절 연설을 틀어주는가 하면 자유당 부통령 후보였던 이기붕(李起鵬) 의장의 뉴스를 강제 시청케 하였다. 학부형들을 3인조, 4인조

등으로 조편성까지 하도록 하였다. 그럴 즈음 3월 8일에 대전공설운동장에서 민주당의 유세가 있게 되었다.

당시 대전고 학도호국단 대대장인 박제구, 기율부장이었던 최정일, 운영위원장 박선영 등 10여 명은 친구 집에 모여 3월 8일을 기해 시위를 거행하기로 합의하였다. 민주당 장면 후보의 유세장인 대전공설운동장을 1차 집결지로 하고 대흥동 로타리─공설운동장─인동사거리─대전역─도청 앞─대전고로 시위코스를 정하였다. 대체적인 결의문 내용도 작성 하였다. 결의문 내용은 다음과 같았다.

> 정의와 진리를 사랑하는 우리들 대고 건아는 최근 일어나는 여러 가지 우리의 뜻에 배치되는 도(道) 당국과 학교 당국의 처사에 대하여 그 잘못을 깨닫고 조속히 학원의 자유 보장과 대고의 이름을 더럽히지 않도록 강력한 시정책을 강구할 것을 다음과 같이 결의한다.
> 1. 학원의 정치도구화를 배격한다.
> 2. 자유로운 학생 동태를 감시말라.
> 3. 서울신문 강제구독을 단호히 배격한다.
> 4. 진리를 탐구하는 신성한 학원에서 여하한 사회적 세력의 침투를 용납할 수 없다.
> 5. 오늘을 기하여 거행함은 다만 학생들의 사기가 왕성한 때문이다.

또 대전공고, 대전상고, 보문고, 대전여고, 호수돈여고 학생들에게도 시위계획을 전하고 이를 위해 3월 8일 아침에 YMCA에서 각 학교 대표들이 회동하기로 하였다.

그러나 8일 아침이 되자 이를 눈치 챈 학생과장 선생님이 주동 학생들을 소집하여 교장 사택에 감금하다시피 했다. 그럼에도 교내에서는 이미 소식이 전파되어 시위 분위기가 고조되어 있었다. 이때 감금되어 있던 학도호국단 간부 일부가 자리를 박차고 일어나 사택 담을 뛰어넘어 학교로 향하였다. 교문은 굳게 닫혀 있고 사복형사들이 지키고 있었다. 다시 학교 담을 뛰어넘어 각 교실 문을 열고 농구장으로 집합하라는 말을 전하였다. 한 곳으로 모인 시위 학생들은 교장 사택을 박차고 들어가 학도호국단 간부들을 구출함과 동시에 결의문을 낭독하고 구호를 외치기 시작하였다.

이어서 시위 학생들은 대흥동 사거리를 향해 구호를 외치면서 전진하였다. 공설 운동장 근처에 다다르자 무장 경찰들의 제지를 받아 대열은 몇 개로 분산되었다. 그 중 일부는 대흥동 사거리에서 대흥교, 중교, 목척교를 거쳐 대전역 광장에까지 이르렀다. 이 과정에서 학생들은 경찰들의 총부리에 얻어맞기도 하고 연행되기도 하였으며, 넘어져 진흙투성이가 되기도 하였다. 그러나 많은 시민들은 박수와 격려를 보내주었으며 쫓기는 학생들을 숨겨주기도 하였다. 칠팔십 명의 학생들이 연행되

| 대전 둔산동 둔지미공원에 있는 3.8민주의거 기념탑 |

었고, 대부분의 학생들은 다시 학교로 돌아왔다. 연행된 학생들은 다음날 훈방 조치 되었으나, 학도호국단 간부들이 다시 불러가 곤혹을 치루기도 하였다.

이것이 3.8민주의

| 3.8민주의거 기념비 |

거의 개략적인 내용이다. 이 의거는 여러 방면에 영향을 끼쳤다. 우선 이 소식이 전해지자 대전상고 학생들이 다시 시위에 참여하였다. 대전상고 학도호국단 간부들은 자유당 이기붕 후보의 유세가 있는 3월 10일에 시위를 전개하기로 하였다. 그러나 정보를 입수한 경찰이 9일 밤 학도호국단 운영위원장 및 대대장, 규율부장 등 간부들을 구속하였다. 그럼에도 다른 학생들이 주동이 되어 10일 아침 운동장에 집합한 학생들은 자양동—신안동 굴다리—목척교—도청을 목표로 구호를 외치며 행진을 시작하였다. 구호는 '학원사찰 중지하라', '학원의 자율성 보장하라', '구속학생 석방하라' 등이었다. 이 과정에서 많은 학생들이 다치고 연행되었다.

3.8민주의거 소식은 『동아일보』, 『한국일보』, 『조선일보』 등에 보도되었다. 이에 영향을 받은 고교생들은 3월 10일 수원, 청주 등지에서 궐기하였다. 그들은 '학생총궐기', '부정 선거 배격', '썩은 정치 갈아보자' 등을 외치며 시위를 벌였다. 3월 14일에는 서울, 부산, 광주, 포항, 원주 등 전국 곳곳에서 고교생들이 '학생총궐기', '학원 자유', '공정 선거' 등을 외치며 시위를 벌였다.

그러나 자유당 정권은 3월 15일에 부정 선거를 감행하였다. 사전 투표와 3인조·9인조 투표, 환표(換票) 및 투표함 교체 등이 동원되었다. 이 때문에 마산에서 선거 무효를 주장하며 거센 시위가 일어났다. 그 과정에서 많은 학생과 시민들이 부상당하거나 연행되었다. 4월 11일에는 마산에서 최루탄이 눈에 박힌 김주열(金朱烈) 군의 시신이 발견되자, 또다시 시위가 폭발하였다. 이후 시위는 전국적으로 확산되었고, 4월 18일에는 서울의 고대생들이 시위를 하는 과정에서 많은 학생들이 부상을 당하였다. 그러자 다음 날인 4월 19일에는 학생들과 시민들이 총궐기하여 경무대를 향해 돌진하였다. 서울 뿐 아니라 이 시위는 전국 각지에서 일어났다. 이것이 4.19혁명이었다.

자유당 정권은 계엄령을 선포하고 이를 강제 진압하려 하였으나, 민중들의 항거를 막기에는 역부족이었다. 이에 당시 부통령이었던 장면은 4월 23일에 부통령직을 사퇴하였고, 24일에는 이기붕이 부통령 당선 사퇴를 선언하였다. 자유당 정권은 이 정도 선에서 민중들의 함성을 봉합하려 하였다. 그러나 4월 25일에는 지성의 상징이었던 대학교수단도 시위에 참여하였다. 이에 이승만은 26일 오전 대통령직 사퇴를 선언하고, 29일 조용히 하와이로 망명하였다. 이미 그 전날인 28일에 이승만의 심복이며 부정 선거의 주모자였던 이기붕은 부인 박마리아, 아들 이강석과 함께 자살을 선택하였다.

이후 정부는 허정(許政)의 과도정부를 거쳐 내각책임제로 개헌을 하였다. 이에 따라 8월 12일에 민·참의원 합동 선거에서 윤보선(尹潽善)을 대통령으로 선출하였고, 8월 19일에는 민의원에서 장면을 국무총리로 인준하였다. 이후 장면 정권은 여러 부작용을 겪다가 1961년 5.16 군사쿠데타로 무너지게 되었다.

이처럼 대전에서 일어난 3.8민주의거는 부정선거를 획책하는 자유당 정권에 맞선 고교생들의 항거로 4.19혁명의 한 계기가 되었다고 할 수 있다. 대구, 대전 등지에서 시작된 고교생들의 항쟁이 4.18에서 대학생의 시위로 전환되었으며, 4.19를 거쳐 민주화의 결실을 맺게 되었다. 지금도 대전고등학교 교정에는 4.19 때 산화한 졸업생을 기리는 현정탑(顯正塔)이 자리하고 있다. 결국 3.8민주의거는 배움의 전당에서 학업이라는 본분에 충실해야 했으나 불의를 견디다 못해 일어난 항거였다고 하겠다.

참고문헌 ─────────

강만길 외, 『4월 혁명론』, 한길사, 1983.
정태영, 『조봉암과 진보당』, 한길사, 1991.
강만길, 『고쳐 쓴 한국현대사』, 창작과 비평사, 1997.
서중석, 『조봉암과 1950년대』상 · 하, 역사비평사, 1999.
3.8민주의거 기념사업회, 『3.9민주의거』, 기획출판 오름, 2005.

참고 사이트

국가보훈처 http://www.mpva.go.kr
국립4 · 19민주묘지 http://419.mpva.go.kr
대한민국 정부포털 http://www.korea.go.kr
민주공원 http://www.demopark.or.kr
민주화운동기념사업회 http://www.kdemocracy.or.kr
4.19혁명 기념도서관 http://www.419revolution.org
(사)3 · 15의거기념사업회 http://www.masan315.net
2 · 28민주운동기념사업회 http://228.or.kr

지금까지 대전, 충청의 역사와 인물 등에 대해 살펴보았다. 그 결과를 간추려 보면 다음과 같다.

우선 시대적 특징을 살펴볼 때 고대에 우리 지역은 백제의 영역에 속해 있었다. 따라서 백제의 혼이 살아 숨쉬고 있다는 것이다. 백제는 일찍이 중국, 일본까지 진출하여 해상 제국을 건설한 적이 있었다. 외부로 뻗어나가는 정신이 있었다는 것이다. 이는 현재의 세계화와 밀접한 관련이 있다. 세계 정신의 발현이 필요하다는 것이다. 우리는 이를 계승하여 우물안 개구리[井底之蛙]와 같은 좁은 소견을 버리고, 세계로 뻗어나갈 수 있는 정신과 자질을 갖추어야 할 것이다.

고려시대에 와서 우리 지역은 고려의 건국과 후삼국 통일에 지대한 영향을 끼쳤으며 교통의 중심지 역할을 하였다. 고려의 개국 1등 공신이 충남 당진에서 나왔으며 목숨 바쳐 왕실을 보호한 박술희 같은 인물도 배출되었다. 새로운 국가와 사회를 건설하고 창조하는데 기여하였던 것이다. 또한 천안은 고려의 남방기지로써 후백제와의 결전시 1차 전진기지 역할을 했다. 한편 고려의 청자 운반선이 태안의 안흥량을 통과하였으며, 홍경원이나 미륵원에서 지나가는 여행객들이 묵기도 하였다. 결국 새로운 왕국의 건설과 교통 중심지로서의 역할을 다했던 것이다. 이는 창조 정신으로 이어질 수 있는 것이며 교통의 중심지로서 많은 사람들을 화합하게 할 수 있는 역량을 가졌다고 할 수 있다. 창조 정신과 화합 정신을 더욱 계승, 발전시켜 새로운 사회의 건설에 이바지해야 할 것이다.

조선시대 우리 지역은 국란을 극복하면서 학문의 중심지 역할을 하였다. 임진왜란이라는 국난을 맞아 해상에서는 이순신이 활약하여 왜적의 보급로를 끊었으며, 조헌 같은 이는 의병을 모집하여 국난을 극복하려다 장렬하게 전사하였다. 조선 후기에는 송시열, 윤증, 이간, 한원진, 김정희 같은 대학자가 배출되었다. 이들은 때로 정치적, 학문적 차이 때문에 노론과 소론, 호론과 낙론으로 나뉘어 대립을 보이기도 했다. 그러나 이와 같은 과정을 통하여 조선의 정책과 학문이 재검토되어 조선 사회가 한층 발전하는 계기를 마련하였다. 이는 바로 충의 정신과 탐구 정신으로 연결될 수 있는 것이었다. 학문 탐구와 이에 바탕한 충의 정신은 바람직한 미래를 향한 초석이 될 수 있는 것이다.

근ㆍ현대에 와서 우리 지역은 충절의 고향임을 아낌없이 보여주었다. 을사 보호 조약이 체결되자 송병선 같은 이는 억울함을 호소하면서 자결의 길을 택했으며 일제의 침략에 대하여 김좌진, 윤봉길 등은 강렬하게 저항하여 우리의 기상을 보여주었다. 의병을 일으켜 일제에 항거하기도 하였다. 한일합방 후에는 유관순 같은 어린 소녀가 이 지역의 3.1운동을 주도하기도 했다. 대한민국 임시정부를 조직하여 해외에서 우리의 독립을 위해 투쟁한 이동녕 같은 이도 있었으며 신채호와 한용운은 문필로써 일제에 대항하기도 하였다. 해방 후 민주주의의 위기가 왔을 때는 고등학생들이 분연히 일어나 항거하기도 하였다. 나라를 사랑하는 애국 정신과 충의 정신이 이러한 형태로 나타났던 것이다.

이를 통해 볼 때 우리 지역민들 속에 흐르고 있는 얼과 정신을 한 마디로 요약하면 충의정신과 애국 정신이라 할 수 있겠다. 백제가 멸망한 후에도 끊임없이 부흥 운동을 일으켜 후백제를 탄생시키기도 했고, 고려 때는 정부의 가렴주구에 맞서 망이ㆍ망소이 등이 봉기하였다. 조선시대에는 박팽년이 부당한 세조의 집권에 항거하였고, 외환이 닥쳐왔을 때는 분연히 일어나 국가를 위해 목숨을 바쳤다. 조헌과 이순신 등이 그들이다. 일제가 침략해오자 때로는 무력으로, 때로는 자결로, 때로는 문필로 저항하고 항거하였다. 민주주의를 지키기 위한 고교생들의 항거도 있었다. 이 모든 것은 국가를 사랑하는 애국 정신에 바탕한 것이었다. 느리기도 하고 인내하기도 하지만 부정과 불의에는 분연히 맞서 나라를 지키는 절개와 용기가 있었다.

탐구 정신과 화합 정신 또한 중요한 덕목이다. 학문이나 과학에 대한 탐구를 하면서도 다른 것을 배척하지 않는 화합 정신은 우리 국가와 사회를 발전시키는 밑바탕이 될 것이다. 탐구 정신은 대전의 대덕 밸리와 과학 벨트로 실현되고 있다. 교통의 중심지로써 우리 국민이 이 지역에서 하나가 될 수 있는 화합 정신은 세종시 건설로 구체화되고 있다.

창조 정신과 세계 정신도 현대에서 꼭 필요한 정신이다. 현대는 세계화 시대이다. 교통과 통신의 발달로 지구는 이제 하나가 되었다. 한국이 아닌 세계로 나아가 새로운 세상을 창조하고 온 세계의 발전에 기여해야 할 것이다. 서해를 통해 중국과 교류하는 한편 세계로 나아가 세계 평화와 경제 발전에 이바지해야 할 것이다.

결국 대전 · 충청인의 핏속에 면면히 흐르고 있는 얼과 정신을 요약하면 충의 정신과 애국 정신, 탐구 정신과 화합 정신, 창조 정신과 세계 정신이라 하겠다. 이제 우리는 이를 더욱 계승 · 발전시켜 새로운 사회와 국가, 세계의 건설에 힘써야 할 것이다.

부록 _ 歷代王系表

《古朝鮮》

桓因 —— 桓雄
　　　　‖—— 檀君王儉 ┄┄┄┄ 否王 —— 準王
　　　　熊女

《衛氏朝鮮》

衛滿王—△ △—右渠王— 長

《夫餘》

　　　　┄┄ 始　　王 —— 尉仇台 ┄┄┄┄ 夫台王 ┄┄┄┄ 尉仇台王 ┄┄┄
　　　┌── 簡位居王 —— 麻余王 ——── 依慮王 ┄┄┄┄ 依羅王 ┄┄┄┄── 玄王
　　　├─ △　　△ —— 位　居
　　　└─ △　　△ —— △　△

《高句麗》

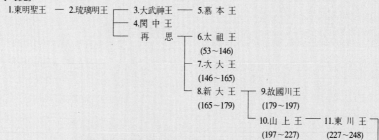

1.東明聖王 —— 2.琉璃明王 ┬ 3.大武神王 — 5.慕本王
　　　　　　　　　　　　├ 4.閔中王
　　　　　　　　　　　　└ 再　　思 ┬ 6.太祖王
　　　　　　　　　　　　　　　　　　 (53～146)
　　　　　　　　　　　　　　　　　 ├ 7.次大王
　　　　　　　　　　　　　　　　　 (146～165)
　　　　　　　　　　　　　　　　　 └ 8.新大王 ┬ 9.故國川王
　　　　　　　　　　　　　　　　　 (165～179) (179～197)
　　　　　　　　　　　　　　　　　　　　　　　 └ 10.山上王 — 11.東川王
　　　　　　　　　　　　　　　　　　　　　　　 (197～227)　 (227～248)

12.中川王 — 13.西川王 ┬ 14.峰山王
(248～270)　(270～292) (292～300)
　　　　　　　　　　　└ 咄　　固 — 15.美川王 — 16.故國原王
　　　　　　　　　　　　　　　　　 (300～331)　(331～371)

17.小獸林王
(371～384)
18.故國壤王 — 19.廣開土王 — 20.長壽王 — 助　　多 — 21.文咨明王 ┬ 22.安藏王
(384～391)　 (391～413)　 (413～491)　　　　　　 (491～519) (591～531)
　　　　　　　　　　　　　　　　　　　　　　　　　　　　　　　 └ 23.安原王
　　　　　　　　　　　　　　　　　　　　　　　　　　　　　　　 (531～545)

24.陽原王 — 25.平原王 ┬ 26.嬰陽王
(545～559)　(559～590) (590～618)
　　　　　　　　　　　├ 27.榮留王
　　　　　　　　　　　 (618～642)
　　　　　　　　　　　└ 太　　陽 — 28.寶藏王
　　　　　　　　　　　　　　　　　 (642～668)

《百濟》

```
1. 溫祚王 ── 2. 多婁王 ── 3.己婁王 ─┐
        ┌────────────────────────────┘
└─ 4. 蓋婁王 ── 5. 肖古王 ── 6.仇首王 ─┬ 7. 沙伴王
                                      ├ 11.比流王 ── 13.近肖古王 ── 14.近仇首王 ─┐
                                      │   (304~375)    (346~375)     (375~384)
              └ 8. 古爾王 ── 9.責稽王 ── 10.汾西王 ── 12.契王
                 (234~286)   (286~298)   (298~304)   (344~346)
┌──────────────────────────────────────────────────────────────────┘
├─15.枕流王 ── 17.阿莘王 ── 18. 腆支王 ── 19.久爾辛王 ── 20.毗有王 ─┐
│  (384~385)   (392~405)    (405~420)     (420~427)     (427~455)
└─16.辰斯王
   (385~392)
┌──────────────────────────────────────────────────────────────────┘
├─21.蓋鹵王 ── 22.文周王 ── 23. 三斤王
│  (455~475)   (475~477)    (477~479)
  └ 昆  支 ── 24. 東城王 ── 25.武寧王 ── 26.聖  王 ─┐
               (479~501)    (501~523)   (523~554)
┌──────────────────────────────────────────────────────────┘
├─27.威德王
│  (554~598)
└─28.惠  王 ── 29.法 王 ── 30.武  王 ── 31.義慈王
   (598~599)   (599~600)   (600~641)   (641~660)
```


《新羅》

[朴 氏]
```
1.赫居世 ── 2.南解 ── 3.儒理 ─┬ 7.逸聖 ── 8.阿達羅
                              └ 5.婆娑 ── 6.祇摩
```

[昔 氏]
```
4.脫解 ── 仇鄒 ── 9.伐休 ─┬ 骨 正 ─┬ 11.助賁 ── 14.儒禮
                          │        └ 12.沾解 ── 乞淑 ── 15.基臨
                          └ 伊 買 ── 10.奈解 ── 于老 ── 16.訖解
```

[金 氏]
```
閼智 ┬ (4 세) ── 仇道 ┬ 13.味鄒
     │                └ 末仇 ── 17.奈勿 ── 19.訥祇 ── 20.慈悲
     │                          (356~402)   (417~458)   (458~479)
     └────────── 大西知 ── 18.實聖 ─┬ △   △ ── 習 寶 ─
                            (402~417)
```

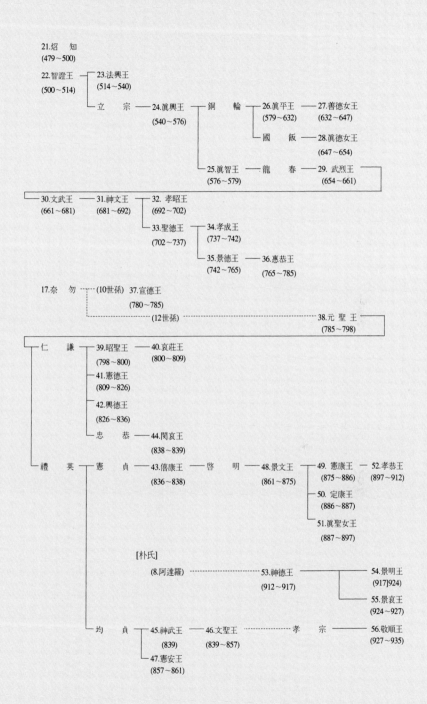

21.炤　知
(479~500)

22.智證王 ──┬── 23.法興王
(500~514)　　　(514~540)
　　　　　　└── 立　宗 ── 24.眞興王 ──┬── 銅　輪 ──┬── 26.眞平王 ── 27.善德女王
　　　　　　　　　　　　　　(540~576)　　　　　　　　　(579~632)　　(632~647)
　　　　　　　　　　　　　　　　　　　　　　　　　　└── 國　飯 ── 28.眞德女王
　　　　　　　　　　　　　　　　　　　　　　　　　　　　　　　　　(647~654)
　　　　　　　　　　　　　　　　　　　└── 25.眞智王 ── 龍　春 ── 29. 武烈王
　　　　　　　　　　　　　　　　　　　　　(576~579)　　　　　　　(654~661)

30.文武王 ── 31.神文王 ──┬── 32. 孝昭王
(661~681)　　(681~692)　　　(692~702)
　　　　　　　　　　　　　└── 33.聖德王 ──┬── 34.孝成王
　　　　　　　　　　　　　　　(702~737)　　　(737~742)
　　　　　　　　　　　　　　　　　　　　　└── 35.景德王 ── 36.惠恭王
　　　　　　　　　　　　　　　　　　　　　　　(742~765)　　(765~785)

17.奈　勿 ┄┄┄ (10世孫) 37.宣德王
　　　　　　　　　　　　(780~785)
　　　　　┄┄┄ (12世孫) ┄┄┄┄┄┄┄┄┄┄┄┄ 38.元 聖 王
　　　　　　　　　　　　　　　　　　　　　　　　　(785~798)

仁　謙 ──┬── 39.昭聖王 ── 40.哀莊王
　　　　　　(798~800)　　(800~809)
　　　　　├── 41.憲德王
　　　　　　(809~826)
　　　　　├── 42.興德王
　　　　　　(826~836)
　　　　　└── 忠　恭 ── 44.閔哀王
　　　　　　　　　　　　(838~839)

禮　英 ──┬── 憲　貞 ── 43.僖康王 ── 啓　明 ── 48.景文王 ──┬── 49. 憲康王 ── 52.孝恭王
　　　　　　　　　　　　(836~838)　　　　　　(861~875)　　　　(875~886)　　(897~912)
　　　　　　　　　　　　　　　　　　　　　　　　　　　　　　├── 50. 定康王
　　　　　　　　　　　　　　　　　　　　　　　　　　　　　　　(886~887)
　　　　　　　　　　　　　　　　　　　　　　　　　　　　　　└── 51.眞聖女王
　　　　　　　　　　　　　　　　　　　　　　　　　　　　　　　(887~897)

[朴氏]
(8.阿達羅) ┄┄┄┄┄┄┄┄┄┄┄ 53.神德王 ──┬── 54.景明王
　　　　　　　　　　　　　　　　(912~917)　　　(917]924)
　　　　　　　　　　　　　　　　　　　　　　└── 55.景哀王
　　　　　　　　　　　　　　　　　　　　　　　(924~927)

　　　　　└── 均　貞 ──┬── 45.神武王 ── 46.文聖王 ── 孝　宗 ── 56.敬順王
　　　　　　　　　　　　　(839)　　　(839~857)　　　　　　　(927~935)
　　　　　　　　　　　　└── 47.憲安王
　　　　　　　　　　　　　(857~861)

《本加耶》

```
        (1)           (2)          (3)          (4)          (5)          (6)          (7)
      金首露王 ── 居登王 ── 麻品王 ── 居叱彌王 ── 伊尸品王 ── 坐知王 ── 吹希王 ┐
      許王后
        (8)           (9)         (10)
    ┌─ 銍知王 ── 鉗知王 ── 仇衡王 ┬ 世 宗
    │                            ├ 茂 刀
    │                            └ 茂 得
```

《大加耶》

```
       (1)          (9)                    (16)
    伊珍阿豉王 ── 異腦王 ── 月光太子 … 道設智王
```

《渤海》

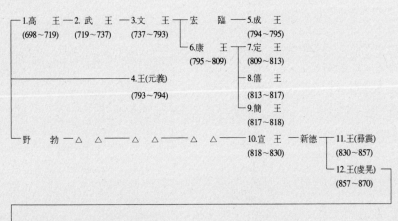

《高麗》

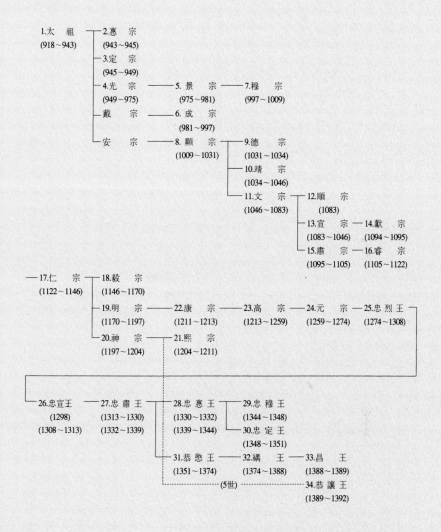

1.太　　祖
(918~943)

2.惠　　宗
(943~945)

3.定　　宗
(945~949)

4.光　　宗
(949~975)

5. 景　　宗
(975~981)

7.穆　　宗
(997~1009)

戴　　宗

6. 成　　宗
(981~997)

安　　宗

8. 顯　　宗
(1009~1031)

9.德　　宗
(1031~1034)

10.靖　　宗
(1034~1046)

11.文　　宗
(1046~1083)

12.順　　宗
(1083)

13.宣　　宗
(1083~1046)

14.獻　　宗
(1094~1095)

15.肅　　宗
(1095~1105)

16.睿　　宗
(1105~1122)

17.仁　　宗
(1122~1146)

18.毅　　宗
(1146~1170)

19.明　　宗
(1170~1197)

22.康　　宗
(1211~1213)

23.高　　宗
(1213~1259)

24.元　　宗
(1259~1274)

25.忠烈王
(1274~1308)

20.神　　宗
(1197~1204)

21.熙　　宗
(1204~1211)

26.忠宣王
(1298)
(1308~1313)

27.忠肅王
(1313~1330)
(1332~1339)

28.忠惠王
(1330~1332)
(1339~1344)

29.忠穆王
(1344~1348)

30.忠定王
(1348~1351)

31.恭愍王
(1351~1374)

32.禑　　王
(1374~1388)

33.昌　　王
(1388~1389)

(5世)

34.恭讓王
(1389~1392)

《朝鮮》

```
1.太    祖 ┬ 2.定    宗
(1392~1398) │ (1398~1400)
            └ 3.太    宗 ── 4.世    宗 ┬ 5.文    宗 ── 6.端    宗
              (1400~1418)   (1418~1450) │ (1450~1452)   (1452~1455)
                                        └ 7.世    祖 ┬ 德    宗 ── 9.成    宗
                                          (1455~1468) │            (1469~1494)
                                                      └ 8.睿    宗
                                                        (1468~1469)

┌ 10.燕 山 君
│ (1494~1506)
└ 11.中    宗 ┬ 12.仁    宗
  (1506~1544) │ (1544~1545)
              ├ 13.明    宗
              │ (1545~1567)
              └ 德興大院君 ── 14.宣    祖 ┬ 15.光 海 君
                              (1567~1608) │ (1608~1623)
                                          └ 元    宗 ── 16.仁    祖 ── 17.孝    宗
                                                        (1623~1649)   (1649~1659)

┌ 18.顯    宗 ── 19.肅    宗 ┬ 20.景    宗
│ (1659~1674)   (1674~1720) │ (1720~1724)
                            └ 21.英    祖 ── 莊    祖 ┬ 22.正    祖 ── 23.純    祖
                              (1724~1776)             │ (1776~1800)   (1800~1834)
                                                      ├ 恩 彦 君 ── 全溪大院君
                                                      └ 恩 信 君 ── 南 延 君

┌ 翼    宗 ── 24.憲    宗
│            (1834~1849)
├ 25.哲    宗
│ (1849~1863)
└ 興宣大院君 ── 26.高    宗 ── 27.純    宗
                (1863~1907)   (1907~1910)
```

찾아보기